辽宁省高速公路隧道养护管理手册

唐宇 刘明 焦鹏飞 等 编著

人民交通出版社股份有限公司
北京

内 容 提 要

本书针对辽宁省高速公路隧道所处区域的严寒、濒海、季节性冻融等突出的环境特点，结合长期的养护运营经验与管理实践，总结形成了一套切实可行的养护与管理方案。全书共分基础资料、土建结构的检查与养护、养护管理及应急处置、检测项目及方法、机电设施检查与养护五篇内容。本书从隧道的养护模式、养护管理、养护方案出发，注重实用性、系统性、针对性，既有一定的理论知识，又具有较强的可操作性，对促进辽宁省高速公路隧道和全国公路隧道专业化养护水平的提升具有现实意义。

本书可用于隧道养护管理工程技术人员的岗位培训，也可供从事隧道养护管理工作的相关人员参考。

图书在版编目（CIP）数据

辽宁省高速公路隧道养护管理手册 / 唐宇等编著. — 北京：人民交通出版社股份有限公司，2021.12
 ISBN 978-7-114-17824-5

Ⅰ.①辽⋯ Ⅱ.①唐⋯ Ⅲ.①高速公路—公路隧道—隧道维护—辽宁—手册 Ⅳ.①U459.2-62

中国版本图书馆 CIP 数据核字（2021）第 279732 号

Liaoning Sheng Gaosu Gonglu Suidao Yanghu Guanli Shouce

书　　　名：	辽宁省高速公路隧道养护管理手册
著 作 者：	唐　宇　刘　明　焦鹏飞　等
责任编辑：	牛家鸣
文字编辑：	王景景
责任校对：	孙国靖　魏佳宁
责任印制：	刘高彤
出版发行：	人民交通出版社股份有限公司
地　　址：	（100011）北京市朝阳区安定门外外馆斜街 3 号
网　　址：	http://www.ccpcl.com.cn
销售电话：	(010)59757973
总 经 销：	人民交通出版社股份有限公司发行部
经　　销：	各地新华书店
印　　刷：	北京交通印务有限公司
开　　本：	787×1092　1/16
印　　张：	15.5
字　　数：	368 千
版　　次：	2022 年 6 月　第 1 版
印　　次：	2022 年 6 月　第 1 次印刷
书　　号：	ISBN 978-7-114-17824-5
定　　价：	110.00 元

（有印刷、装订质量问题的图书由本公司负责调换）

《辽宁省高速公路隧道养护管理手册》
编审委员会

主 编 单 位：辽宁大通公路工程有限公司

主　　　编：唐　宇

编写组成员：刘　明　焦鹏飞　林立彬　王金暖　佟百龙　周韦宇
　　　　　　宋贺鑫　段瑞峰　李永超　孙学峰　周汉杰　张　双
　　　　　　付　国　孙　迪　张　建　宋德俊　焦　阳　冯良勇
　　　　　　屈丰来　高占波　李　强

主 审 单 位：辽宁省高速公路运营管理有限责任公司

主　　　审：张启进　钟瑞文　高玉光　王金杰　刘　亮　桂允成
　　　　　　陈晓峰　高　照　许　喆

主审组成员：周显亮　关迎春　时　勇　闫　壮　崔国胜　黄利军
　　　　　　齐永华　刘春生　张大海　孙海涛　李博超　崔厚洋
　　　　　　宋嗣博　王　伟　朱俊伊

前 言

随着辽宁省高速公路的大规模建设及公路隧道设计、施工技术水平的提高，省内通车的隧道数量越来越多，需要养护的隧道长度也越来越长。辽宁省目前通车的高速公路隧道达225座（单洞），通车隧道长度达203.5km。经过几十年的努力，我国公路隧道建设的标准化、规范化工作已日趋完善，基本上形成了能够满足高速公路发展的标准化规范体系。但无论从国家层面还是地方层面，高速公路隧道的运营养护内容、方法和技术等方面尚欠缺系统化和标准化的规程。

本手册贯彻"预防为主，安全第一，防治结合，综合治理"的方针，围绕着运营隧道的日常巡检、定期检测（土建、机电）、专项检测（土建、机电）、养护管理等方面，介绍了高速公路隧道养护的基本流程和方法，其内容符合《公路隧道养护技术规范》（JTG H12—2015）、《公路隧道施工技术规范》（JTG/T 3660—2020）、《公路养护安全作业规程》（JTG H30—2015）等规范、规程的相关规定。

在今后养护维修工作中，本手册需不断修订、补充，最终形成一本对于季冻区高速公路隧道养护有指导意义的参考书。本手册为辽宁省高速公路隧道养护管理工作奠定了基础，为确保高速公路隧道安全运营提供可靠的技术支撑。

感谢辽宁省高速公路运营管理有限责任公司技术及管理人员对本手册编写的支持，感谢辽宁大通公路工程有限公司领导对本手册编制的指导，感谢各公司/项目养护技术部、综合部、各工区技术及管理人员的多方协助与合作，尤其隧道养护技术部做了大量的基础工作，在这里一并表示感谢。

本手册的编写虽经编写者的努力，但限于作者水平，书中难免存在不足和不妥之处，恳请读者不吝指正，以便将来进一步充实和修改。

编委会

2021年5月6日

目　　录

第一篇　基础资料

第1章　总则 ··· 003
　1.1　编制目的 ··· 003
　1.2　适用范围 ··· 003
　1.3　养护原则 ··· 003
　1.4　养护工作的近、中、远期目标 ··· 005
　1.5　养护技术工作标准规范 ··· 006
　1.6　手册的更新 ··· 007

第2章　术语 ··· 008

第3章　工程概况 ··· 010
　3.1　各分公司隧道管辖情况 ··· 010
　3.2　养护清单 ··· 019

第4章　隧道养护工作的基本内容 ··· 026
　4.1　养护工作范围 ··· 026
　4.2　养护工作内容 ··· 026

第二篇　土建结构的检查与养护

第1章　土建结构检查与评定 ··· 037
　1.1　土建结构的养护工作 ··· 037
　1.2　病害检查记录细则 ··· 044
　1.3　技术状况评定 ··· 052

第2章　其他工程设施检查与养护 ··· 060
　2.1　一般规定 ··· 060
　2.2　日常巡查 ··· 060
　2.3　清洁维护 ··· 060
　2.4　检查评定 ··· 062
　2.5　养护维修 ··· 064

第3章　土建结构维修与养护 ··· 066
　3.1　洞门养护 ··· 066
　3.2　洞口养护 ··· 069

3.3	衬砌养护	073
3.4	检修道养护	078
3.5	排水设施养护	082
3.6	吊顶及预埋件养护	083
3.7	内装饰养护	084
3.8	交通标志标线养护	087
3.9	路面养护	089

第4章 保洁及防雪除滑 090
4.1 保洁 090
4.2 防雪除滑 090

第5章 隧道标准化建设 091
5.1 隧道标准化改造项目 091
5.2 工区管理规范化标准 096

第三篇 养护管理及应急处置

第1章 隧道养护责任管理 103
1.1 隧道养护组织管理 103
1.2 隧道养护工程师制度 105
1.3 隧道养护"四个一"制度 108
1.4 隧道养护行业监管 110

第2章 隧道养护工程管理 112
2.1 隧道养护工程管理规定 112
2.2 隧道养护工程管理存在的问题与对策 114
2.3 隧道养护工程市场化 116

第3章 隧道养护安全管理 121
3.1 总则 121
3.2 隧道检查 121
3.3 隧道养护 122
3.4 危险隧道管理 122
3.5 资金管理 122
3.6 养护档案管理和养护系统维护 123
3.7 合同管理 123
3.8 设备管理 124
3.9 风险控制 124
3.10 项目组织机构及人员组成 127
3.11 养护安全作业的交通控制 128

第四篇 检测项目及方法

第1章 衬砌裂缝检查与检测 ······ 133
1.1 检测内容 ······ 133
1.2 裂缝检测工具 ······ 134
1.3 衬砌裂缝检测结果的判定 ······ 134

第2章 渗漏水检查与检测 ······ 136
2.1 渗漏水检查内容 ······ 136
2.2 检测工具 ······ 137
2.3 渗漏水检测结果的判定 ······ 137

第3章 隧道净空断面变形检测 ······ 139
3.1 隧道净空断面变形检测 ······ 139
3.2 衬砌变形结果的判定 ······ 139

第4章 混凝土中钢筋分布及保护层厚度检测 ······ 141
4.1 应用范围 ······ 141
4.2 检测方法及原理 ······ 141
4.3 仪器技术要求 ······ 141
4.4 仪器的标定 ······ 142
4.5 操作程序 ······ 142
4.6 影响测量准确度的因素及修正 ······ 143
4.7 钢筋分布及保护层厚度的评定 ······ 144

第5章 结构混凝土强度的检测与评定 ······ 146
5.1 结构混凝土强度检测方法分类与要求 ······ 146
5.2 回弹法检测结构混凝土强度的方法 ······ 146
5.3 超声回弹综合法检测结构混凝土强度的方法 ······ 152
5.4 钻芯法检测结构混凝土强度的方法 ······ 153

第6章 结构混凝土中氯离子含量的检测与评定 ······ 157
6.1 概述 ······ 157
6.2 结构混凝土中氯离子含量的测定方法 ······ 157
6.3 取样 ······ 157
6.4 滴定条法 ······ 158
6.5 实验室化学分析法 ······ 159
6.6 氯离子含量的评判标准 ······ 161

第7章 超声波检测混凝土结构内部缺陷与表面损伤 ······ 163
7.1 超声法检测混凝土缺陷的基本依据与方法 ······ 163
7.2 声学参数测量 ······ 164
7.3 混凝土不密实区和空洞的检测 ······ 165

第8章 无损检测 ... 167
8.1 基本原理 ... 167
8.2 仪器设备 ... 167
8.3 雷达资料分析方法 ... 168

第9章 混凝土碳化深度的检测与评定 ... 169
9.1 检测方法 ... 169
9.2 检测步骤 ... 169
9.3 碳化深度检测结果的评定 ... 170

第五篇 机电设施检查与养护

第1章 机电设施检查与评定 ... 173
1.1 机电设施检查分类及流程 ... 173
1.2 机电设施养护内容记录细则 ... 173
1.3 机电设施日常精细化检查技术及方法 ... 174
1.4 机电设施经常性检修技术及方法 ... 182
1.5 机电设施定期检修技术及方法 ... 194
1.6 机电设施应急检修技术及方法 ... 200
1.7 机电设施技术状况评定 ... 204

第2章 机电设施维修与养护 ... 206
2.1 供配电设施 ... 206
2.2 照明设施 ... 210
2.3 通风设施 ... 210
2.4 消防设施 ... 212
2.5 监控与通信设施 ... 213

第3章 清洁维护 ... 220

第4章 隧道标准化建设 ... 221

第5章 养护机械设备及使用规程 ... 222
5.1 电缆故障综合测试仪 ... 222
5.2 风速风向测试仪 ... 222
5.3 视频监控测试仪 ... 222
5.4 光功率计 ... 222
5.5 光纤熔接机 ... 222
5.6 稳定光源 ... 222
5.7 数字照度计 ... 223
5.8 电子温湿度计 ... 223
5.9 绝缘电阻表(兆欧表) ... 223
5.10 数字声级计 ... 223
5.11 一氧化碳检测仪 ... 223

5.12	光纤时域反射器(光纤测试仪)	223
5.13	亮度计	224
5.14	光透过率仪	224
5.15	接地电阻测试仪	224
5.16	视音频测量仪	224

第6章 机电设施检测 225

6.1	通风设施	225
6.2	照明设施	226
6.3	低压配电设施	227
6.4	电力电缆	228
6.5	消防设施	228
6.6	紧急电话设施	229
6.7	区域控制器	229
6.8	可变信息标志	230
6.9	环境检测器设施	231
6.10	闭路监视设施	232

第一篇

基础资料

第1章 总 则

1.1 编制目的

为了加强辽宁省高速公路隧道专业化养护管理工作,保障土建、机电及防排水设施完好并处于正常使用状态,实现行车通畅、功能良好和安全运营,制定本手册。手册可使养护工作更加规范化、标准化、具体化,便于养护技术人员有针对地开展工作,也便于养护管理人员决策,使辽宁省公路隧道专业化养护工作成为全国隧道养护管理的典范。辽宁省公路隧道有着滨海、季冻、地震多等北方季节冻土区隧道的突出特点,编制辽宁省公路隧道专业化养护管理手册,建立和完善辽宁省公路隧道专业化养护管理工作,形成一套切实可行的养护管理办法,可为北方季节冻土区隧道养护工作提供参考和借鉴。

1.2 适用范围

本手册适用于辽宁省高速公路特长、长、中、短等各类隧道的土建结构及机电设施的检查和养护。对于本手册未包含的内容可参考相关规范。

1.3 养护原则

1.3.1 技术政策

(1)养护工作必须贯彻"预防为主,安全第一,防治结合,综合治理"的方针,根据积累的技术经济资料和当地具体情况,通过科学分析,预作防范,消除导致隧道损坏的因素,增强隧道设施的耐久性和抗灾能力,特别要做好冻融变化季节和交通量突变的防护工作,以减少水害和交通灾害造成的损失。

(2)因地制宜,就地取材与高效新材料应用并重,充分考虑全寿命理念,降低养护综合成本。

(3)推广应用先进的养护技术和科学的管理方法,改善养护生产手段,提高养护技术水平。

(4)重视综合治理,保护生态自然平衡、保护近旁景观。

(5)全面贯彻执行《公路隧道养护管理制度》和《公路隧道养护技术规范》(JTG H12—2015),加强隧道检查、维修、加固和改善工作。

(6)加强专业化养护维修,使隧道符合《公路工程技术标准》(JTG B01—2014)和《公路隧

道设计规范　第一册　土建工程》(JTG 3370.1—2018)的规定。

(7)重视随检随修,贯彻预防性养护理念。

1.3.2　基本原则

养护工作应基于项目性能状况、养护技术发展现状、交通量情况等,通过科学预测,提出科学的养护措施,在确保项目安全畅通的前提下,降低全寿命周期费用成本。养护工作应遵循以下基本原则:

(1)养护工作应坚持"确保安全、便捷、畅通运行"的原则。

(2)养护工作应坚持与公路管理部门战略相结合的原则,符合管理部门的政策要求,提出的养护工作措施应与公路管理部门的养护计划、体系相一致。

(3)养护工作应坚持以中期与远期相结合的原则,应正确处理好中期和远期的关系,既注重中期实际,又考虑长远控制,应立足当前,面向未来,保证各个时段的养护工作的科学性、有效性及连续性。

(4)养护工作应坚持以经济性与公益性相结合的原则,经济性是条件,公益性是基础,养护计划应考量养护措施的经济效益原则,即阶段性养护投入须符合管理部门经济现状,同时要以提升项目服务水平为切入点,充分考虑社会公益性。

(5)养护工作应坚持以实用性与先进性相结合的原则,通过充分调查研究,确定切实可行的规划目标,在养护措施选择上面兼顾效益和效果,在采用实用、成熟技术手段的同时,积极推动"四新"技术的应用,提升养护工作的科技含量。

1.3.3　基本要求

(1)随着辽宁省高速公路网的建成,全省隧道的维修养护工作应该随之开始,且应不间断地有序进行。在保证安全运输的同时,应最大限度地实现和延长隧道的设计使用寿命。

(2)维持隧道结构各构件均处于完好状态,达到《公路隧道养护技术规范》(JTG H12—2015)规定的一类标准。最大限度地减少或避免隧道各组成设施的损坏,及时修复,保证隧道始终安全畅通。

(3)加强以隧道土建结构养护为中心,以防排水及机电养护为重点的全面养护。并尽可能发展和实行机械化、智能化养护。

(4)检查是维修养护和病害整治的基础工作。检查工作要形成制度,由专人认真执行,并做好文字和影像记录。充分使用检测数据和评定结果,结合各种检查数据,进行准确的技术状态评定,使决策具有充分依据。公路隧道应按规定进行检查,以便系统地掌握技术状况,及时发现缺损和周围有关条件的变化,采取相应的养护措施。遇到缺损,应立即进行修理、更换和恢复。在隧道脱空、错台、冻害发生时,应采取相应的防护措施,同时备有应急交通方案。

(5)维修和病害整治要不断采用"四新"技术,以最经济的方式保证隧道及其相关设施经常处于完好状态,达到管理养护的高标准、高质量、高效率;提高检测的先进性与准确性,由被动养护向主动预防、信息化养护转变。

(6)掌握隧道结构各组成部分及所处环境(冻害、CO浓度等)的技术状态,汇集和完善其技术与管理资料,为养护维修和日后可能发生的加固提供基础资料和依据。

（7）重视经济技术方案的比选,重视养护维修的全寿命核算,考虑每一项维修投入,降低总体维修成本。

（8）推广公路隧道管理系统,逐步建立辽宁省高速公路隧道健康状况数据库,实行隧道病害实时监控,实现科学决策,以发挥养护资金最大经济效益。同时,应逐步推行特长隧道、长隧道火灾、CO浓度等状况的预警及决策系统,以确保高速公路隧道的安全使用。

（9）特长公路隧道对其洞内环境要求较高,因此应特别重视通风设施的养护检查。

（10）有关公路隧道的日常巡查、经常检查、定期检查、特殊检查、养护对策和维修、加固的设计、施工竣工验收等技术文件,均应按统一格式完整地归入相应隧道养护技术档案。

1.4 养护工作的近、中、远期目标

为保证辽宁省公路隧道处于完好的运营工作状态,最优地实现和延长其设计寿命,满足通行能力要求,必须对隧道进行精心管理和科学的养护、维修及加固,明确各阶段的养护工作的目标,以逐步提高隧道的管理养护水平。

1.4.1 近期目标

（1）收集、整理隧道基本技术资料,熟悉隧道的整体情况。

（2）摸索和健全养护体系,形成高效精干、领导得力的管理机构,逐步建立基本的养护检查队伍,其人员组成应考虑高级、中级、一般技术人员和多工种的技术工人,专业应包括隧道、机械、电气、材料、计算机等。培养必要的技术力量,完成专业养护技术人员的培训和考核。配备必要的现代化办公设备,有关的先进仪器设备作为养护检查和维修的工具。

（3）完成隧道土建及机电设施的调查和检测,建立初步的以施工板块为基准的长期观测基本资料,建立各部件的基本调查表格和档案。

（4）完成日常养护、周期养护工作,保持路面整洁、完好。保持瓷砖墙、防火涂料、标志物等沿线设施清洁、完好、色彩鲜明。

（5）做好冬季冻害预防及运营环境工作,确保交通安全、畅通。

（6）修补缺陷,完成遗留工程,保持完好率达到100%,养护质量综合值达到100%。

（7）完成适用于辽宁地区特色的养护技术的摸索和应用,贯彻预防性养护理念,预防性养护技术投入早期应用。

1.4.2 中期目标

（1）隧道经过多年运营仍基本完好,使公路隧道总体技术状况评定类别保证较高比例的1、2类。

（2）隧道养护管理模式达到国内领先水平。

（3）隧道服务水平国内领先,建立优质高效的机械化养护系统,不断地采用新工艺、新技术、新材料、新设备,以最经济有效的方法保证公路隧道各部件处于完好的状态,从而由被动型养护转变为预防性养护。

（4）在隧道日常养护的同时,做好交通状况的调查,严格控制超载、特种车辆过桥。

(5)对发生的冻害、交通肇事、火灾及冰雪等可能对隧道造成的危害,应做好各种应急处理措施及防范措施。

(6)通过初期的检查与检验,系统地掌握隧道的技术状况,逐步地建立并完善"辽宁省公路隧道养护管理系统",完善养护管理数据库,以实现对公路隧道的运营实时跟踪监测与控制。

(7)建立一整套以实际采集的各部件数据为基础的"隧道评价、预测和决策"实用技术系统,以指导日常的运营养护维修工作。

(8)建立和健全完整的隧道技术档案,为隧道的养护维修和安全评估提供科学依据。

1.4.3 远期目标

在中期奠定一流管理的基础上,采取"走出去,请进来"的方法,参照国内外同类隧道的一流管理的标准,加大硬件投资力度,狠抓软件服务水平,建立一整套完整的管理模式。对在养护工作中发现的问题、可能对隧道长期运营造成重大影响的病害,应及时做好科学的维修和加固措施,从而使养护工作制度化、规范化、科学化和高效化。完善隧道的数据库、数字化平台。具备世界先进水平的管理、技术实力。

1.5 养护技术工作标准规范

《道路交通标志和标线 第1部分 总则》(GB 5768.1—2009)
《道路交通标志和标线 第2部分 道路交通标志》(GB 5768.2—2009)
《道路交通标志和标线 第3部分 道路交通标线》(GB 5768.3—2009)
《道路交通标志和标线 第4部分 作业区》(GB 5768.4—2017)
《球墨铸铁给排水管道工程施工及验收规范技术要求》(T/CFA 02010202-3—2013)
《混凝土结构工程施工质量验收规范》(GB 50204—2015)
《建筑设计防火规范》(2018年版)(GB 50016—2014)
《电气装置安装工程 电缆线路施工及验收标准》(GB 50168—2018)
《电气装置安装工程接地装置施工及验收规范》(GB 50169—2016)
《电气装置安装工程低压电器施工及验收规范》(GB 50254—2014)
《电气装置安装工程母线装置施工及验收规范》(GB 50149—2010)
《数据通信基本型控制规程》(GB/T 3453—1994)
《供配电系统设计规范》(GB 50052—2009)
《低压配电设计规范》(GB 50054—2011)
《电力装置的继电保护和自动装置设计规范》(GB/T 50062—2008)
《有线电视网络工程设计标准》(GB/T 50200—2018)
《建筑消防设施的维护管理》(GB 25201—2010)
《火灾自动报警系统施工及验收标准》(GB 50166—2019)
《建筑给水排水及采暖工程施工质量验收规范》(GB 50242—2002)
《通风与空调工程施工质量验收规范》(GB 50243—2016)

《公路工程技术标准》(JTG B01—2014)
《公路养护技术规范》(JTG H10—2009)
《公路隧道养护技术规范》(JTG H12—2015)
《公路隧道设计规范 第一册 土建工程》(JTG 3370.1—2018)
《公路隧道设计规范 第二册 交通工程与附属设施》(JTG D70/2—2014)
《公路隧道施工技术规范》(JTG/T 3660—2020)
《公路沥青路面养护技术规范》(JTG 5142—2019)
《公路交通安全设施施工技术规范》(JTG F71—2006)
《公路隧道加固技术规范》(JTG/T 5440—2018)
《公路桥涵施工技术规范》(JTG/T 3650—2020)
《公路工程混凝土结构耐久性设计规范》(JTG/T 3310—2019)
《公路隧道通风设计细则》(JTG/T D70/2-02—2014)
《公路隧道照明设计细则》(JTG/T D70/2-01—2014)
《〈建筑设计防火规范〉图示》(18J811-1)
《铁路隧道衬砌质量无损检测规程》(TB 10223—2004)
《室内消火栓系统检验规程》(DB21/T 1206—2003)
《防火卷帘与门窗系统检验规程》(DB21/T 1208—2003)
《防烟排烟系统检验规程》(DB21/T 1209—2003)
《消防应急照明与疏散指示系统检验规程》(DB21/T 1264—2003)
《建筑工程自动消防设施检测规程》(DB21/T 1265—2003)
其他相关规范和规程,隧道设计、施工和养护运营过程中的各种图纸和技术文件等。

1.6 手册的更新

当出现以下情况时,管理部门应及时组织有关单位和人员对养护手册进行更新:
(1)当国家、行业或地方法律法规和相关规范发生变化后,导致养护管理手册部分内容与其发生矛盾时;
(2)当管理、养护单位养护管理技术水平提高或发现原有手册不满足新的养护管理需要时;
(3)每年定期检查完成后,隧道养护总结认为有必要更新时。
管理、养护单位每次更新养护管理手册后,应及时报监管单位和相应的交通主管部门备案。

第 2 章 术　语

2.0.1 公路隧道养护

为保持隧道土建结构、机电设施及其他工程设施的正常使用而进行的清洁维护及保养维修作业。其目的是预防和修复公路隧道病害,保障公路隧道使用质量和服务水平。

2.0.2 养护等级

根据公路等级、交通量、隧道规模、技术状况、地质和气候条件等因素,按差异化的养护标准、养护频率和机械配备等划分的不同等级。

2.0.3 土建结构

隧道的各类土木建筑工程结构物,如洞口边仰坡、洞门、衬砌、路面、防排水设施、斜(竖)井、检修道及风道等结构物。

2.0.4 机电设施

为隧道运行服务的相关设施,包括供配电设施、照明设施、通风设施、消防设施、监控与通信设施等。

2.0.5 病害处治

通过采取围岩加固、结构补强、局部更换等措施对隧道土建结构的病害进行处理或加固,恢复其使用功能,维持正常的技术功能状态,增强安全性和耐久性的活动。

2.0.6 底鼓

隧道底部向上的隆起。

2.0.7 寒区隧道

土层年冻结深度大于 80cm 的地区为寒区,隧道工程穿越寒区称为寒区隧道。

2.0.8 隧道病害

由于外力、施工、材料劣化、火灾、洪水、地震等造成的影响隧道使用功能的损伤及劣化状态。

2.0.9 衬砌劣化

由于施工因素、环境侵蚀、灾害和人为因素等造成的隧道衬砌质量逐渐降低的过程。

2.0.10 衬砌裂缝

隧道衬砌在外载荷的作用下,其表面或内部发生开裂的情况。

2.0.11 衬砌变形

隧道衬砌在外载荷的作用下,其轮廓形状发生改变的情况。

2.0.12 衬砌突发性坍塌

在外载荷的作用下,隧道衬砌由于集中力作用发生的突然性的局部大块塌落。

2.0.13 渗漏水

围岩或土体中的水通过衬砌裂缝或间隙渗透到衬砌内表面发生的浸渗、滴漏、涌流、喷射现象。

2.0.14 冻害

渗漏水在低温状态下产生的影响隧道行车安全的衬砌掉块、开裂,拱部挂冰,侧墙冰柱,路面结冰等灾害。

第3章 工程概况

3.1 各分公司隧道管辖情况

辽宁省高速公路运营管理有限责任公司下设16个分公司,其中有隧道的有11个分公司。辽宁省高速公路隧道共225座,总长度203485.27m,分设11个分公司管辖。其中特长隧道4座(单洞,下同),总长度13623.5m;长隧道68座,总长度101003.76m;中隧道103座,总长度69917.55m;短隧道50座,总长度18940.46m。广泛分布于沈丹、鹤大等多条高速公路上。

3.1.1 鞍山分公司

鞍山分公司涉及12座单洞隧道,总长11658.8m,其中长隧道6座,长度8552.4m,中隧道4座,长度2755.8m,短隧道2座,长度350.6m。均分布于丹锡高速公路。鞍山分公司隧道明细表见表1-3-1。

鞍山分公司隧道明细表　　　　表1-3-1

编号	隧道名称	路线名称	隧道长度(m)	按隧道长度分类	备注
1	旧岭隧道(上行)	丹锡高速	1618.2	长隧道	
2	旧岭隧道(下行)	丹锡高速	1597	长隧道	
3	杨家堡隧道(上行)	丹锡高速	1128.6	长隧道	
4	杨家堡隧道(下行)	丹锡高速	1059.6	长隧道	
5	佟家隧道(上行)	丹锡高速	175.3	短隧道	
6	佟家隧道(下行)	丹锡高速	175.3	短隧道	
7	二道河隧道(上行)	丹锡高速	587.3	中隧道	
8	二道河隧道(下行)	丹锡高速	649.9	中隧道	
9	乔家隧道(上行)	丹锡高速	759.3	中隧道	
10	乔家隧道(下行)	丹锡高速	759.3	中隧道	
11	韩宝寺隧道(上行)	丹锡高速	1648.5	长隧道	
12	韩宝寺隧道(下行)	丹锡高速	1500.5	长隧道	

3.1.2 本溪分公司

本溪分公司涉及62座单洞隧道,总长47565.88m,其中长隧道17座,长度23328.98m,中隧道25座,长度16441m,短隧道20座,长度7795.9m。分布于丹阜、鹤大、永桓、辽宁中部环线4条高速公路。本溪分公司隧道明细表见表1-3-2。

本溪分公司隧道明细表　　　　　　　　　　表1-3-2

编号	隧道名称	路线名称	隧道长度(m)	按隧道长度分类	备注
1	北限子隧道(上行)	丹阜高速	1024.5	长隧道	
2	北限子隧道(下行)	丹阜高速	950	中隧道	
3	黄岭1号隧道(上行)	丹阜高速	865	中隧道	
4	黄岭1号隧道(下行)	丹阜高速	870	中隧道	
5	黄岭2号隧道(上行)	丹阜高速	720	中隧道	
6	黄岭2号隧道(下行)	丹阜高速	565	中隧道	
7	福岭隧道(上行)	丹阜高速	350	短隧道	
8	福岭隧道(下行)	丹阜高速	295	短隧道	
9	唐岭隧道(上行)	丹阜高速	1035	长隧道	
10	唐岭隧道(下行)	丹阜高速	1070	长隧道	
11	张家隧道(上行)	丹阜高速	440	短隧道	
12	张家隧道(下行)	丹阜高速	525	中隧道	
13	古松岭隧道(上行)	丹阜高速	340	短隧道	
14	古松岭隧道(下行)	丹阜高速	470.9	短隧道	
15	南天门隧道(上行)	丹阜高速	140	短隧道	
16	南天门隧道(下行)	丹阜高速	135	短隧道	
17	金坑隧道(上行)	丹阜高速	560	中隧道	
18	金坑隧道(下行)	丹阜高速	530	中隧道	
19	吴家岭隧道(上行)	丹阜高速	1020	长隧道	
20	吴家岭隧道(下行)	丹阜高速	1020.5	长隧道	
21	大峪隧道(上行)	丹阜高速	1470.2	长隧道	
22	大峪隧道(下行)	丹阜高速	1552.3	长隧道	
23	新开岭隧道(上行)	鹤大高速	620	中隧道	
24	新开岭隧道(下行)	鹤大高速	620	中隧道	
25	双岭1号隧道(上行)	鹤大高速	630	中隧道	
26	双岭1号隧道(下行)	鹤大高速	695	中隧道	
27	双岭2号隧道(上行)	鹤大高速	1100	长隧道	
28	双岭2号隧道(下行)	鹤大高速	1030.98	长隧道	
29	黑沟隧道(上行)	鹤大高速	715	中隧道	
30	黑沟隧道(下行)	鹤大高速	705	中隧道	
31	宋家沟隧道(上行)	鹤大高速	1590	长隧道	
32	宋家沟隧道(下行)	鹤大高速	1541	长隧道	
33	上古城隧道(上行)	鹤大高速	490	短隧道	

续上表

编号	隧道名称	路线名称	隧道长度(m)	按隧道长度分类	备注
34	上古城隧道(下行)	鹤大高速	435	短隧道	
35	下古城隧道(上行)	鹤大高速	516	中隧道	
36	下古城隧道(下行)	鹤大高速	520	中隧道	
37	挂牌岭隧道(上行)	鹤大高速	790	中隧道	
38	挂牌岭隧道(下行)	鹤大高速	785	中隧道	
39	石哈达1号隧道(上行)	鹤大高速	447	短隧道	
40	石哈达1号隧道(下行)	鹤大高速	427	短隧道	
41	石哈达2号隧道(上行)	鹤大高速	560	中隧道	
42	石哈达2号隧道(下行)	鹤大高速	555	中隧道	
43	雅河隧道(上行)	鹤大高速	455	短隧道	
44	雅河隧道(下行)	鹤大高速	515	中隧道	
45	大泉眼隧道(上行)	鹤大高速	600	中隧道	
46	大泉眼隧道(下行)	鹤大高速	550	中隧道	
47	马路沟隧道(上行)	鹤大高速	740	中隧道	
48	马路沟隧道(下行)	鹤大高速	740	中隧道	
49	鼻子沟隧道(上行)	鹤大高速	350	短隧道	
50	鼻子沟隧道(下行)	鹤大高速	331	短隧道	
51	砬门隧道(上行)	鹤大高速	1085	长隧道	
52	砬门隧道(下行)	鹤大高速	1105	长隧道	
53	西沟隧道(上行)	永桓高速	420	短隧道	
54	西沟隧道(下行)	永桓高速	390	短隧道	
55	车道岭隧道(上行)	永桓高速	1420	长隧道	
56	车道岭隧道(下行)	永桓高速	1369.5	长隧道	
57	碗铺隧道(上行)	永桓高速	2455	长隧道	
58	碗铺隧道(下行)	永桓高速	2440	长隧道	
59	东塘沟隧道(上行)	永桓高速	500	短隧道	
60	东塘沟隧道(下行)	永桓高速	480	短隧道	
61	高头岭隧道(上行)	辽宁中部环线	475	短隧道	
62	高头岭隧道(下行)	辽宁中部环线	425	短隧道	

3.1.3 朝阳分公司

朝阳分公司涉及16座单洞隧道,总长15628.5m,其中长隧道6座,长度9307.5m,中隧道7座,长度4392m,短隧道3座,长度1389m。分布于丹锡、长深共2条高速公路。朝阳分公司隧道明细表见表1-3-3。

朝阳分公司隧道明细表　　　　　　　　　　　　　　　　表1-3-3

编号	隧道名称	路线名称	隧道长度(m)	按隧道长度分类	备注
1	庙岭隧道(上行)	丹锡高速	2085	长隧道	
2	庙岭隧道(下行)	丹锡高速	2125	长隧道	
3	朝里隧道(上行)	丹锡高速	1145	长隧道	
4	朝里隧道(下行)	丹锡高速	1095	长隧道	
5	大窑沟1号隧道(上行)	长深高速	1422.5	长隧道	
6	大窑沟1号隧道(下行)	长深高速	1435	长隧道	
7	大窑沟2号隧道(上行)	长深高速	580	中隧道	
8	大窑沟2号隧道(下行)	长深高速	640	中隧道	
9	牛河梁1号隧道(上行)	长深高速	680	中隧道	
10	牛河梁1号隧道(下行)	长深高速	680	中隧道	
11	牛河梁2号隧道(上行)	长深高速	798	中隧道	
12	牛河梁2号隧道(下行)	长深高速	824	中隧道	
13	牛河梁3号隧道(上行)	长深高速	485	短隧道	
14	牛河梁3号隧道(下行)	长深高速	730	中隧道	
15	葛沟隧道(上行)	长深高速	434	短隧道	
16	葛沟隧道(下行)	长深高速	470	短隧道	

3.1.4 大连分公司

大连分公司涉及11座单洞隧道,总长7131m,其中长隧道2座,长度3150m,中隧道5座,长度2951m,短隧道4座,长度1030m。分布于沈海、皮长、大窑湾疏港共3条高速公路。大连分公司隧道明细表见表1-3-4。

大连分公司隧道明细表　　　　　　　　　　　　　　　　表1-3-4

编号	隧道名称	路线名称	隧道长度(m)	按隧道长度分类	备注
1	金州隧道	沈海高速	521	中隧道	
2	茶叶沟隧道(上行)	沈海高速	370	短隧道	
3	茶叶沟隧道(下行)	沈海高速	310	短隧道	
4	革镇堡隧道(上行)	沈海高速	1580	长隧道	
5	革镇堡隧道(下行)	沈海高速	1570	长隧道	
6	夏家河隧道(上行)	沈海高速	190	短隧道	
7	夏家河隧道(下行)	沈海高速	160	短隧道	
8	毛沟隧道(上行)	皮长高速	620	中隧道	
9	毛沟隧道(下行)	皮长高速	630	中隧道	
10	松树岭隧道(上行)	大窑湾疏港高速	580	中隧道	
11	松树岭隧道(下行)	大窑湾疏港高速	600	中隧道	

3.1.5 金普分公司

金普分公司涉及 6 座单洞隧道,总长 6401.92m,其中长隧道 2 座,长度 4008m,中隧道 4 座,长度 2393.92m。均分布于庄盖高速公路。金普分公司隧道明细表见表 1-3-5。

金普分公司隧道明细表　　　　　　　　　　　　　　　　表 1-3-5

编号	隧道名称	路线名称	隧道长度(m)	按隧道长度分类	备 注
1	双喜岭隧道(上行)	庄盖高速	1993	长隧道	
2	双喜岭隧道(下行)	庄盖高速	2015	长隧道	
3	南隈子隧道(上行)	庄盖高速	585	中隧道	
4	南隈子隧道(下行)	庄盖高速	600	中隧道	
5	双脖山隧道(上行)	庄盖高速	598.46	中隧道	
6	双脖山隧道(下行)	庄盖高速	610.46	中隧道	

3.1.6 丹东分公司

丹东分公司涉及 52 座单洞隧道,总长 50579.1m,其中特长隧道 2 座,长度 6583.5m,长隧道 16 座,长度 22044m,中隧道 26 座,长度 18779.9m,短隧道 8 座,长度 3171.7m。分布于鹤大、丹阜、丹锡共 3 条高速公路。丹东分公司隧道明细表见表 1-3-6。

丹东分公司隧道明细表　　　　　　　　　　　　　　　　表 1-3-6

编号	隧道名称	路线名称	隧道长度(m)	按隧道长度分类	备 注
1	金山隧道(上行)	鹤大高速	1020	长隧道	
2	金山隧道(下行)	鹤大高速	1010	长隧道	
3	陡岭隧道(上行)	丹阜高速	691	中隧道	
4	罗圈背隧道(上行)	丹锡高速	1970	长隧道	
5	陡岭隧道(下行)	丹阜高速	737	中隧道	
6	罗圈背隧道(下行)	丹锡高速	1940	长隧道	
7	大荒沟隧道(上行)	鹤大高速	1080	长隧道	
8	大荒沟隧道(下行)	鹤大高速	1120	长隧道	
9	弯沟隧道(上行)	鹤大高速	950	中隧道	
10	弯沟隧道(下行)	鹤大高速	978.7	中隧道	
11	西沟隧道(上行)	鹤大高速	374	短隧道	
12	西沟隧道(下行)	鹤大高速	345	短隧道	
13	东岭隧道(上行)	鹤大高速	1065	长隧道	
14	东岭隧道(下行)	鹤大高速	1055	长隧道	
15	焦家堡隧道(上行)	鹤大高速	320	短隧道	
16	焦家堡隧道(下行)	鹤大高速	320	短隧道	
17	小城子隧道(上行)	鹤大高速	555	中隧道	
18	小城子隧道(下行)	鹤大高速	650	中隧道	

续上表

编号	隧道名称	路线名称	隧道长度(m)	按隧道长度分类	备注
19	青山沟1号隧道(上行)	鹤大高速	663	中隧道	
20	青山沟1号隧道(下行)	鹤大高速	697	中隧道	
21	青山沟2号隧道(上行)	鹤大高速	610	中隧道	
22	青山沟2号隧道(下行)	鹤大高速	610	中隧道	
23	土门岭隧道(上行)	鹤大高速	824.6	中隧道	
24	土门岭隧道(下行)	鹤大高速	840	中隧道	
25	五道岭1号隧道(上行)	鹤大高速	525	中隧道	
26	五道岭1号隧道(下行)	鹤大高速	530	中隧道	
27	五道岭2号隧道(上行)	鹤大高速	495.7	短隧道	
28	五道岭2号隧道(下行)	鹤大高速	455	短隧道	
29	错草沟隧道(上行)	鹤大高速	3333.5	特长隧道	
30	错草沟隧道(下行)	鹤大高速	3250	特长隧道	
31	大鞍口隧道(上行)	鹤大高速	955.6	中隧道	
32	大鞍口隧道(下行)	鹤大高速	990	中隧道	
33	肖家堡隧道(上行)	鹤大高速	675	中隧道	
34	肖家堡隧道(下行)	鹤大高速	680	中隧道	
35	毛甸隧道(上行)	鹤大高速	1298	长隧道	
36	毛甸隧道(下行)	鹤大高速	1283	长隧道	
37	车道岭1号隧道(上行)	鹤大高速	766	中隧道	
38	车道岭1号隧道(下行)	鹤大高速	770	中隧道	
39	车道岭2号隧道(上行)	鹤大高速	442	短隧道	
40	车道岭2号隧道(下行)	鹤大高速	420	短隧道	
41	车道岭3号隧道(上行)	鹤大高速	1179	长隧道	
42	车道岭3号隧道(下行)	鹤大高速	1194	长隧道	
43	杨木川隧道(上行)	鹤大高速	2145	长隧道	
44	杨木川隧道(下行)	鹤大高速	2115	长隧道	
45	蚂蚁岭隧道(上行)	鹤大高速	890	中隧道	
46	蚂蚁岭隧道(下行)	鹤大高速	945	中隧道	
47	土城子隧道(上行)	鹤大高速	586	中隧道	
48	土城子隧道(下行)	鹤大高速	588	中隧道	
49	梨树沟隧道(上行)	鹤大高速	545	中隧道	
50	梨树沟隧道(下行)	鹤大高速	528	中隧道	
51	五龙山隧道(上行)	鹤大高速	1305	长隧道	
52	五龙山隧道(下行)	鹤大高速	1265	长隧道	

3.1.7 沈抚分公司

沈抚分公司涉及22座单洞隧道,总长18839.1m,其中长隧道8座,长度9818.3m,中隧道12座,长度8295.1m,短隧道2座,长度725.7m。分布于沈吉、抚通共2条高速公路。沈抚分公司隧道明细表见表1-3-7。

沈抚分公司隧道明细表　　　　　　　　表1-3-7

编号	隧道名称	路线名称	隧道长度(m)	按隧道长度分类	备注
1	铁背山2号隧道(上行)	沈吉高速	631	中隧道	
2	铁背山2号隧道(下行)	沈吉高速	642	中隧道	
3	铁背山1号隧道(上行)	沈吉高速	1278	长隧道	
4	铁背山1号隧道(下行)	沈吉高速	1268	长隧道	
5	中寨子隧道(上行)	沈吉高速	1407	长隧道	
6	中寨子隧道(下行)	沈吉高速	1467.5	长隧道	
7	玳珉关隧道(上行)	抚通高速	620	中隧道	
8	玳珉关隧道(下行)	抚通高速	627.5	中隧道	
9	木奇隧道(上行)	抚通高速	715	中隧道	
10	木奇隧道(下行)	抚通高速	755	中隧道	
11	永陵隧道(上行)	抚通高速	643	中隧道	
12	永陵隧道(下行)	抚通高速	631.3	中隧道	
13	新宾2号隧道(上行)	抚通高速	546.7	中隧道	
14	新宾2号隧道(下行)	抚通高速	535	中隧道	
15	新宾1号隧道(上行)	抚通高速	998.6	中隧道	
16	新宾1号隧道(下行)	抚通高速	950	中隧道	
17	红升隧道(上行)	抚通高速	1049.7	长隧道	
18	红升隧道(下行)	抚通高速	1063.1	长隧道	
19	旺清门隧道(上行)	抚通高速	371.7	短隧道	
20	旺清门隧道(下行)	抚通高速	354	短隧道	
21	南山隧道(上行)	辽宁中部环线	1210	长隧道	
22	南山隧道(下行)	辽宁中部环线	1075	长隧道	

3.1.8 阜新分公司

阜新分公司涉及6座单洞隧道,总长9260m,其中特长隧道2座,长度7040m,中隧道3座,长度1765m,短隧道1座,长度455m。分布于长深、阜营共2条高速公路。阜新分公司隧道明细表见表1-3-8。

阜新分公司隧道明细表　　　　　　　　　　　　　表1-3-8

编号	隧道名称	路线名称	隧道长度(m)	按隧道长度分类	备注
1	老爷庙隧道(上行)	长深高速	610	中隧道	
2	水泉隧道(上行)	长深高速	455	短隧道	
3	老爷庙隧道(下行)	长深高速	630	中隧道	
4	水泉隧道(下行)	长深高速	525	中隧道	
5	海棠山隧道(上行)	阜营高速	3510	特长隧道	
6	海棠山隧道(下行)	阜营高速	3530	特长隧道	

3.1.9 葫芦岛分公司

葫芦岛分公司涉及10座单洞隧道,总长6721m,其中长隧道1座,长度1005m,中隧道6座,长度4331m,短隧道3座,长度1385m。均分布于兴建高速公路。葫芦岛分公司隧道明细表见表1-3-9。

葫芦岛分公司隧道明细表　　　　　　　　　　　　　表1-3-9

编号	隧道名称	路线名称	隧道长度(m)	按隧道长度分类	备注
1	樊屯隧道(上行)	兴建高速	630	中隧道	
2	樊屯隧道(下行)	兴建高速	650	中隧道	
3	大苇沟隧道(上行)	兴建高速	805	中隧道	
4	大苇沟隧道(下行)	兴建高速	740	中隧道	
5	四家子隧道(上行)	兴建高速	495	短隧道	
6	四家子隧道(下行)	兴建高速	506	中隧道	
7	韩杖子隧道(上行)	兴建高速	490	短隧道	
8	韩杖子隧道(下行)	兴建高速	400	短隧道	
9	灰窑子隧道(上行)	兴建高速	1000	中隧道	
10	灰窑子隧道(下行)	兴建高速	1005	长隧道	

3.1.10 辽阳分公司

辽阳分公司涉及20座单洞隧道,总长19436.24m,其中长隧道8座,长度13994.58m,中隧道5座,长度2966.48m,短隧道7座,长度2475.18m。均分布于辽中环线高速公路。辽阳分公司隧道明细表见表1-3-10。

辽阳分公司隧道明细表　　　　　　　　　　　　　表1-3-10

编号	隧道名称	路线名称	隧道长度(m)	按隧道长度分类	备注
1	榆树林隧道(上行)	辽中环线高速	335.74	短隧道	
2	榆树林隧道(下行)	辽中环线高速	343.27	短隧道	
3	黄家堡隧道(上行)	辽中环线高速	475	短隧道	
4	黄家堡隧道(下行)	辽中环线高速	475.17	短隧道	

续上表

编号	隧道名称	路线名称	隧道长度(m)	按隧道长度分类	备注
5	寒岭隧道(上行)	辽中环线高速	610	中隧道	
6	寒岭隧道(下行)	辽中环线高速	660	中隧道	
7	纱帽山隧道(上行)	辽中环线高速	1520	长隧道	
8	纱帽山隧道(下行)	辽中环线高速	1511.7	长隧道	
9	南雪梅隧道(上行)	辽中环线高速	400	短隧道	
10	南雪梅隧道(下行)	辽中环线高速	506.9	中隧道	
11	香炉山隧道(上行)	辽中环线高速	2390	长隧道	
12	香炉山隧道(下行)	辽中环线高速	2391.9	长隧道	
13	水峪隧道(上行)	辽中环线高速	615	中隧道	
14	水峪隧道(下行)	辽中环线高速	574.58	中隧道	
15	石磨山隧道(上行)	辽中环线高速	1465	长隧道	
16	石磨山隧道(下行)	辽中环线高速	1418.52	长隧道	
17	龙鼎山隧道(上行)	辽中环线高速	1665	长隧道	
18	龙鼎山隧道(下行)	辽中环线高速	1632.46	长隧道	
19	首山隧道(上行)	辽中环线高速	223	短隧道	
20	首山隧道(下行)	辽中环线高速	223	短隧道	

3.1.11 营口分公司

营口分公司涉及10座单洞隧道,总长10893.73m,其中长隧道2座,长度5795m,中隧道6座,长度4256.35m,短隧道2座,长度842.38m。均分布于庄盖高速公路。营口分公司隧道明细表见表1-3-11。

营口分公司隧道明细表　　　表1-3-11

编号	隧道名称	路线名称	隧道长度(m)	按隧道长度分类	备注
1	新开岭隧道(上行)	庄盖高速	548	中隧道	
2	新开岭隧道(下行)	庄盖高速	548.35	中隧道	
3	福胜屯隧道(上行)	庄盖高速	820	中隧道	
4	福胜屯隧道(下行)	庄盖高速	800	中隧道	
5	戴峪岭1号隧道(上行)	庄盖高速	421	短隧道	
6	戴峪岭1号隧道(下行)	庄盖高速	421.38	短隧道	
7	戴峪岭2号隧道(上行)	庄盖高速	2865	长隧道	
8	戴峪岭2号隧道(下行)	庄盖高速	2930	长隧道	
9	戴峪岭3号隧道(上行)	庄盖高速	780	中隧道	
10	戴峪岭3号隧道(下行)	庄盖高速	760	中隧道	

3.2 养护清单

养护清单见表1-3-12、表1-3-13。

土建结构养护清单   表1-3-12

细目号	细目名称
522	隧道清洁维护
522-1	边沟清理
522-1-1	倒Ω形沟
522-2	截、排水沟清淤
522-2-1	清淤
522-3	清理深埋排水沟及沉砂池
522-3-1	清理沉沙井
522-3-2	清理检查井
522-3-3	清理电缆沟
522-4	清理纵向排水沟
522-4-1	清理中央纵向排水沟
522-5	修复洞口截、排水沟
522-5-1	水泥砂浆勾缝
522-5-2	混凝土修补
522-5-3	浆砌片石边沟、截水沟
522-5-4	浆砌片石急流槽、跌水井
522-6	更换盖板
522-6-1	更换检查井井盖
522-6-2	更换沉沙井井盖
522-7	人行道(检修道)侧壁及盖板修复
522-7-1	现浇管沟混凝土
522-7-2	预制安装混凝土盖板
522-8	修复洞门墙、边坡护坡
522-8-1	修补裂缝、断缝(环氧树脂)
522-8-2	修补裂缝、断缝(水泥砂浆)
522-8-3	浆砌片石
522-8-4	浆砌块石
522-8-5	混凝土
522-9	清除衬砌表层起层、剥离
522-9-1	人工凿除
522-9-2	高压射水吹净

续上表

细 目 号	细 目 名 称
522-10	裂缝封堵
522-10-1	注胶裂缝封堵
522-11	隧道空洞注浆处理
522-11-1	纯水泥浆
522-11-2	C25轻质混凝土
522-11-3	埋设注浆导管
522-12	围岩加固注浆
522-12-1	压注水泥浆
522-12-2	压双浆液
522-12-3	埋设注浆导管
522-13	喷射混凝土加固
522-13-1	喷射混凝土
522-13-2	喷射钢纤维混凝土
522-14	锚杆及钢筋网加固
522-14-1	钢筋网
522-14-2	锚杆
522-14-3	中空注浆锚杆
522-15	拱墙钻孔
522-15-1	$\phi 50mm$ 内钻孔
522-15-2	$\phi 100mm$ 内钻孔
522-16	隧道衬砌
522-16-1	模筑混凝土
522-16-2	仰拱混凝土
522-16-3	回填混凝土
522-16-4	塑料板防水层
522-17	衬砌渗水、漏水处置
522-17-1	凿槽埋排水管
522-18	衬砌表面腐蚀处理
522-18-1	聚合物砂浆保护层(2cm)
522-19	更换反光路标
522-19-1	更换突起路标
522-19-2	安装附着式轮廓标
522-19-3	更换百米牌
522-20	清洁标志
522-20-1	清洗隧道内轮廓标、百米牌

续上表

细目号	细目名称
522-20-2	清洗隧道内标线
522-21	隧道装饰
522-21-1	镶贴瓷砖
522-22	边墙内装饰面清洁
522-22-1	隧道瓷砖清洗
522-23	除雪和除冰
522-23-1	刨冰
522-24	施工台架
522-24-1	脚手架材料费
522-24-2	脚手架安拆费
522-25	其他工程设施维修
522-25-1	屋顶防水
522-25-2	外墙刷乳胶漆
522-25-3	内墙装修
522-25-4	采暖及上下水
522-25-5	塑钢窗
522-25-6	防盗门
522-25-7	遮阳棚
522-25-8	洞内紧急电话处侧墙粉刷耐火涂料
522-25-9	配电房通风
522-25-10	路灯杆粘贴反光膜
522-25-11	预留机电柜凹槽填补(含外墙瓷砖)
522-25-12	入口行车道侧更换树脂盖板
522-25-13	洞内紧急停车带更换树脂盖板
522-25-14	洞口粘铝板贴反光膜
522-25-15	出口处洞门花岗岩拆除粉刷涂料

机电设施养护清单　　　　　　　　　　　表1-3-13

细目号		细目名称
1. 隧道供配电设施	1.1	跌落式开关
	1.2	高压断路器柜
	1.3	高压互感器与避雷器柜
	1.4	高压计量柜
	1.5	高压隔离开关和负荷开关
	1.6	电力变压器
	1.7	电力电容器柜

续上表

细目号		细目名称
1. 隧道供配电设施	1.8	低压开关柜
	1.9	配电箱、插座箱、控制箱
	1.10	变电所电力电缆
	1.11	变电所内电缆沟
	1.12	有源滤波器
	1.13	UPS 电源
	1.14	EPS 电源
	1.15	节能柜
	1.16	稳压电源
	1.17	检修箱
	1.18	户外高压真空重合器
	1.19	通信电源箱
2. 隧道照明设施	2.1	洞内灯具
	2.2	洞外路灯
	2.3	光照度检测器（洞内）
	2.4	光亮度检测器（洞外）
	2.5	变电所照明控制柜
	2.6	隧道内照明配电箱
	2.7	有缘诱导灯
	2.8	有缘诱导灯控制器
3. 隧道通风设施	3.1	CO/VI 检测器
	3.2	风速、风向检测器
	3.3	隧道射流风机
	3.4	变电所通风控制柜
	3.5	隧道内风机控制箱（电控箱）
4. 隧道消防设施	4.1	火灾报警主控制器
	4.2	手动火灾报警控制单元
	4.3	感温光缆火灾报警处理器
	4.4	洞内火灾手动报警按钮
	4.5	洞内火灾报警感温光缆
	4.6	感烟火灾探测器
	4.7	隧道内火灾警报器
	4.8	隧道内消火栓
	4.9	隧道内灭火器箱
	4.10	隧道内灭火器

续上表

细 目 号		细 目 名 称
4. 隧道消防设施	4.11	隧道口消火栓
	4.12	配水管
	4.13	消防管电伴热带
	4.14	集肤伴热管
	4.15	集肤伴热变压器
	4.16	消防管保温设施
	4.17	消防供电主控柜
	4.18	消防泵启动控制柜
	4.19	配电控制混合柜
	4.20	循检及自控装置柜
	4.21	供水泵
	4.22	稳压泵
	4.23	排污泵
	4.24	消防泵
	4.25	消防主控制器
	4.26	液位检测器
	4.27	灭火器年检
5. 监控与通信设施	5.1	扬声器
	5.2	广播功放
	5.3	隧道口紧急电话
	5.4	隧道内紧急电话
	5.5	行车横洞门
	5.6	行车横洞门控制器
	5.7	行车横洞应急照明控制器
	5.8	行车横洞应急照明灯
	5.9	行人横洞门
	5.10	行人横洞应急照明控制器
	5.11	行人横洞应急照明灯
	5.12	疏散指示标志
	5.13	紧急电话指示标志
	5.14	隧道紧急电话光纤熔接盒及尾纤
	5.15	隧道内摄像机
	5.16	隧道出入口外摄像机
	5.17	隧道车辆检测器
	5.18	隧道交通信号灯

续上表

细目号		细目名称
5. 监控与通信设施	5.19	隧道车道指示器
	5.20	隧道入口前可变信息标志
	5.21	隧道入口前可变限速标志
	5.22	行车横洞指示标志
	5.23	行人横洞指示标志
	5.24	紧急停车带指示标志
	5.25	隧道监控光纤熔接盒及尾纤
	5.26	隧道现场区域控制器
	5.27	隧道主区域控制器
	5.28	隧道动力监控检测单元
	5.29	隧道图像编码器
	5.30	隧道图像控制解码器
	5.31	隧道视频光端机
	5.32	隧道数据光端机
	5.33	隧道音频光端机
	5.34	数据+音频光端机
	5.35	视频+数据光端机
	5.36	网络机柜
	5.37	变电所半球摄像机
	5.38	变电所快球摄像机
	5.39	门禁
	5.40	空调
	5.41	工业以太网交换机
	5.42	防雷检测报警单元
	5.43	通信管理机
	5.44	防雷设施远程自动监测主机
	5.45	红外线防盗设施
	5.46	监控摄像机(球机)
	5.47	照明应急灯
	5.48	综合数据采集模块
	5.49	光缆配线柜
	5.50	道路气象站
	5.51	红外车检器及雷达测速
	5.52	电脑主机、显示器
	5.53	数据采集柜

续上表

细目号		细目名称
5. 监控与通信设施	5.54	隧道 LED 照明控制系统
	5.55	箱式变电站站房
	5.56	隧道本地控制软件
6. 接地与防雷设施	6.1	接地网
	6.2	变电所接地母线与接地均压母线
	6.3	隧道接地母线与接地均压母线
	6.4	接地检测箱
	6.5	电源浪涌保护器
	6.6	信号浪涌保护器
	6.7	防雷器监控系统设备
	6.8	避雷针
	6.9	避雷带
7. 线缆及线缆管道	7.1	线缆过桥保护管及托架
	7.2	地埋线缆管道
	7.3	线缆管道井
	7.4	隧道内线缆槽道(托架)
	7.5	电力线缆
	7.6	光缆
	7.7	控制线缆
	7.8	地埋线缆标志桩
8. 中央控制管理设施	8.1	视频事件检测器
	8.2	视频事件检测器计算机
	8.3	隧道视频联网光端机
	8.4	隧道数据联网光端机
	8.5	广播控制器
	8.6	紧急电话控制主机
	8.7	紧急电话计算机

第4章 隧道养护工作的基本内容

隧道养护工作主要指对隧道相关的各土建结构、机电设施的状态监测、清洁维护、结构检查、保养维修、病害处治(加固、恢复、改造等)、设施的检修更换、灾害防治与救援等方面的维修养护和运营管理等工作。

4.1 养护工作范围

隧道:隧道段、暗埋段、光过渡段、敞开段、竖井、风塔、泵站、变配电站及各类附属设施等。

管控中心:办公用房、管养工区等。

4.2 养护工作内容

4.2.1 土建结构养护工作内容

土建结构的保养维修工作主要包括经常性或预防性的保养和轻微破损部分的维修等内容,以恢复和保持结构的良好使用状态。

应对土建结构经常检查和定期检查发现的一般性异常和技术状况值为2以下的状况,进行保养维修。

1)洞口

及时清除洞口边仰坡上的危石、浮土,冬季应清除积雪和挂冰,保持洞口边沟和边仰坡上截(排)水沟的完好、畅通,修复洞口挡土墙、护坡、排水设施和减光设施等结构物的轻微损坏,维护洞口花草树木的完好。

2)洞身

无衬砌隧道出现的碎裂、松动岩石和危石,应本着少清除、多稳固的原则,加以处理;围岩的渗漏水,应开设泄水孔接引水管,将水导入边沟排出;冬季应及时清除洞顶挂冰。

有衬砌隧道出现的衬砌起层或剥离,应及时加以清除或加固;对衬砌的渗漏水,可将水流引入边沟排出;冬季应及时清除洞顶挂冰等。

3)路面

及时清除隧道内外路面上的塌(散)落物,及时修复、更换损坏的窨井盖或其他设施的盖板;当路面出现渗漏水时,应及时处理,将水引入边沟排出,防止路面积水或结冰;冬季应及时清除洞口处积雪。

4)人行和车行横洞

隧道内严禁存放任何非救援用物品,及时清除散落杂物,修复轻微破损结构,定期保养横洞门,确保横洞清洁、畅通。

5)斜(竖)井

及时清除井内可能损伤通风设施或影响通风效果的异物;维护井内排水设施的完好,保持水沟(管)的畅通;对井内的检查通道或设施进行保养,防止其锈蚀或损坏。

6)风道

清理送(排)风口的网罩,清除堵塞网眼的杂物;定期保养风道板吊杆,防止其锈蚀或损坏;及时修复风口或风道的破损,更换损坏的风道板。

7)排水设施

维护隧道内外排水设施的完好,发现破损及时修复;排水管堵塞时,可用高压水或压缩空气疏通。

8)吊顶和内装

吊顶和内装应保持完好和整洁美观,如有破损、缺失应及时修补恢复,不能修复的应及时更新。

9)人行道或检修道

维护人行道或检修道的完好和畅通,盖板如有破损或缺失,应及时进行修复和补充;定期保养人行道或检修道护栏,防止其锈蚀、损坏。

10)交通标志标线

隧道的交通标志应保持外观完整、清晰、醒目,保持位置、高度和角度适当,确保交通信息传递无误。

及时清洗标志牌面、标线的脏污,清除遮挡标志的障碍。

及时修补变形、破损的标牌标线,修复弯曲、倾斜的支柱,紧固松动的连接构件。对锈蚀损坏、老化失效的标志,应及时更换,缺失的应及时补充。

4.2.2 机电设施养护工作内容

(1)机电设施养护应使设备技术状况达到产品说明书、设计文件或有关规范的要求。

(2)机电设施养护应配备专门的电工工具、测试仪器、清洁工具、安全防护设备及高空作业设备。对配备的专用工具应定期检查,耐高压工具试验1次/半年,测试仪器校对1次/年,安全防护设备及高空作业设施检查1次/季度。

(3)应按月制订养护计划。应真实记录各种设备的检查情况,建立专门的技术档案。

(4)养护效果可用设备完好率进行考核。各种机电设施可分系统并按对运营安全的重要度建立设备完好率考核指标。

(5)应充分考虑营运车辆、养护人员的安全。当需中断交通时,应与土建的养护作业计划综合考虑。隧道内经常性检修、定期检修、分解性检修时的烟雾浓度不得高于0.0035m^{-1}。

(6)应针对隧道内可能出现的火灾及交通事故,制订周密的救援计划,并按计划进行不少于1次/年的针对性的实地救援及防灾演习,其他各种设施应与消防救援设施紧密配合。

(7)供配电设施养护人员应持有特殊工种上岗证书,并配备专门的电工检修工具。

（8）供电线路的养护按电力部门的有关规定进行。当供电线路存在异常情况时,应采取措施并及时通知有关部门。

（9）供配电设施需进行带电养护作业的项目,应使隧道内、变配电室及中心控制室相互协调,密切配合,并严格按电气操作规程的有关要求进行。

（10）进行通风设施养护时,应根据隧道交通流量和通风能力,对交通进行必要的组织和限制。

（11）照明设施中间段连续坏灯2盏以上、洞口加强段连续坏灯3盏以上时,应及时进行更换或维修。

（12）监控系统软件维护每年不少于2次。维护时注意软件的修改完善,并保证联运运行功能的实现和软件可靠性各项技术措施的落实,严格按操作规程或使用说明进行。

（13）防雷接地装置如有损坏、锈蚀应及时养护维修。

①修换防雷接地装置前,应对接地体进行接地电阻测试,接地线和接地体焊接开焊、断裂的应修换,完好的应除锈刷防锈漆。

②接地体锈蚀严重无法修复时,按设计要求换装新接地体。

③修换防雷装置前,对避雷网(带)、引下线等发生开焊、变形的应修复,对防锈漆脱落的应除锈刷防锈漆。

④修换接地装置及固件均宜采用镀锌制品,各部连接点应牢固可靠。

4.2.3 病害处治

（1）应根据结构检查结果,针对病害产生原因,按照安全、经济、合理的原则确定方案。处治方案可由一种或多种处治方法组成。

（2）采用衬砌背后注浆方法处治病害,应符合下列要求:

①应根据专项检查结果,确定空隙部位,合理布置注浆孔。

②根据现行《公路隧道加固技术规范》(JTG/T 5440)的要求,注浆压力在 0.5~1.5MPa 范围内,在注浆过程中应加强监测。当发生衬砌变形或排水系统堵塞等异常情况时,可降低注浆压力或采用间歇注浆,直到停止注浆。

③注浆效果检查可采取钻孔取芯、超声波或雷达检测等方法。

（3）采用防护网方法处治病害,应符合下列要求:

①防护网必须选用耐火的材料。

②施工前应凿除衬砌剥离劣化部分。

③防护网可用锚栓固定在衬砌表面上,应固定牢固。

（4）采用喷射混凝土方法处治病害,应符合下列要求:

①喷射混凝土的种类主要有:素混凝土、钢筋网喷射水泥砂浆、钢筋网喷射混凝土和钢纤维喷射混凝土等,应根据病害程度和施工条件等因素进行选择。

②喷射混凝土必须有足够的强度和附着率,其配合比应通过试验确定,喷射机的工作风压,应满足喷头处的压力在 0.1MPa 左右。

③当采用钢筋网喷射混凝土时,钢筋网必须有恰当的保护层厚度。

④喷射混凝土终凝2h后应喷水养护,养护时间应不少于7d;当隧道内相对湿度大于85%

时,可采用自然养护,寒冷地区的养护应按相关规范进行。
⑤当喷射混凝土作业完成后,应对喷射混凝土层进行检测,强度指标应达到设计要求。
(5)采用锚杆加固方法处治病害,应符合下列要求:
①锚杆的长度和间距应根据病害原因和地质情况确定。
②当采用水泥砂浆锚杆时:注浆开始或中途停止超过 30min,应用水或稀水泥浆润滑注浆罐及其管路;杆体插入后,若孔口无砂浆溢出,应及时补注。
③当采用自进式锚杆时:安装前,应检查锚杆中孔和钻头的水孔是否畅通,若有异物堵塞,应及时清理;锚杆灌浆料宜采用纯水泥浆,地质条件差时可灌入聚氨酯、硅树脂。
④锚杆质量的检查可做锚杆拔力试验。
(6)采用套拱加固方法处治病害,应符合下列要求:
①套拱设计不得侵入建筑限界。
②为确保衬砌与套拱结合牢固,施工前应凿除衬砌劣化部分,衬砌内面应涂抹界面剂,并设置联系钢筋。
③当套拱厚度较大时,可在套拱与衬砌之间设置防水层。
④当隧道净空无富余时,可在衬砌的裂纹处贴碳纤维,提高衬砌承载能力。
(7)采用设置绝热层方法处治病害,应符合下列要求:
①应选用导热系数小和耐高温的绝热材料。
②绝热层的厚度和延长幅度应根据气象数据、岩体和绝热材料的性质确定。
(8)采用滑坡整治方法处治病害,应符合下列要求:
①洞口段边仰坡出现裂缝,可用黏土等填实,必要时可采用锚杆加固。
②滑动面以上地层厚度不大时,可在滑动面下端设置抗滑锚固桩。
③对洞顶山体进行保护性开挖,减轻下滑力。
④在滑动面下方修筑挡土墙,进行保护性填土,土方应夯实不积水。
(9)采用围岩注浆方法处治病害,应符合下列要求:
①围岩注浆压力应比静水压力大 $0.5\sim1.5MPa$。
②注浆材料宜采用水泥浆液、超细水泥浆液、自流平水泥浆液等。
③围岩注浆可采取钻孔取芯法对注浆效果进行检查,必要时进行压(抽)水试验。当检查孔的吸水量大于 $1.0L/(min\cdot m)$ 时,必须进行补充注浆。
④注浆结束后,应将注浆孔及检查孔封填密实。
(10)采用增设仰拱方法处治病害,应符合下列要求:
①仰拱的厚度可根据围岩情况确定。
②应使用拱架模板浇筑仰拱混凝土。
(11)采用更换衬砌方法处治病害,应符合下列要求:
①衬砌的内轮廓线必须与原衬砌内轮廓线一致。
②施工前应收集衬砌背后空洞和围岩垮塌资料,必要时可用超声波进行检测。
③拆除衬砌时,应根据围岩的地质情况及时进行支撑。
④施工时,在不影响通行的情况下,可采用简易施工台车。
⑤拱部衬砌更换施工,可按下列顺序进行:

拆除拱部衬砌→增补砂浆锚杆→补喷混凝土→补齐钢筋网→增设防水层→设纵横向排水管→浇筑拱部混凝土→浆砌片石充填空洞。

4.2.4 冻害防治

(1)寒冷地区隧道应注意洞口构造物的防冻保温。防冻层损坏时,可用同样的轻质膨胀珍珠岩混凝土或浮石混凝土修补,必要时应进行改造。无防冻层时,应设法加筑。

(2)寒冷地区隧道的防冻保温设施应做好保养维护,如有损坏及时维修,保持其使用功能。洞口设有防雪设施的隧道,应做好防雪设施的保养维护,并在大雪降临前完成设施的维修加固;冬季应及时清除洞口处积雪。防冻保温设施的维修保养应不少于1次/年。在寒冷地区,应在每次大雪后,对防冻保温设施进行一次检查,发现损坏及时维修。

4.2.5 沥青混凝土路面的养护维修

(1)沥青混凝土路面应以日常小修保养和预防性养护为主,保持路面平整、横坡适度、线形顺直、路容整洁、排水良好,以延长沥青混凝土路面的使用寿命和大修年限,降低养护维修成本。

(2)沥青混凝土路面的常见病害(如坑槽、拥包、车辙、裂缝、松散等)的处理和修补,应符合《公路养护技术规范》(JTG H10—2009)的要求。

(3)沥青混凝土面层的小修应符合下列要求:
①四周修凿整齐不歪斜,修凿深度不小于20mm,且垂直不倾斜,凿边宽度为50mm。
②封边密实无起壳松散现象。
③表面粗细均匀无毛细裂缝及起拱不稳定现象,碾压紧密无松散,无空隙及明显轮迹。
④平整度用3m直尺校验不大于5.0mm。

(4)沥青混凝土路面的预防性养护,应在夏季高温期及时修复冬寒春雨期临时修补的破损,处治泛油,铲除拥包和车辙,恢复路面的使用质量,并保持路面的完好状态,以减少秋冬季节的病害。

(5)路面出现渗漏水时,应及时处治,将水引入边沟排出,防止结冰。对局部易冻结路段的路面,应适时撒布防冻材料或更换为防冻路面。

4.2.6 隧道主体结构排水、止水

1)漏水点的发现和统计

(1)隧道易发生的漏水部位为:环缝、螺栓连接部位、止水带、裂缝、伸缩缝、井圈、串线管等。

(2)每日巡视及每月经常性检查应及时发现漏水点并查明漏水的原因、部位及其流量、压力等。

(3)漏水部位的详检:
严重的漏水点通常用肉眼即可辨认,对于细微不易查找的漏水点,可用撒干水泥粉法、涂刷胶浆法、喷涂烘烤法、毛笔或毛刷查漏法等方法详细辨认,并详细记录其具体位置、发现时间、发现人员、漏水形式、是否是复漏等。

2)漏水病害处治方法

(1)当隧道局部出现涌水病害时,宜采用外置排水管和开槽埋管的排水法处治。其施工应注意以下事项:

①水管的位置、间距应根据涌水量的大小和位置等情况确定;

②水管不得堵塞,管道材料应具有抗老化性和足够强度;

③当采用开槽埋管法时,衬砌表面可用氯丁橡胶等材料覆盖;

④当采用外置排水管时,可用固定装置将 U 形排水管固定在衬砌表面,将水引入管内排出;

⑤外置排水管的设置不得侵入建筑限界,并严禁在设置机电设施的地方开凿排水沟槽;

⑥设置外置排水管应尽量减少对隧道外观的破坏。

(2)当地下水沿衬砌裂缝、施工缝以滴水形式漏出时,宜采用向衬砌内注浆的止水法。其施工应注意以下规定:

①衬砌内注浆材料应采用水溶性、非易燃注浆液。宜采用水泥浆液、超细水泥浆液、自流平水泥浆液、化学浆液等。

②注浆时采用低压低速注浆,化学注浆压力宜为 0.2～0.4MPa、水泥浆注浆压力宜为 0.4～0.8MPa。

③注浆后待缝内浆液初凝而不外流时,方可拆下注浆嘴并进行封口抹平。

④衬砌裂缝的注浆施工质量检验可采用渗漏水量测,必要时采用钻孔取芯、压水(或空气)等方法检查。

⑤堵漏施工工艺:凿缝开槽→嵌入膨胀橡胶条(胶)→抽空内腔及封堵→注浆。具体过程为沿漏水部位的两侧凿成 V 形缝,其长度、深度视漏水情况而定或按设计要求,一般槽深为 50mm。在槽内嵌入膨胀橡胶条,使槽型形成长方形,膨胀条尺寸一般为 20mm×40mm。在已形成的长方形槽内放入可形成内腔的塑料管,边封堵边抽空,并留出注浆口和出浆口;封堵的材料可采用防水材料拌和 52.5 级硅酸盐水泥,也可用双凝水泥。在抽空内腔完成并封堵材料凝固牢固后,即可注浆,也可在其他漏水点的注浆前的工序完成后,再一一进行注浆。注浆应饱满,当另一出浆口出浆或浆压力升高时,停止注浆。

(3)当漏水量小且表面呈渗透状时,可设置防水板进行处治。施工时应注意以下要求:

①防水板材料应具有耐热和耐油性,一般有聚乙烯(PE)、乙烯醋酸共聚体(EVA)、橡塑、橡胶板等;

②防水板不得侵入建筑限界;

③施工前应清除粉尘并保护好电缆等设施;

④防水板的搭接处理应牢固,不漏水;

⑤有裂缝需要检查的部位,可在防水板上设置检查观察窗。

(4)当地下水特别发育并有稳定来源时,可采取在隧道内设置排水孔、水平钻孔、加深排水沟和深井降水等措施。施工时应注意以下规定:

①应采用过滤性良好的材料,防止排水孔堵塞;

②应根据地下水位,确定排水沟加深的深度;

③排水孔和排水沟之间应有管道连系;

④排水钻孔的位置,必须根据围岩的地质条件和地下水的状况决定。

4.2.7 光过渡段防水层维修

1）防水层的修补

光过渡段防水层损坏后,应立即予以修补,以防漏水使灯具等用电设备锈蚀损坏和漏电,以及使路面潮湿润滑影响行车安全。

2）光过渡段防水层修补要点

(1) 防水层基层应牢固无松动损坏,如已损坏应先按混凝土修补要求进行修复。修复的基层表面应平整,其平整度为:2m 直尺校验其最大空隙不超过 5mm,并不得多于 1 处。

(2) 顶部防水层发生局部损坏渗漏时,应割除损坏部分,割除面积应大于损坏面积,四周各扩大 200mm。

(3) 如渗漏发生在板缝之间,则先将板缝的嵌缝料及损坏的混凝土清除干净,修复板缝的混凝土和重新用嵌缝料嵌缝止水。随后再修复防水层,嵌缝可用建筑防水沥青油膏或高分子聚合物防水嵌缝膏。

(4) 防水层的修补材料应具有耐久性、黏结性、不透水性、延伸性、耐高温俱佳的防水涂料。

(5) 防水涂料的施工,可用涂刷或喷涂。厚度应均匀,一般不少于两涂。在上一涂完成后,必须待其干燥结膜后,方可进行下一涂的施工。

(6) 在涂层结膜硬化前,不得在其上面行走或堆放物品。

4.2.8 变电所等附属建筑维护

1）变电所

(1) 变电所值班人员每班应对变电所进行日常巡视一次,专业人员每半个月进行一次专业检查。在暴雨、地震后必须进行专门检查。

(2) 应保持变电所外墙的表面平整、洁净,各部分构造如有损坏应及时修复。各类排水设施畅通无阻塞、无缺损。

(3) 屋面防水必须平整、有效、无起皮、无开裂、无脱壳等现象。确保屋面无渗漏。

(4) 室内顶棚抹灰应光滑、平整、洁净,骨架牢固无松动变形,线角和灰线平直方正。

(5) 室内墙面光滑、无裂缝及起皮剥落,颜色均匀。线角和灰线平直。

(6) 地面铺装等应整洁、平整、无开裂、无损坏、无高低不平等现象。

(7) 各类门窗牢固无缺损,附件齐全无缺,开关自如,关闭严密,玻璃清洁明亮。

2）泵房保洁

(1) 泵房清扫保洁工作,每月至少一次。

(2) 泵房内场地平整、无垃圾。泵房内除消防器材和必备工具外,无其他杂物。泵体及泵房墙面和地面应清洁无积灰。

4.2.9 隧道侧墙的维修养护

侧墙装饰表面应完整、无小面积剥落、无翘起现象。如被车辆撞坏应及时更换。

4.2.10 通道门等设备维护

(1)每周应对各个通道门及各类设备箱体检查一次。
(2)通道门及各类设备箱体的维修养护应符合下列要求:
①通道门及箱体门应关闭严密、开关灵活,无孔洞等缺损,附件齐全无缺损。
②门框、箱体与墙体之间安装牢固,无缝隙。
③标志清晰正确,油漆完整无剥落、起皮等。
④通道每月清扫一遍,无垃圾和积灰。

第二篇
土建结构的检查与养护

第1章　土建结构检查与评定

1.1　土建结构的养护工作

土建结构的养护工作应包括日常巡查、清洁、结构检查与技术状况评定、保养维修和病害处治,其中结构检查包括经常检查、定期检查、应急检查和专项检查,并应满足下列要求。

1.1.1　日常巡查

隧道的日常巡查由各工区技术人员负责,可采用人工和信息化手段相结合的方式,日常巡查频率宜不少于1次/d,雨季、冰冻季节和极端天气,应增加日常巡查的频率,隧道的日常巡查可与路段的日常巡查一起进行。日常巡查中,发现路面有妨碍通行的障碍物或其他异常情况时,应视情况予以清除或报告,并做好记录。记录方式可以文字记录为主,并配合照相或摄像手段辅助。

日常巡查应对隧道洞口、衬砌、路面是否处在正常工作状态、是否妨碍交通安全等进行检查,包括下列内容:

(1)时间:指巡视隧道时填表的时间。
(2)温度:填表时的大气温度,用气温计读取。
(3)气候状况:主要指是否雨天、雪天、冰雹等。
(4)风力:当时风力,可结合天气预报情况填写。
(5)能见度:主要在雾天等能见度差时填写。
(6)其他:主要指有无别的特殊自然现象,如地震、雷电等。
(7)交通状况:填写有无堵车及有无超高、超载车辆通过等。
(8)隧道洞口边仰坡是否存在边坡开裂滑动、落石等现象。
(9)隧道洞门结构是否存在大范围开裂、砌体断裂、脱落等现象。
(10)隧道衬砌是否存在大范围开裂、明显变形、衬砌掉块等现象。
(11)是否存在地下水大规模涌流、喷射,路面出现涌泥沙或大面积严重积水等威胁交通安全的现象。
(12)隧道路面是否存在散落物、严重隆起、错台、断裂等现象。
(13)隧道洞顶预埋件和悬吊件是否存在断裂、变形或脱落等现象。

检查人员应根据每次巡查,将隧道状况及时整理归档,如有重大病害应及时向有关领导汇报。并应加强观测,严密监视病害的发展情况,报请有关部门研究紧急对策及处理措施。

1.1.2　经常检查

经常检查应对土建结构的外观状况进行一般性定性检查。

经常检查是在日常巡视检查的基础上作出进一步的检查,其范围更全面一些,日常巡查通常重点检查隧道洞口边仰坡失稳、衬砌破损、渗漏水、路面障碍物等可能妨碍交通安全的结构安全的异常情况,与日常巡查相比,经常检查更细致,频率低一些。

按照公路隧道养护等级,土建结构的经常检查频率应不低于表 2-1-1 规定的频率,且在雨季、冰冻季节或极端天气情况下,或发现严重异常情况时,应提高经常检查频率。

公路隧道结构经常检查频率表　　　　表 2-1-1

检查分类	养护等级		
	一级	二级	三级
经常检查	1次/月	1次/2月	1次/季度

应通过经常检查,及时发现早期缺损、显著病害或其他异常情况,确定对策措施,并应符合下列规定:

(1)经常检查宜采用人工与信息化手段相结合的方式,配以简单的检查工具进行。应当填写"公路隧道经常检查记录表",翔实记述检查项目的缺损类型,估计缺损范围及程度以及养护工作量,对异常情况做出缺损状况判定分类,并提出相应的养护措施。

(2)经常检查以定性判断为主,检查内容和判定标准宜按表 2-1-2 执行。经常检查破损状况判定分为三种情况:情况正常、一般情况、严重情况。

经常检查内容和判定标准　　　　表 2-1-2

项目名称	检查内容	判定描述	
		一般异常	严重异常
洞口	边(仰)坡有无危石、积水、积雪;洞口有无挂冰;边沟有无淤塞;构造物有无开裂、倾斜、沉陷等	存在落石、积水、积雪隐患;洞口局部挂冰;构造物局部开裂、倾斜、沉陷,有妨碍交通的可能	坡顶落石、积水漫流或积雪崩塌;洞口挂冰掉落路面;构造物因开裂、倾斜或沉陷而致剥落或失稳;边沟淤塞,已妨碍交通
洞门	结构开裂、倾斜、沉陷、错台、起层、剥落;渗漏水(挂冰)	侧墙出现起层、剥落;存在渗漏水或结冰,尚未妨碍交通	拱部及其附近部位出现剥落;存在喷水或挂冰等,已妨碍交通
衬砌	结构裂缝、错台、起层、剥落	衬砌起层,且侧壁出现剥落状况,尚未妨碍交通,将来可能构成危险	衬砌起层,且拱部出现剥落状况,已妨碍交通
	渗漏水	存在渗漏水,尚未妨碍交通	大面积渗漏水,已妨碍交通
	挂冰、冰柱	存在结冰现象,尚未妨碍交通	拱部挂冰,形成冰柱,已妨碍交通
路面	落物、油污、滞水或结冰;路面拱起、坑槽、开裂、错台等	存在落物、滞水、结冰、裂缝等,尚未妨碍交通	拱部落物,存在大面积路面滞水、结冰或裂缝,已妨碍交通
检修道	结构破损;盖板破损;栏杆变形、损坏	栏杆变形、损坏;盖板缺损;结构破损,尚未妨碍交通	栏杆局部毁坏或侵入建筑限界;道路结构破损,已妨碍交通
排水设施	缺损、堵塞、积水、结冰	存在缺损、积水或结冰,尚未妨碍交通	沟管堵塞,积水漫流,结冰,设施缺损严重,已妨碍交通
吊顶及各种预埋件	变形、堵塞、积水、结冰	存在缺损、漏水,尚未妨碍交通	缺损严重,或从吊顶板漏水严重,已妨碍交通
内装饰	脏污、变形、缺损	存在缺损,尚未妨碍交通	缺损严重,已妨碍交通
标志、标线、轮廓标	是否完好	存在脏污、部分缺失,可能会影响交通安全	基本缺失或严重缺失,影响行车安全

(3)当经常检查中发现隧道存在一般异常情况时,应进行监视、观测或做进一步检查;当经常检查中发现隧道存在严重异常情况时,应采取措施进行处治;当对其产生原因及详细情况不明时,尚应做定期检查或专项检查(表2-1-3)。

公路隧道经常检查记录表　　　　　　　　　表2-1-3

隧道名称：　　（上行洞/下行洞）　　路线名称：
隧道编码：　　　　　　　　　　　　路线编码：
养护机构：　　　　　　　　　　　　检查日期：　　　　年　月　日　天气：

里程桩号/异常位置	结构名称	检查内容	异常描述（性质、范围、程度等）	判定	养护措施

检查人：　　　　　　　　　　　　　记录人：

1.1.3 定期检查

定期检查应按规定频率对土建结构的技术状况进行全面检查。

定期检查的周期应根据隧道技术状况确定,宜每年1次,最长不得超过3年1次。当经常检查中发现重要结构分项技术状况评定状况值为3或4时,应立即开展一次定期检查。定期检查宜安排在春季或秋季进行。新建隧道应在交付使用1年后进行首次定期检查。

应通过定期检查,系统掌握结构技术状况和功能状况,开展土建结构技术状况评定,为制定养护工作计划提供依据,并应符合下列规定:

(1)定期检查需要配备的必要的检查工具或设备,进行目测或量测检查。检查时,应尽量靠近结构,依次检查各结构部位,注意发现异常情况和原有异常情况的发展变化;对有异常情况的结构,应在其适当位置做出标记;此外,检查结果记录宜量化。

为达到技术状况评定的定性和定量的要求,应提高定期检查的水平,必要的工具和设备主要指:

尺寸测量——卷尺、游标卡尺、水准仪、激光断面仪等;

裂缝检查——带刻度的放大镜、宽度测定尺、测针、标线、裂缝测宽测探仪等;

衬砌结构检查——锤子、回弹仪、超声波仪、地质雷达等;

漏水检查——pH试验纸、温度计等;

路面检查——摩擦系数测定仪、平整度仪等;

照明器具——卤素灯或目测灯、手电筒；
记录工具——隧道展示图纸、记录本、照相机或摄像机；
升降设备——可移动台架、升降台车。

此外，清扫用具，交通控制标志牌板等也是需要的。在条件允许时，使用车载式隧道快速扫描或摄像设备，能够提高检查精度和速度，也有利于检查结果的电子化存储和使用。

（2）定期检查内容应按表2-1-4执行。

定期检查内容表　　　　　　　　　　　　　表2-1-4

项目名称	检查内容
洞口	山体滑坡、岩石崩塌的征兆及其发展趋势；边坡、碎落台、护坡道的缺口、冲沟、潜流涌水、沉陷、塌落等及其发展趋势
	护坡、挡土墙的裂缝、断缝、倾斜、鼓肚、滑动、下沉的位置、范围及其程度、有无表面风化、泄水孔堵塞、墙后积水、地基错台、空隙等现象及其程度
洞门	墙身裂缝的位置、宽度、长度、范围或程度
	结构倾斜、沉陷、断裂范围、变位量、发展趋势
	洞门与洞身连接处环向裂缝开展情况、外倾趋势
	混凝土起层、剥落的范围和深度，钢筋有无外露、受到锈蚀
	墙背填料流失范围和程度
衬砌	衬砌裂缝的位置、宽度、长度、范围或程度，墙身施工缝开裂宽度、错位程度
	衬砌表层起层、剥落的范围和深度
	衬砌渗漏水的位置、水量、浑浊、冻结情况
路面	路面拱起、沉陷、错台、开裂、溜滑的范围和程度；路面积水、结冰等范围和程度
检修道	检修道毁坏、盖板缺损的位置和状况
排水系统	结构缺损程度，中央井盖、边沟盖板等完好程度，沟管开裂漏水状况
	排水沟（管）、积水井等淤积堵塞、沉沙、滞水、结冰等状况
内装饰	表面脏污、缺损的范围和程度
吊装及各种预埋件	预埋件是否完好，有无锈蚀、脱落等危及安全的现象及其程度；漏水（挂冰）范围及程度
标志、标线、轮廓标	外观缺损、表面脏污状况，连接牢固状况，光度是否满足要求等

检查结果应当场填入"定期检查记录表"，将检查数据及病害绘入"隧道展示图"。发现评定状况值为2以上的情况，应做影像记录，并详细、准确地记录缺损或病害状况，分析成因，对结构物的技术状况进行评定。

当定期检查中出现状况值为3或4的项目，且其产生原因及详细情况不明时，应做专项检查。定期检查完成后，应编制土建结构定期检查报告，内容应包括：

①检查记录表、隧道展示图及相关调查资料等；
②对土建结构的技术状况评定；
③对土建结构的养护维修状况的评价及建议；
④需要实施专项检查的建议；
⑤需要采取处治措施的建议。

定期检查报告综合了各个结构物的检查结果,对土建结构的技术状况和使用功能做出评价,并根据检查中发现的问题,对养护工作提出改进建议或措施;对异常原因不明时,应提出专项检查的建议,内容包括专项检查的原因、项目、目的、要求等;对已确定的结构病害,应提出采取处治措施的建议,内容包括实施处治的原因、项目、处治措施、所需的工程费用以及实施时间等。

1.1.4 应急检查

应急检查应在隧道遭受自然灾害、发生交通事故或出现其他异常事件后对遭受影响的结构进行详细检查。

(1)应根据受异常事件影响的结构,决定采取的检查方法、工具和设备。

(2)应急检查的内容和方法原则上应与定期检查相同,但应针对发生异常情况或者受事件影响的结构或结构部位做重点检查,以掌握其受损情况。

(3)检查的评定标准,应与定期检查相同。当难以判明缺损的原因、程度等情况时,应做专项检查。

(4)检查结果的记录,应与定期检查相同。检查完成后,应编制应急检查报告,总结检查内容和结果,评估异常事件的影响,确定合理的对策措施。

1.1.5 专项检查

专项检查应根据经常检查、定期检查和应急检查的结果,对于需要进一步查明缺损或病害的详细情况的隧道进行更深入的专门检查、分析等工作。

应通过专项检查,完整掌握缺损或病害的详细资料,为其是否实施处治以及采取何种处治措施等提供技术依据。检查的项目、内容及其要求,应根据经常检查、定期检查或应急检查的结果有针对性地确定,可按表2-1-5选择执行。

专项检查项目表 表2-1-5

检查项目		检查内容
结构变形检查	公路线性、高程检查	公路中线位置、路面高度、缘石高度以及纵、横坡度等测量
	隧道横断面检查	隧道横断面测量,周壁位移测量(与相邻或完好断面比较)
	净空变化检查	隧道内壁间距测量(自身变化比较)
裂缝检查	裂缝调查	裂缝的位置、宽度、长度、开展范围或程度等
	裂缝检测	裂缝的发展变化趋势及其速度,裂缝的方向及深度等
漏水检查	漏水调查	漏水的位置、水量、浑浊、冻结及原有防排水系统的状态等
	漏水检测	水温、pH值检查、电导度检测、水质化学分析
	防排水系统	拥堵、破坏情况
材质检查	衬砌强度检查	强度简易测定,钻孔取芯,各种强度试验等
	衬砌表面病害	起层、剥落、蜂窝、麻面、孔洞、露筋等
	混凝土碳化深度检测	采用酚酞液检查混凝土的碳化深度
	钢筋锈蚀检测	剔凿检测法、电化学测定法、综合分析判定法

续上表

检查项目		检查内容
衬砌及围岩状况检查	无损检测	无损检测衬砌厚度、空洞、裂缝和渗漏水等,以及钢筋、钢拱架、衬砌配筋位置及保护层厚度、围岩状况、仰拱充填层密实度程度及其下岩溶发育情况
	钻孔检查	钻孔测定衬砌厚度等,内窥镜观测衬砌及围岩内部状况
荷载状况检查	衬砌应力及拱背压力检查	衬砌不同部位的应力及其变化、拱背压力的分布及其变化
	水压力检查	地下水丰富的隧道,检查衬砌背后水压力大小、分布及变化规律

检查人员应对有关的技术资料、档案进行调查,并对隧道周围的地质及地表环境等展开实地调查。对严重不良地质地段、重大结构病害或隐患处,宜开展运营期长期监测,对其结构变形、受力和地下水状态等进行长期观测。监测频率宜取经常检查的频率,当发现监测参数在快速发展变化时,观测频率应提高。

检查完成后,应编制专项检查报告,报告内容应包括:
(1)检查的主要经过,包括检查的组织实施、时间和主要工作过程等;
(2)所检查结构的技术状况,包括检查方法、试验与检测项目及内容、检测数据与结果分析以及缺损状态评价等;
(3)对缺损或病害的成因、范围、程度等情况的分析,及其所维修处治对策、技术以及所需工程量和费用等建议。

1.1.6 检查流程

土建结构检查的流程如图 2-1-1 所示。

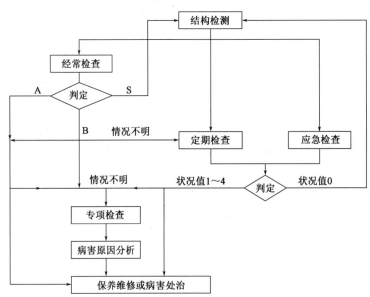

图 2-1-1 土建结构检查工作流程图

S-情况正常;B-一般异常,需进一步检查或观测/异常情况不明;A-严重异常,需要采取处理措施

1)经常检查工作流程

经常检查的主要要求如下:

(1)检查并掌握隧道一般性病害及缺损的现状及发展变化情况;

(2)检查重要构(部)件如隧道洞口、洞门、衬砌结构、路面和洞顶的技术状况,如存在明显缺损要及时上报并采取进一步措施;

(3)目视检查并判断隧道使用性能与技术状况是否存在影响隧道使用功能与结构安全的明显异常;

(4)排查防洪、截水沟和排水沟等方面可能存在的安全隐患;

(5)发生暴雨、雪灾、地震等突发性灾害后,立即安排检查隧道结构受损情况,并对其安全性和适用性作出初步判断。

2)定期检查工作流程

定期检查主要要求如下:

(1)全面检查并详细记录隧道的病害及缺损的现状及发展变化情况。

(2)通过目视检查并借助必要的仪器设备或工具,定量化测量和描述病害及缺损的大小、范围等特征数据。

(3)依据病害及缺损严重程度,推断其对隧道使用功能和结构安全的影响。

(4)依据历年检查(或监测)结果及其发展变化情况,推断病害及缺损发展变化趋势及其可能造成的不利影响。

(5)评定隧道结构总体的技术状况等级。尤其要注重对隧道重要结构分项的技术状况评定,当这些重要分项的技术状况等级明显偏低时,采用依据重要分项的技术状况确定隧道总体技术状况。

(6)制订隧道维修、养护或进一步检测评定计划。

3)应急检查工作流程

应急检查是在特定情况下对隧道技术状况进行鉴定,以查清隧道的病害成因、破损程度等技术状况指标。

应急检查的方法与定期检查基本相同,携带必要的仪器和设备;检查的内容比定期检查有所侧重,主要针对异常事件的影响而展开;检查的目的是了解异常事件对结构的影响,掌握结构受损情况,确保人员、车辆、结构和设施的安全,是特别情况下的检查,检查结构异常时,应进行专项检查。

4)专项检查工作流程

专项检查的项目通常由经常检查、定期检查或应急检查报告提出,并由此确定专项检查的内容和要求等,一般可按表2-1-5的内容实施。

资料调查、隧道周围地质及地表环境调查是专项检查的重要内容,以充分掌握相关的技术信息,寻找土建结构发展变化的原因,探索其规律,确保专项检查的准确性。

(1)资料调查

资料调查一般要收集以下资料:

①设计文件(包括隧道长度、洞门形式、断面形状、衬砌厚度、材料、埋置深度、支护、衬砌等)和地质调查报告;

②施工方法(包括主要开挖方法、特殊施工方法、围岩变化记录、各种试验报告、测量报告

等)及相关施工记录；

③交竣工验收资料、施工过程中质量检测资料；

④检查记录(包括断面净空检查报告等)；

⑤衬砌修复加固记录、漏水处治施工记录、路面变形记录(含维修记录)、气温及降雨量记录、洞口明挖段遭受自然灾害记录等；

⑥裂缝、剥落、错位、漏水等破损或病害的现场检查记录。

(2)隧道周围地质及地表环境调查

①地表环境调查：隧道附近山体可能出现坡面排水不畅、坑涵积水、山体裂缝、溶洞发展、山体失稳滑动等，其原因可能是隧道处在滑坡区内或其边缘；隧道处在断裂岩层或其附近；岩石节理发育、支离破碎；山体植被破坏，水土流失以及溶洞发展等。通过了解隧道外地表状况，可有助于分析隧道内发生的异常情况，检查时，可对隧道周围地形、地貌、地表开裂、塌陷、林木状况等予以关注。

②围岩异常调查：主要针对围岩内部变化进行检测，目的在于监视围岩变形，发现结构变化的原因，监视临近工程的影响或对策处治时围岩或衬砌的变化。通常在围岩内设置位移计或倾斜计，测定轴向变形或垂直轴向的变形。地表的变形则可通过地面位移计测量。

③围岩变形调查：将围岩变形计插入钻孔中，量测围岩任意点间的变化。围岩变形调查用于确认偏压的有无、岩体松动范围、监视临近工程的影响、处治时的监视和效果判断等。

④围岩倾斜调查：将倾斜计插入钻孔中，测量围岩水平方向的变形。

⑤地表滑移调查：在地面位移异常的区域内外，分别设置移动桩和固定桩，在固定桩上安装地面位移计，以殷钢线与移动桩相连，将地面的滑移通过钢线长度变化反映出来。

近年来，公路隧道病害日益突出，特别是在一些严重不良地质地段、重大结构病害或隐患处，易发生结构失稳、突泥涌水等事故，造成极大的经济和生命损失，社会影响极大。因此，为加强对这些特殊部位的监控和管理，宜建立长期观察系统，对其变形、受力和地下水状态进行观测。

专项检查的报告形式不作具体规定，根据实际检测内容撰写，但应符合工程技术档案管理的有关要求。

1.2 病害检查记录细则

1.2.1 记录要求

(1)现场原始记录应完整、清晰、明确、真实。

(2)现场的病害记录应由记录人签字，并且审核人确认。

(3)完成一座隧道外业检测任务后，病害记录人应将该隧道所有记录收集齐全，调整顺序，装订成册，同时整理成电子版归档备案。

(4)定期检查结束后，检查结果应当场填入"定期检查记录表"，将检查数据及病害绘入"隧道展示图"，发现评定状况值2以上的情况，应做影像记录，并详细、准确地记录缺损或病害状况,分析成因,对结构物的技术状况进行评定。

(5)对隧道病害采用编号识别方式。

衬砌病害采用"病害类型"+"病害位置"的编号方式来识别。

例1:"在第3板左拱腰存在一条纵向裂缝,该裂缝长度5m,最宽处0.15mm,距离拱顶2m",那么编号识别为"3-KL-Z-B"($l=5m$、$b=0.15mm$、$h=2m$)。

例2:"在第12板左拱腰至右拱腰存在一条环向裂缝,该裂缝长度8m,最宽处0.10mm",那么编号识别为"12-KL-H-BCD"($l=8m$、$b=0.10mm$)。

例3:"在第8板右拱腰存在一条斜向裂缝,该裂缝长度6m,最宽处0.15mm",那么编号识别为"8-KL-X-D"($l=6m$、$b=0.15mm$)。

例4:"在第23板右拱腰存在一处网状裂缝,该网状裂缝总长度6m,面积范围$4m^2$,最宽处0.15mm",那么编号识别为"23-KL-W-D"($l=6m$、$S=4m^2$、$b=0.15mm$)。

注:如果裂缝病害横跨几个板,那么编号识别中板号采用"X-Y"形式。

例5:"在第3至第5板左拱腰存在一条纵向裂缝,该裂缝长度25m,最宽处0.15mm,距离拱顶2m",那么编号识别为"(3~5)-KL-Z-B"($l=25m$、$b=0.15mm$、$h=2m$)。

例6:"在第3板左拱腰存在一处渗漏水,面积$5m^2$",那么编号识别为"3-SS-B"($S=5m^2$)。

例7:"在第4板拱顶存在一处露筋,长度2m",那么编号识别为"4-LJ-C"($l=2m$)。

例8:"在第20板拱顶存在一处衬砌混凝土剥落,面积$0.5m^2$",那么编号识别为"20-BL-C"($S=0.5m^2$)。

1.2.2 拍照要求

(1)每座隧道必须拍摄隧道铭牌、1张隧道洞口正面照片、1张衬砌整体照片、1张包含隧道洞口及边仰坡整体照片。

(2)每个检测项目病害必须拍2张照片,即1张近照,1张整体照片,洞门、洞口检测项目如没有病害,拍1张整体照片。

(3)隧道病害照片必须能清楚地反映病害的情况。

(4)相机内的照片必须及时传入笔记本电脑中,且保证相片编号与外业记录严格一致。

1.2.3 记录表格

详细记录表如表2-1-6~表2-1-14所示。

洞口病害检查判定表 表2-1-6

试验室名称: 记录编号:JL-20__-DK

基本信息	隧道名称:		里程桩号:	□上行		□下行
序号	位置	病害类型		状态描述	状况值	照片
	入口侧	□山体或岩体裂缝发育 □滑坡、崩塌迹象 □坡面树木倾斜 □护坡或挡土墙开裂、变形 □泄水设施堵塞或破损 □完好,无破坏现象				

续上表

基本信息		隧道名称：		里程桩号：	□上行	□下行
序号	位置	病害类型		状态描述	状况值	照片
	入口侧	□山体或岩体裂缝发育 □滑坡、崩塌迹象 □坡面树木倾斜 □护坡或挡土墙开裂、变形 □泄水设施堵塞或破损 □完好,无破坏现象				
	出口侧	□山体或岩体裂缝发育 □滑坡、崩塌迹象 □坡面树木倾斜 □护坡或挡土墙开裂、变形 □泄水设施堵塞或破损 □完好,无破坏现象				
	出口侧	□山体或岩体裂缝发育 □滑坡、崩塌迹象 □坡面树木倾斜 □护坡或挡土墙开裂、变形 □泄水设施堵塞或破损 □完好,无破坏现象				

记录：　　　　　　复核：　　　　　　日期：　　年　　月　　日

洞口病害检查判定表　　　　　　　　　　表 2-1-7

试验室名称：　　　　　　　　　　　　　记录编号:JL-20＿＿-DM

基本信息		隧道名称：		里程桩号：	□上行	□下行
序号	位置	病害类型		状态描述	状况值	照片
	入口侧	□开裂 □渗水 □倾斜 □沉陷 □错台 □表观其他病害 □完好,无破坏现象				
	入口侧	□开裂 □渗水 □倾斜 □沉陷 □错台 □表观其他病害 □完好,无破坏现象				

续上表

基本信息		隧道名称：	里程桩号：	□上行		□下行	
序号	位置	病害类型		状态描述		状况值	照片
	出口侧	□开裂 □渗水 □倾斜 □沉陷 □错台 □表观其他病害 □完好,无破坏现象					
	出口侧	□开裂 □渗水 □倾斜 □沉陷 □错台 □表观其他病害 □完好,无破坏现象					

记录： 复核： 日期： 年 月 日

衬砌病害检查评定表 表2-1-8

试验室名称： 记录编号：JL-20＿-CQ

基本信息	隧道名称：	里程桩号：	□上行		□下行	
板号	病害类型	裂缝类型	病害位置	状态描述	状况值	照片
	□开裂　（KL） □渗漏水（SS） □露筋锈蚀（LJ） □起层剥落（BL）	□纵向裂缝(Z) □环向裂缝(H) □斜向裂缝(X) □网状裂缝(W)	□左侧墙(A) □左拱腰(B) □拱顶　（C） □右拱腰(D) □右侧墙(E)			
	□开裂　（KL） □渗漏水（SS） □露筋锈蚀（LJ） □起层剥落（BL）	□纵向裂缝(Z) □环向裂缝(H) □斜向裂缝(X) □网状裂缝(W)	□左侧墙(A) □左拱腰(B) □拱顶　（C） □右拱腰(D) □右侧墙(E)			
	□开裂　（KL） □渗漏水（SS） □露筋锈蚀（LJ） □起层剥落（BL）	□纵向裂缝(Z) □环向裂缝(H) □斜向裂缝(X) □网状裂缝(W)	□左侧墙(A) □左拱腰(B) □拱顶　（C） □右拱腰(D) □右侧墙(E)			
	□开裂　（KL） □渗漏水（SS） □露筋锈蚀（LJ） □起层剥落（BL）	□纵向裂缝(Z) □环向裂缝(H) □斜向裂缝(X) □网状裂缝(W)	□左侧墙(A) □左拱腰(B) □拱顶　（C） □右拱腰(D) □右侧墙(E)			

续上表

基本信息	隧道名称：	里程桩号：	□上行		□下行	
板号	病害类型	裂缝类型	病害位置	状态描述	状况值	照片
	□开裂　（KL） □渗漏水（SS） □露筋锈蚀（LJ） □起层剥落（BL）	□纵向裂缝（Z） □环向裂缝（H） □斜向裂缝（X） □网状裂缝（W）	□左侧墙（A） □左拱腰（B） □拱顶　（C） □右拱腰（D） □右侧墙（E）			
	□开裂　（KL） □渗漏水（SS） □露筋锈蚀（LJ） □起层剥落（BL）	□纵向裂缝（Z） □环向裂缝（H） □斜向裂缝（X） □网状裂缝（W）	□左侧墙（A） □左拱腰（B） □拱顶　（C） □右拱腰（D） □右侧墙（E）			
	□开裂　（KL） □渗漏水（SS） □露筋锈蚀（LJ） □起层剥落（BL）	□纵向裂缝（Z） □环向裂缝（H） □斜向裂缝（X） □网状裂缝（W）	□左侧墙（A） □左拱腰（B） □拱顶　（C） □右拱腰（D） □右侧墙（E）			
	□开裂　（KL） □渗漏水（SS） □露筋锈蚀（LJ） □起层剥落（BL）	□纵向裂缝（Z） □环向裂缝（H） □斜向裂缝（X） □网状裂缝（W）	□左侧墙（A） □左拱腰（B） □拱顶　（C） □右拱腰（D） □右侧墙（E）			

记录：　　　　　　　　复核：　　　　　　　　日期：　　年　月　日

路面病害检查判定表　　　　　　　　表 2-1-9

试验室名称：　　　　　　　　　　　　　　记录编号：JL-20＿-LM

基本信息	隧道名称：	里程桩号：	□上行		□下行	
板号	距板端距离(m)	病害类型	状态描述		状况值	照片
		□裂缝 □破损(坑洞、剥落、露骨) □变形(沉陷、隆起) □泛油 □落物、油污				
		□裂缝 □破损(坑洞、剥落、露骨) □变形(沉陷、隆起) □泛油 □落物、油污				
		□裂缝 □破损(坑洞、剥落、露骨) □变形(沉陷、隆起) □泛油 □落物、油污				

续上表

基本信息	隧道名称：		里程桩号：	□上行		□下行
板号	距板端距离(m)	病害类型	状态描述	状况值	照片
		□裂缝 □破损(坑洞、剥落、露骨) □变形(沉陷、隆起) □泛油 □落物、油污			
		□裂缝 □破损(坑洞、剥落、露骨) □变形(沉陷、隆起) □泛油 □落物、油污			
		□裂缝 □破损(坑洞、剥落、露骨) □变形(沉陷、隆起) □泛油 □落物、油污			

记录：　　　　　　　　复核：　　　　　　　　日期：　　　年　　月　　日

检修道病害检查判定表　　　　　　　　　　　表 2-1-10

试验室名称：　　　　　　　　　　　　　　　　　记录编号：JL-20__-JXD

基本信息	隧道名称：	里程桩号：	□上行	□下行	
板号	距板端距离(m)	病害类型	状态描述	状况值	照片
		□盖板破损 □侧壁破损、缺角 □盖板缺失			
		□盖板破损 □侧壁破损、缺角 □盖板缺失			
		□盖板破损 □侧壁破损、缺角 □盖板缺失			
		□盖板破损 □侧壁破损、缺角 □盖板缺失			
		□盖板破损 □侧壁破损、缺角 □盖板缺失			
		□盖板破损 □侧壁破损、缺角 □盖板缺失			
		□盖板破损 □侧壁破损、缺角 □盖板缺失			

续上表

基本信息	隧道名称：		里程桩号：	□上行		□下行
板号	距板端距离(m)	病害类型	状态描述	状况值	照片
		□盖板破损 □侧壁破损、缺角 □盖板缺失			
		□盖板破损 □侧壁破损、缺角 □盖板缺失			
总结	盖板缺失____块； 盖板损坏长度____m,实际总长度____m,盖板损坏率为____%； 侧壁损坏长度____m,实际总长度____m,侧壁损坏率为____%； 盖板缺失长度____m,实际总长度____m,盖板缺失率为____%				

记录：　　　　　复核：　　　　　日期：　　年　月　日

洞内排水系统病害检查判定表　　　　　表2-1-11

试验室名称：　　　　　　　　　　　　　　　记录编号：JL-20＿＿-DNPS

基本信息	隧道名称：	里程桩号：	□上行	□下行	
板号	距板端距离(m)	病害类型	状态描述	状况值	照片
		□结构破损 □滤水箅缺失 □倒Ω沟未切开 □淤积 □堵塞			
		□结构破损 □滤水箅缺失 □倒Ω沟未切开 □淤积 □堵塞			
		□结构破损 □滤水箅缺失 □倒Ω沟未切开 □淤积 □堵塞			
		□结构破损 □滤水箅缺失 □倒Ω沟未切开 □淤积 □堵塞			
		□结构破损 □滤水箅缺失 □倒Ω沟未切开 □淤积 □堵塞			

记录：　　　　　复核：　　　　　日期：　　年　月　日

吊顶及预埋件病害检查判定表

表 2-1-12

试验室名称：　　　　　　　　　　　　　　　　　　　　　　记录编号：JL-20＿＿-DNPS

基本信息	隧道名称：	里程桩号：	□上行		□下行
板号	距板端距离(m)	病害类型	状态描述	状况值	照片
		□锈蚀 □变形 □破损 □浸水			
		□锈蚀 □变形 □破损 □浸水			
		□锈蚀 □变形 □破损 □浸水			
		□锈蚀 □变形 □破损 □浸水			
		□锈蚀 □变形 □破损 □浸水			

记录：　　　　　　　　　复核：　　　　　　　　　日期：　　　年　　月　　日

内装饰病害检查判定表

表 2-1-13

试验室名称：　　　　　　　　　　　　　　　　　　　　　　记录编号：JL-20＿＿-NZS

基本信息	隧道名称：	里程桩号：	□上行		□下行
板号	距板端距离(m)	病害类型	状态描述	状况值	照片
		□涂层脱落 □瓷砖变形、破损、脱落			
		□涂层脱落 □瓷砖变形、破损、脱落			
		□涂层脱落 □瓷砖变形、破损、脱落			
		□涂层脱落 □瓷砖变形、破损、脱落			
		□涂层脱落 □瓷砖变形、破损、脱落			
		□涂层脱落 □瓷砖变形、破损、脱落			
		□涂层脱落 □瓷砖变形、破损、脱落			
总结	涂层破损率为＿＿％；瓷砖破损率为＿＿％				

记录：　　　　　　　　　复核：　　　　　　　　　日期：　　　年　　月　　日

标志、标线、轮廓标病害检查记录表　　　　　表 2-1-14

试验室名称：　　　　　　　　　　　　　　　　　　　　　记录编号：JL-20___-JTGC

基本信息	隧道名称：		里程桩号：		□上行	□下行	
板号	距板端距离(m)	病害类型	数量	状态描述		状况值	照片
	标志(百米桩)	□脏污 □脱落 □缺失					
	标线	□脏污 □缺失					
	轮廓标	□脏污 □脱落 □缺失					
总结	车道标线损坏率为___%； 轮廓标缺失___个，共___个						

记录：　　　　　　　复核：　　　　　　　日期：　　　年　　月　　日

1.3　技术状况评定

土建结构技术状况评定应根据定期检查资料，综合考虑洞门、结构、路面和附属设施等各方面的影响，确定隧道的技术状况等级。专项检查时，宜按照本手册规定对所检项目进行技术状况评定。

土建结构技术状况评定应分为1类、2类、3类、4类和5类。评定应先逐洞、逐段对隧道土建结构各分项技术状况进行状况值评定，在此基础上确定各分项技术状况，再进行土建结构技术状况评定。

隧道洞口、洞门、衬砌结构、衬砌渗漏水、路面、检修道、排水设施、吊顶、内装饰、交通标志标线等各分项技术状况评定标准按对应的具体标准评定。

土建结构技术状况评定方法应符合下列规定：

(1) 土建结构技术状况评分应按式(2-1-1)计算。

$$JGCI = 100 \cdot \left[1 - \frac{1}{4} \sum_{i=1}^{n} \left(JGCI_i \times \frac{w_i}{\sum_{i=1}^{n} w_i} \right) \right] \qquad (2\text{-}1\text{-}1)$$

式中：w_i——分项权重；
   $JGCI_i$——分项状况值，值域 0~4。

(2) 分项状况值应按式(2-1-2)计算。

$$JGCI_i = \max(JGCI_{ij}) \tag{2-1-2}$$

式中：$JGCI_i$——分项状况值，值域 0~4；
   j——检查段落号，按实际分段数量取值。

(3) 土建结构各分项权重宜按表 2-1-15 取值。

土建结构各分项权重表　　　表 2-1-15

分　项		分项权重 w_i	分　项	分项权重 w_i
洞口		15	检修道	2
洞门		5	排水设施	6
衬砌	结构破损	40	吊顶及预埋件	10
	渗漏水		内装饰	2
路面		15	交通标志、标线	5

(4) 土建结构技术状况评定分类界限值宜按表 2-1-16 规定执行。

土建结构技术状况评定分类界限值　　　表 2-1-16

技术状况评分	土建结构技术状况评定分类				
	1 类	2 类	3 类	4 类	5 类
JGCI	≥85	≥70，<85	≥55，<70	≥40，<55	<40

(5) 土建结构技术状况评定时，当洞口、洞门、衬砌、路面和吊顶及预埋件项目的评定状况值达到 3 或 4 时，对应土建结构技术状况应直接评为 4 类或 5 类。

在公路隧道技术状况评定中，有下列情况之一时，隧道土建技术状况评定应评为 5 类隧道：

①隧道洞口边仰坡不稳定，出现严重的边坡滑动、落石等现象。
②隧道洞门结构大范围开裂、砌体断裂、脱落现象严重，可能危及行车道内的通行安全。
③隧道拱部衬砌出现大范围开裂、结构性裂缝深度贯穿衬砌混凝土。
④隧道衬砌结构发生明显的永久变形，且有危及结构安全和行车安全的趋势。
⑤地下水大规模涌流、喷射，路面出现涌泥沙或大面积严重积水等威胁交通安全的现象。
⑥隧道路面发生严重隆起，路面板严重错台、断裂，严重影响行车安全。
⑦隧道洞顶各种顶埋件和悬吊件严重锈蚀或断裂，各种桥架和挂件出现严重变形或脱落。

1.3.1 洞口技术状况评定

洞口检查采用目测方法，主要检查隧道进出口山体及岩体是否存在滑坡迹象；挡土墙、护坡等是否存在裂缝以及开裂程度；坡面树木或电线杆是否倾斜；排水设施是否完好。

现场检查时,照相存储;记录病害位置、范围及程度,并确定洞口病害相应的评定状况值,具体评定标准见表2-1-17。

洞口技术状况评定表　　　　　　　　表2-1-17

状况值	技术状况描述
0	完好,无破坏现象
1	山体及岩体、挡土墙、护坡等有轻微裂缝产生,排水设施存在轻微破坏
2	山体及岩体裂缝发育,存在滑坡、崩塌的初步迹象,坡面树木或电线杆轻微倾斜,挡土墙、护坡等产生开裂、变形,土石零星掉落,排水设施存在一定裂损、堵塞
3	山体及岩体严重开裂,坡面树木或电线杆明显倾斜,挡土墙、护坡等产生严重开裂、明显的永久变形,墙角或坡面有土石堆积,排水设施完全堵塞、破坏,排水功能缺失
4	山体及岩体有明显而严重的滑动、崩塌现象,挡土墙、护坡断裂、外倾失稳、部分倒塌,坡面树木或电线杆倾倒等

1.3.2 洞门技术状况评定

洞门检查采用目测及测量方法,主要检查隧道进出口洞门墙身是否存在开裂、起层、剥落、露筋等病害,墙身是否倾斜、沉陷或错台,壁面是否渗水。

现场检查时,照相存储;记录病害位置、范围及程度,并确定洞门病害相应的评定状况值,具体评定标准见表2-1-18。

洞门技术状况评定表　　　　　　　　表2-1-18

状况值	技术状况描述
0	完好,无破坏现象
1	墙身存在轻微的开裂、起层、剥落
2	墙身结构局部开裂,墙身轻微倾斜、沉陷或错台,壁面轻微渗水,尚未妨碍交通
3	墙身结构严重开裂、错台;边墙出现起层、剥落、混凝土块可能掉落或已有掉落;钢筋外露、受到锈蚀,墙身有明显倾斜、沉陷或错台趋势,壁面严重渗水(挂冰),将会妨碍交通
4	洞门结构大范围开裂、砌体断裂、混凝土块可能掉落或已有掉落;墙身出现部分倾倒、垮塌,存在喷水或大面积挂冰等,已妨碍交通

1.3.3 衬砌技术状况评定

对于衬砌外观,主要通过目测、记录和照相相结合的方式。

1) 裂缝检查

检测裂缝时,可通过裂缝比对卡片或裂缝观测仪检查裂缝宽度。

检测时每条裂缝宽度做不少于1处标记,并用记号笔沿裂缝展向进行勾勒描绘并记录、照像。选取裂缝最宽位置作为该条裂缝的裂缝宽度。对大于2mm的裂缝,在其最宽位置应粘贴白纸,用来观测裂缝是否有进一步开展趋势。对纵向裂缝状况值的评定可参见表2-1-19。

纵向裂缝技术状况评定表　　　　　　　　　　　　　　　　表2-1-19

结构	裂缝宽度 b(mm)			裂缝长度 L(mm)			评定状况值
	$b>5$	$5\geq b>3$	$3\leq b$	$L>10$	$10\geq L>5$	$5\leq L$	
衬砌	✓			✓			3/4
	✓				✓		2/3
	✓					✓	2/3
		✓		✓			3
		✓			✓		2/3
		✓				✓	2
			✓	✓	✓	✓	1/2

对于横向裂缝(环向裂缝),将评定状况值降低1个等级即可。

对于网状裂缝,当宽为0.3~0.5mm以上的裂缝,其分布密度大于200cm/m²时,可升高1个评定等级或者采用判定分类中较高的判定。

为避免不同现场检测人员对同一裂缝选取的状况值不一致,在规范的基础上,进一步统一对纵向裂缝及斜向裂缝状况值的选取,具体评定标准如表2-1-20所示。

裂缝技术状况评定表　　　　　　　　　　　　　　　　表2-1-20

纵向、斜向裂缝宽度 b(mm)	裂缝长度 L(m)	评定状况值
$b<0.2$		1
$0.2\leq b\leq 1.5$	$0<L\leq 10$	1
$0.2\leq b\leq 1.5$	$L>10$	2
$1.5<b\leq 3$	$0<L\leq 5$	1
$1.5<b\leq 3$	$L>5$	2

注:横向裂缝与网状裂缝的状况值取值方法不变。

2)渗漏水检查

通过目测检查衬砌或施工缝处是否存在渗漏水病害。若存在该病害,记录该病害的位置、渗水面积及程度,并确定洞门病害相应的评定状况值,具体评定标准见表2-1-21。

渗漏水技术状况评定表　　　　　　　　　　　　　　　　表2-1-21

状况值	技术状况描述
0	无渗漏水
1	衬砌表面存在浸渗,对行车无影响
2	衬砌拱部有滴漏,侧墙有小股涌流,路面有浸渗但无积水,拱部、边墙因渗水少量挂冰,边墙脚积冰,不久可能会影响行车安全
3	拱部有涌流、侧墙有喷射水流,路面积水,沙土流出,拱部衬砌因渗水形成较大挂冰、胀裂,或涌水积冰至路面边缘,影响行车安全
4	拱部有喷射水流,侧墙存在严重影响行车安全的涌水,地下水从检查井涌出,路面积水严重,伴有严重的沙土流出和衬砌挂冰,严重影响行车安全

3）材质检查

检查隧道衬砌混凝土是否存在起层剥落现象。若存在混凝土起层剥落现象，则记录剥落的位置、面积及程度，并照相。留意剥落处是否露筋，若露筋，则记录露筋长度及腐蚀情况，根据剥落部位及掉落的可能性给出相应病害的状况值，具体评定标准见表2-1-22。

材质技术状况评定表　　　　表2-1-22

结　构	部　位	掉落的可能性		评定状况值
		有	无	
衬砌	拱部	√		4
			√	1
	侧墙	√		3
			√	1

对于混凝土衬砌的起层、剥落，如果可能掉落，则在拱部评定为4，在侧墙评定为3；对于防水砂浆等材料的掉落，由于剥落层较薄，可降低1个评定状况值。

1.3.4　路面技术状况评定

对于路面检查，主要通过目测、记录和照相相结合的方式。

主要检查路面是否存在浸湿、裂缝、落物、沉陷、隆起、坑洞、表面剥落、露骨、破损、积水、错台等病害。如存在，记录病害位置、范围及程度，并确定路面病害相应的评定状况值，具体评定标准见表2-1-23。

路面技术状况评定表　　　　表2-1-23

状　况　值	技术状况描述
0	路面完好
1	路面有浸湿、轻微裂缝、落物等，引起使用者轻微不舒适感
2	路面有局部的沉陷、隆起、坑洞、表面剥落、露骨、破损、裂缝、轻微积水，引起使用者明显的不舒适感，可能会影响行车安全
3	路面出现较大面积的沉陷、隆起、坑洞、表面剥落、露骨、破损、裂缝、积水严重等，影响行车安全；抗滑系数过低引起车辆打滑
4	路面出现大面积的明显沉陷、隆起、坑洞，路面板严重错台、断裂、表面剥落、露骨、破损、裂缝，出现漫水、结冰或堆冰，严重影响交通安全，可能导致交通意外事故

1.3.5　检修道技术状况评定

对于检修道检查，主要通过目测、记录和照相相结合的方式。

主要检查检修道侧壁及盖板是否完好。如有破损或缺失，记录病害位置、范围及程度，并计算盖板及侧壁损坏长度百分比及缺失长度百分比，确认病害对应的评定状况值，具体评定标准见表2-1-24。

路面技术状况评定表 表 2-1-24

状 况 值	技术状况描述	
	定性描述	定量描述
0	侧壁及检修道盖板完好	—
1	侧壁或检修道盖板少量缺角、缺损,尚未影响其使用功能	侧壁、检修道盖板损坏长度≤10%,缺失长度≤3%
2	部分侧壁和检修道盖板缺损、开裂,部分功能丧失,可能会影响行人和交通安全	检修道盖板、侧壁损坏长度>10%且≤20%,缺失长度>3%且≤10%
3	侧壁和检修道盖板缺损开裂或缺失严重,原有功能丧失,影响行人和交通安全	检修道盖板、侧壁损坏长度>20%,缺失长度>10%

1.3.6 洞内排水技术状况评定

对于洞内排水检查,主要通过目测、记录和照相相结合的方式。

主要检查排水设施结构是否破损;中央窨井盖、滤水箅等是否完好;沟管是否开裂漏水;排水沟、积水井等是否淤积堵塞。如有相关病害,记录病害位置、范围及程度,确认病害对应的评定状况值,具体评定标准见表2-1-25。

洞内排水技术状况评定表 表 2-1-25

状 况 值	技术状况描述
0	设施完好,排水功能正常
1	结构有轻微破损,但排水功能正常
2	轻微淤积,结构有破损,暴雨季节出现溢水,可能会影响交通安全
3	严重淤积,结构较严重破损,溢水造成路面局部积水、结冰,影响行车安全
4	完全堵塞,结构严重破损,溢水造成路面积水漫流、大面积结冰,严重影响行车安全

1.3.7 吊顶及各种预埋件技术状况评定

辽宁省高速公路隧道一般均无吊顶设施,故此项检查只需对各种预埋件进行检查即可。

主要检查预埋件是否变形、破损、浸水、锈蚀,桥架和挂件是否出现变形或脱落。如存在病害,记录病害位置、范围及程度,确认病害对应的评定状况值,具体评定标准见表2-1-26。

吊顶及预埋件技术状况评定表 表 2-1-26

状 况 值	技术状况描述
0	预埋件完好
1	存在轻微变形、破损、浸水,尚未影响交通
2	吊杆等预埋件锈蚀,尚未影响交通安全
3	吊杆等预埋件严重锈蚀,可能影响交通安全
4	各种预埋件和悬吊件严重锈蚀或断裂,各种桥架和挂件出现严重变形或脱落,严重影响行车安全

注:本分项含各种灯具、通风机等拱顶设备的悬吊结构评定。

1.3.8 内装饰技术状况评定

对于内装饰检查,主要通过目测、记录和照相相结合的方式。

检查衬砌防火涂层、瓷砖是否存在变形、破损、脱落等病害。若存在病害,则记录病害位置、范围及程度,计算破坏率,并确认其评定状况值,具体评定标准见表2-1-27。

内装饰技术状况评定　　　　　　　　　　表2-1-27

状 况 值	技术状况描述	
0	内装饰完好	—
1	个别内装饰板或瓷砖变形、破损,不影响交通	破坏率≤10%
2	部分内装饰板或瓷砖变形、破损、脱落,对交通	破坏率>10%,且≤20%
3	大面积内装饰板或瓷砖变形、破损、脱落,严重影响行车安全	损坏率>20%

1.3.9 标志、标线、轮廓标技术状况评定

对于标志、标线、轮廓标检查,主要通过目测、记录和照相相结合的方式。

检查标志、标线、轮廓标是否存在脏污、破损、脱落、缺失等病害,并记录缺失轮廓标个数。若存在病害,则记录病害位置、数量及程度,计算破坏率,并确认其评定状况值,具体评定标准见表2-1-28。

标志、标线、轮廓标技术状况评定表　　　　　　表2-1-28

状 况 值	技术状况描述	
0	完好	—
1	存在脏污、不完整,尚未妨碍交通	破坏率≤10%
2	存在脏污、部分脱落、缺失,可能会影响交通安全	破坏率>10%,且≤20%
3	大部分存在脏污、脱落、缺失,影响行车安全	损坏率>20%

1.3.10 隧道洞室几何尺寸测量

隧道衬砌内部轮廓测绘采用激光断面仪。

每个隧道选取3处可能发生衬砌混凝土剥落或已经发生剥落的断面进行几何尺寸测量,在所选断面行车道右侧路面中心设置1处固定点(打入钢钉),并在对应垂直断面位置的侧墙上利用红油漆标示点位,测量该处断面的几何尺寸,与该断面的净空限界对比,观察是否发生衬砌侵入净空限界情况。

1.3.11 衬砌无损检查

无损检查主要检查衬砌厚度、空洞等病害。该项检查采用地质雷达进行检测。雷达检测布置5条测线,分别为:拱顶中心轴线布置1条测线,两侧拱腰各布置1条测线,两侧边墙各布

置1条测线。测线布置图如图2-1-2所示。

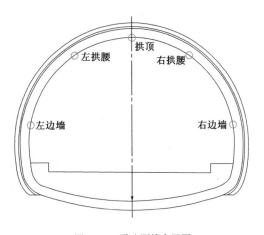

图2-1-2 雷达测线布置图

第2章 其他工程设施检查与养护

2.1 一般规定

其他工程设施养护应包括日常巡查、清洁维护、检查评定、保养维修等内容。隧道其他工程设施的检查项目主要包括:电缆沟、设备洞室、洞外联络通道、洞口绿化、减光设施、洞口雕塑、隧道铭牌以及房屋设施等。

(1)日常巡查应包括日常巡查中发现、记录、报告或处理明显异常。

(2)清洁维护应包括电缆沟与设备洞室的清理、洞外联络通道垃圾清扫、洞口限高门架与洞口环保景观设施脏污清除、附属房屋设施的清洁维护。

(3)检查评定应包括发现其他工程设施的异常,掌握并判定其技术状况,确定相应的养护对策或措施。

(4)保养维修应包括其他工程设施的结构破损修复、环保景观设施的恢复及附属房屋的保养。

其他工程设施的日常巡查、检查评定宜与隧道土建结构同步进行。有特殊要求的其他工程设施应按相关规定进行养护,风机房、变电所、监控房及附属房屋水暖电的专业养护可按相关规定执行。

2.2 日常巡查

日常巡查是对其他工程设施使用情况进行的日常巡视检查,应符合下列规定:

(1)巡查其他工程设施有无明显结构变形破坏,电缆沟、设备洞室是否存在明显涌水,洞外联络通道路面有无落物,洞口绿化区有无树木倾倒在行车限界范围内,污水处理设施有无明显淤积。

(2)应对洞外联络通道隔离设施进行日常巡查,保证通道隔离设施完好,通道在正常状态下应处于封闭状态。

(3)日常巡查中发现异常应进行记录、报告或处理。

2.3 清洁维护

其他工程设施的清洁维护频率不应低于表2-2-1的规定值。

其他工程设施清洁维护频率　　　　　　　表 2-2-1

分项设施	清洁维护频率
电缆沟、设备洞室	1 次/季度
洞外联络通道	1 次/月
洞口限高门架	1 次/1 年
洞口绿化	1 次/1 年
消音设施	1 次/季度
减光设施	1 次/1 年
污水处理设施	1 次/1 年
洞口雕塑、隧道铭牌	1 次/3 年
房屋设施	楼地面、墙台面 1 次/周,吊顶、门窗 1 次/月,地基基础、屋面 1 次/年。风机房、变电所、监控房按机电设施的相关规定确定清洁维护频率

应定期清除电缆沟、设备洞室内的杂物积尘,清理排水设施,保持电缆沟内整洁、设备洞室内无积水。

应定期清扫洞外联络通道路面、清除隔离设施脏污、清理排水设施,确保紧急情况下车辆、人员正常通行。

应定期清扫洞口限高门架脏污,保持限高标志清晰醒目,清除、修复门架撞击痕迹,矫正门架变形,保证满足限高要求。

洞口绿化与植被应与周围环境协调,清洁维护工作应满足下列要求:
(1)应定期修剪隧道进口两侧 30~50m 范围内的乔木,避免侵入行车限界或影响行车视距。
(2)适时修剪抚育树木,保持树木透光适度、通风良好,减少病虫害的发生。
(3)适时修剪草皮,保持美观。
(4)洞口雕塑、隧道铭牌宜定期清洗,保持整洁、美观。
(5)应定期清洗消声设施污秽,修复或更换损坏部位、部件。
(6)应定期扫除遮光棚顶垃圾、清除脏污,保持减光设施正常减光效果及外观的干净、整洁。
(7)应定期清除污水处理池和净化池沉积的泥沙、杂物,污水处理池和净化池容积不应受挤占。

应定期进行附属房屋设施清洁维护,保持房屋及周围环境的整洁、美观,周围场地应排水畅通,并应符合下列规定:
(1)应清除地基基础周围堆物、杂草,疏通排水系统,保证勒脚完好无损,防止地基浸水、冻害等。
(2)清除楼地面脏污、积尘,保持楼地面清洁。风机房、变电所、监控房等主要生产房屋地面应无积尘和油污;应疏通用水房间排水管道,楼地面应有效防水,避免室内受潮与虫害。
(3)应清除墙台面及吊顶脏污、积尘,清洁墙台面及吊顶。
(4)应清除门窗脏污、积尘,修复或更换破损部位(件),门窗应处于正常使用状态。
(5)应清除屋面积雪、积尘,屋面应不渗漏。

2.4 检查评定

其他工程设施的检查可分为经常检查和定期检查,设备洞室渗漏水、房屋地基变形、基础沉降等异常情况可根据需要进行应急检查或专项检查。附属房屋的防雷接地装置应在每年雷雨季前后进行检查。

其他工程设施检查的主要内容应按表2-2-2执行。

其他工程设施检查的主要内容　　表2-2-2

分项设施	经常检查内容	定期检查内容
电缆沟	是否完好,有无涌水	是否完好,有无杂物、积尘、积水
设备洞室	是否完好,有无渗漏水,标志是否齐全	是否完好,有无渗漏水、杂物、积尘,标志是否齐全、清晰
洞外联络通道	隔离设施是否完好,标志是否齐全,路面有无落物	隔离设施是否完好,标志是否齐全、清晰,路面是否清洁、有无隆起积水
洞口限高门架	门架有无变形,结构是否完好,标志是否齐全	结构是否完好,标志是否齐全、清晰,门架有无变形,净空误差能否满足限高要求
洞口绿化	树木是否妨碍行车,有无树木枯死	树木是否妨碍行车,有无树木枯死、草皮失养,整体绿化效果是否美观
消音设施	是否完好	是否完好,是否具备消音功能
减光设施	结构是否完好	结构是否完好,标志是否齐全清晰,减光效果是否正常
污水处理设施	是否渗漏,有无淤积	是否渗漏,有无杂物、泥沙沉积
洞口雕塑、隧道铭牌	是否存在毁坏	表面是否脏污,是否存在毁损
房屋设施	承重结构有无变形,非承重结构有无渗漏,屋面有无渗漏,楼地面、门窗是否完好	承重结构有无变形、裂缝、松动;非承重墙体有无渗漏、破损;屋面排水是否通畅、有无渗漏;楼地面、门窗是否完好;顶棚有无变形;水卫、电照、暖气等设备是否完好,能否正常使用

应根据各分项设施完好程度、破损发展趋势、设施使用正常程度等检查结果,确定各分项设施状况值。

应根据各分项设施状况值,按照表2-2-3的分项权重和式(2-2-1)计算技术状况值,确定其他工程设施技术状况。多处同类分项设施应逐处评定,以分项状况值 $QTCI_i$ 最高的一处纳入技术状况评分公式。

其他工程设施各项分项权重　　表2-2-3

分项设施	权重 w_i	分项设施	权重 w_i
电缆沟	10	消音设施	3
设备洞室	10	减光设施	10
洞外联络通道	9	污水处理设施	4
洞口限高门架	14	洞口雕塑、隧道铭牌	2
洞口绿化	3	房屋设施	35

注:表列其他工程设施出现增项时,可根据设施的重要性,参照表列分项设施权重和其他工程设施技术状况评定表中标准确定,确定增项设施的权重和状况值,纳入式(2-2-1)进行计算。

$$QTCI = 100 \cdot \left[1 - \frac{1}{2} \sum_{i=1}^{n} \left(QTCI_i \times \frac{w_i}{\sum_{i=1}^{n} w_i} \right) \right] \qquad (2\text{-}2\text{-}1)$$

式中:$QTCI$——其他工程设施技术状况评分;

$QTCI_i$——各分项设施状况值,值域为 0~2;

w_i——各分项设施权重。

其他工程设施技术状况可分为 3 类评定,分类判断标准及限界值宜按表 2-2-4 规定执行。

其他工程设施分类判定标准及限界值　　　　　表 2-2-4

设施技术状况分类	技术状况	QTCI 限界值
1 类	设施完好无异常,或有异常,破损情况较轻微,能正常使用	≥70
2 类	设施存在破损,部分功能受损,维护后能使用,应准备采取对策措施	40~70
3 类	设施存在严重破损,施工功能大部分或完全丧失,必须停用并采取紧急对策措施	<40

对评定划分的各类设施,应分别采取不同的养护对策:

(1)设施技术状态为 1 类及状况值评定为 0 的分项设施,正常使用,正常养护。

(2)设施技术状态为 2 类及状况值评定为 1 的分项设施,观察使用,保养维修。

(3)设施技术状态为 3 类及状况值评定为 2 的分项设施,停止使用,尽快进行维修加固。

隧道其他工程设施的检查项目主要包括:电缆沟、设备洞室、洞外联络通道、洞口绿化、减光设施、洞口雕塑、隧道铭牌以及房屋设施。(由于辽宁省高速公路隧道的其他工程设施均无洞口限高门架、消音设施和污水处理设施,故此三项设施无需检查)。

在检查中应根据分项设施完好程度、损坏发展趋势、设施使用正常程度等检查结果,确定各分项设施状况值。技术状况评定标准见表 2-2-5~表 2-2-11。

电缆沟技术评定标准　　　　　表 2-2-5

状况值	技术状况描述
0	电缆沟结构完好~基本完好,沟内无杂物、积尘积水或少量积尘积水,能保障电缆正常~基本正常使用
1	电缆沟结构破损,沟内积尘积水,影响电缆沟正常使用但不影响交通和行人安全
2	电缆沟结构破损严重,沟内积尘积水严重,严重影响电缆正常使用,可能会影响交通和行人安全

设备洞室技术状况评定标准　　　　　表 2-2-6

状况值	技术状况描述
0	设备洞室结构完好或基本完好,无渗漏水或少量渗漏水,标志齐全清晰或部分缺失,能保障设备正常使用
1	设备洞室结构破损,洞室内渗漏水,标志缺失,影响设备正常使用,不影响交通和行人安全
2	设备洞室结构破损严重,洞室内渗漏水严重,标志缺失,严重影响设备正常使用,可能影响交通和行人安全

洞外联络通道技术状况评定标准　　　　　表 2-2-7

状况值	技术状况描述
0	隔离设施整洁完好或基本完好,少量脏污,标志齐全或部分缺失,通道路面完好或轻微裂缝,排水基本通畅,能保障正常情况下通道处于封闭状态,紧急状况下正常~基本正常使用
1	隔离设施部分缺失、脏污严重,标志缺失,通道路面有微小沉陷、隆起、有积水,能保障正常情况下车辆不误入,紧急状况下车辆能通过
2	隔离设施缺失,通道路面有明显的隆起、积水严重,标志缺失,不能保障正常情况下通道处于封闭状态及紧急状况下车辆通过

洞口绿化技术状况评定标准　　　　　　　　　　　　　表2-2-8

状况值	技术状况描述
0	树木透光适度、通风良好、无枯死,草皮适时修剪,整体绿化效果美观
1	无杂草、无枯死,发现死树及时清除补种,整体绿化效果较美观
2	树木枯死、倾倒,草皮失养,严重影响洞口美观

洞口减光设施技术状况评定标准　　　　　　　　　　表2-2-9

状况值	技术状况描述
0	结构完好、整洁或轻微破损、脏污,标志基本齐全清晰,减光效果基本正常
1	结构局部变形、破损,标志缺失,减光效果部分丧失,不影响交通和行人安全
2	结构变形、破损严重,标志缺失,减光效果基本丧失,可能影响交通和行人安全

洞口雕塑技术状况评定标准　　　　　　　　　　　　表2-2-10

状况值	技术状况描述
0	完好,整洁美观
1	破损较严重,表面脏污非常严重,影响洞口景观
2	严重破损,需更换

附属房屋技术状况评定标准　　　　　　　　　　　　表2-2-11

状况值	技术状况描述
0	承重构件完好或基本完好,非承重墙体完好或少量破坏;屋面、墙体无渗漏或局部渗漏;楼地面平整完好或稍有裂缝,门窗基本完好,顶棚无明显变形,水卫、电照、暖气等设备基本完好、能正常使用或基本正常使用
1	承重构件少量损坏,非承重墙体较严重损坏;屋面、墙体局部渗漏较严重;楼地面严重起砂;门窗变形较严重或部分缺失;顶棚明显变形;水卫、电照、暖气等设备损坏较严重,基本无法正常使用
2	承重构件明显损坏,非承重墙体严重损坏;屋面严重漏雨;楼地面严重起砂开裂;门窗严重变形或大部分缺失;顶棚严重变形;水卫、电照、暖气等设备有严重损坏,无法正常使用

2.5　养护维修

电缆沟、设备洞室应进行保养,对破损的沟壁、洞室壁应维修恢复,设备洞室的渗漏水应查明原因并及时处治,保持电缆沟、设备洞室的完好和正常使用。电缆沟、设备洞室的结构破损及渗漏水的保养维修可与土建结构的保养维修或病害整治同时进行。

洞口限高门架与减光设施的结构应进行保养,门架结构破损或变形应进行维修恢复,保证门架满足限高功能要求;减光设施的结构破损、遮光顶棚缺失应进行维修恢复,保持减光效果正常。

对损坏的洞口雕塑、隧道铭牌应进行维修或拆换;污水处理池和净化池的渗漏应查明原因并处治,保持池壁、池底无渗漏。

洞外联络通道路面保养维修应按相关规范要求办理。

附属房屋设施的保养维修应符合下列规定:

(1)房屋屋面及墙体渗漏应进行保养维修。

(2)屋面渗漏维修工程应根据房屋防水等级、使用要求、渗漏现象及部位,查明渗漏原因,找准漏点,制订相应的维修方案。

(3)选用材料应与原防水层相容,与基层应结合牢靠。

(4)屋面防水层维修完成后应平整,不得积水、渗漏。

(5)墙体渗漏维修前,应对渗漏墙体的墙面、外部粉刷分格缝、门窗框周围、窗台、穿墙管根部、阳台和雨棚与墙体的连接处、变形缝等渗漏部位进行现场查勘,确定渗漏部位,查明渗漏原因,制订相应的维修方案。

(6)墙体维修后不得出现渗漏水现象,应在完工 3d 后进行检验,墙面冲水或雨淋 2h 后无渗漏水。

(7)房屋墙体粉刷后,起壳、剥落、疏松等损坏部位应凿除并清理干净后重新粉刷。房屋的木门窗可两年油漆一次,损坏的门窗应进行修理或更换。房屋的钢构件应定期进行保养维修,清除锈蚀,并按规定涂刷防锈漆和油漆。

防雷接地装置的损坏、锈蚀应予以保养维修。并符合下列规定:

(1)修换防雷接地装置前,应对接地体进行接地电阻测试,接地线和接地体焊接开焊、断裂的应修理或更换,完好的应除锈刷防锈漆。

(2)接地体锈蚀严重无法修复时,按设计要求换装新接地体。

(3)修换防雷装置前,对避雷网、避雷带、引下线等发生开焊、变形的应修复,对防锈漆脱落的应除锈刷漆。

(4)修换接地装置及固件均宜采用镀锌制品,各部连接点应牢固可靠。

防冻保温设施应进行周期性的保养维修,宜不少于 1 次/年。

第3章 土建结构维修与养护

3.1 洞门养护

3.1.1 洞门裂缝修补

1）养护工具

鼓风机、灌浆器。

2）养护材料

养护材料,见表2-3-1。

裂缝修补用胶(注射剂)的安全性能指标表　　　表2-3-1

性能项目		性能指标
胶体性能	抗拉强度(MPa)	≥20
	抗拉弹性模量(MPa)	≥1500
	抗压强度(MPa)	≥50
	抗弯强度(MPa)	≥30,且不得呈脆性破坏
钢-钢拉伸抗剪强度标准值(MPa)		≥10
不挥发物含量(固体含量)(%)		≥99
可灌注性		在产品说明书规定压力下,能注入宽度为0.1mm的裂缝

3）养护方法

（1）表面封闭法:采用表面封闭法对衬砌裂缝进行封闭前,需将混凝土表面防火涂层除去,擦净表面浮尘,保持混凝土表面干燥。前期准备就绪后,沿裂缝位置用胶刷将裂缝封闭胶涂刮于裂缝表面,抹平压实。

（2）自动低压渗注法/压力灌注法:采用自动低压渗注法/压力灌注法对衬砌混凝土裂缝进行修补有以下步骤。

①除去防火涂层:除去裂缝两侧各5cm宽的防火涂层(网状裂缝除外),网状裂缝根据实际面积除去防火涂层。

②基层处理:用鼓风机和水将裂缝表面的灰尘清除。

③确定注入口:注入口位置尽量设置在裂缝较宽、开口较通畅的部位;注胶时要按照从低到高的顺序灌注。

④封闭裂缝:采用快干型封缝胶,沿裂缝表面涂刮,留出注入口。

⑤安设塑料底座:用封缝胶将底座粘于注入口上。

⑥安设灌浆器:待封缝胶凝固后,将配好的灌浆树脂吸入灌浆器中,把装有树脂的灌浆器旋紧于底座上。

⑦灌浆:松开灌浆器弹簧,确认注入状态,如树脂不足可补充再继续注入。

⑧注入完闭:待注入速度降低确认不再进胶后,可拆除灌浆器,用堵头将底座堵死。

⑨树脂固化后敲掉底座及堵头,清理表面封缝胶。

⑩裂缝封闭后,表观处治:长度或宽度小于1m的网状裂缝及其他类型裂缝,采用与原防火涂料颜色相近的外墙涂料进行粉刷;面积大于$1m^2$且长度与宽度均大于1m的网状裂缝,采用防火涂料进行修补,在喷涂防火涂料前,必须用底漆刷涂一遍,并将表面找平。

⑪针对无防火涂层的隧道,裂缝封闭完毕后,在其表面刷涂一层与原衬砌颜色相近的涂层。

4)注意事项

(1)衬砌施工缝位置附近裂缝暂不予处理。

(2)当有防火涂层时,应先将防火涂层除去,裂缝处理完毕后,根据实际面积大小恢复防火涂层或采用外墙涂料粉刷。

(3)当裂缝区的钢筋锈蚀时,应先对钢筋进行除锈,再进行裂缝修补。

(4)裂缝修补用胶的安全性能指标应符合规范要求。

3.1.2 洞门墙身渗漏水修复

1)养护工具

电锤、切割机、注浆机。

2)养护材料

双快水泥、环氧砂浆、水泥-水玻璃双液浆、水溶性聚氨酯、快硬防水砂浆、防水涂料。

3)养护方法

(1)将出水点5cm范围内清表至新鲜混凝土基面,清表深度2cm。

(2)将出水口扩大至$3cm \times 3cm \times 3cm$,以利于封口。

(3)钻孔。钻孔直径为20mm,孔深22~25cm,成孔后清孔。

(4)顶入$\phi 10mm$注浆管,长度20cm,进管前用麻绳缠裹钢管外侧。

(5)用双快水泥或环氧砂浆封紧孔口、抹平,检查堵漏效果,要保证除注浆管外其他部位不漏水。

(6)注入水泥-水玻璃双液浆或水溶性聚氨酯,注浆压力不得大于1MPa。

(7)注浆结束后用木塞将注浆管尾部堵塞,一周后将注浆管外露部分割除,并用快硬防水砂浆抹平表面。

(8)表面涂两遍防水涂料。

(9)进行洞门墙饰面等后续工作。

4)注意事项

(1)钻孔前采用钢筋扫描仪进行钢筋扫描,防止钻到钢筋,避免在墙体或底板上钻一些不必要的空洞。

(2)施工过程中应保证注入器始终处于压力状态。

(3)注胶完成后,间隔一定的时间,重新进行检查,发现渗漏点及时进行注胶堵漏。

3.1.3 洞门混凝土破损修复

1)养护工具

铁锹、水泥抹子。

2)养护材料

养护材料,见表2-3-2。

混凝土配合比　　　　　　表2-3-2

材料	单位	混凝土强度等级									
		C15	C20	C25	C30	C35	C40	C45	C50	C55	C60
		数值	数值	数值	数值	数值	数值	数值	数值	数值	数值
32.5水泥	t	0.307	0.400	0.460	0.530	—	—	—	—	—	—
42.5水泥	t	—	—	—	—	0.460	0.530	—	—	—	—
52.5水泥	t	—	—	—	—	—	—	0.472	—	—	—
中砂	m³	0.511	0.411	0.362	0.348	0.362	0.348	0.360	—	—	—
<16mm石子	m³	0.830	0.870	0.879	0.845	0.879	0.845	0.873	—	—	—
水	t	0.220	0.220	0.220	0.220	0.220	0.220	0.220	—	—	—
32.5水泥	t	0.286	0.372	0.428	0.493	—	—	—	—	—	—
42.5水泥	t	—	—	—	—	0.428	0.493	—	—	—	—
52.5水泥	t	—	—	—	—	—	—	0.437	—	—	—
中砂	m³	0.507	0.409	0.359	0.346	0.359	0.346	0.370	—	—	—
<20mm石子	m³	0.860	0.903	0.914	0.883	0.914	0.883	0.897	—	—	—
水	t	0.200	0.200	0.200	0.200	0.200	0.200	0.200	—	—	—
32.5水泥	t	0.271	0.352	0.406	0.467	—	—	—	—	—	—
42.5水泥	t	—	—	—	—	0.406	0.467	—	—	—	—
52.5水泥	t	—	—	—	—	—	—	0.415	0.456	—	—
62.5水泥	t	—	—	—	—	—	—	—	—	0.415	0.444
中砂	m³	0.499	0.402	0.353	0.342	0.353	0.342	0.315	0.344	0.351	0.346
<31.5mm石子	m³	0.884	0.930	0.943	0.913	0.943	0.913	0.939	0.919	0.939	0.924
水	t	0.190	0.190	0.190	0.190	0.190	0.190	0.190	0.19	0.19	0.19
32.5水泥	t	0.260	0.333	0.384	0.442	—	—	—	—	—	—
42.5水泥	t	—	—	—	—	0.384	—	—	—	—	—
中砂	m³	0.491	0.394	0.346	0.336	0.346	—	—	—	—	—
<40mm石子	m³	0.909	0.958	0.973	0.900	0.973	—	—	—	—	—
水	t	0.180	0.180	0.180	0.180	0.180	—	—	—	—	—

3）养护方法

（1）水泥混凝土构造物破损构件修补前，应对该构件的可继续使用性能进行鉴定，并做记录。

（2）修补范围应凿成规则的多边形，不能残留已破损的混凝土，新旧混凝土接缝处应垂直开凿出新鲜的混凝土面。

（3）混凝土所用的水泥、砂、石、水、外掺剂及混合材料的质量和规格，必须符合有关技术规范的要求，按规定的配合比施工。

（4）水泥混凝土浇筑前，修补范围应充分湿润，并涂刷水泥砂浆。

（5）对破损、锈蚀的钢筋应认真进行处理。

（6）新浇的混凝土应密实且具有足够的强度，新旧混凝土应紧密连接，要及时养生，防止混凝土强度形成前的扰动。

（7）模板须满足规范的要求。

（8）不得出现空洞和露筋现象。

4）注意事项

（1）混凝土搅拌必须达到3个基本要求：计量准确、搅拌透彻、坍落度稳定。

（2）模板在安装前，应均匀涂刷脱模剂。模板支撑应牢固，接缝严密、尺寸准确。

3.2 洞口养护

3.2.1 边沟养护

1）养护工具

铁锹、扫帚、手推车、水泥抹。

2）养护材料

（1）砂浆

①砂浆强度等级应符合图纸规定或工程师要求。砂浆强度等级系指 70.7mm×70.7mm×70.7mm 标准立方体试件，在温度 20℃±3℃、相对湿度不小于 90% 环境中养生 28d，经抗压试验的极限抗压强度，以 MPa 表示。

②砂浆所用水泥的强度等级应符合图纸要求及现行《公路桥涵施工技术规范》（JTG/T 3650）的有关规定。

③砂浆用砂宜选用中砂，砌筑毛石用砂宜选用粗砂。砂的含泥量一般不应超过 5%；强度等级为 M2.5 的水泥混合砂浆，砂的含泥量不应超过 10%。砂的最大粒径当用于砌筑片石时不应大于 5mm，当用于砌筑块石及粗料石时不应大于 2.5mm。

④养护工程师许可时，可以将粗集料最大尺寸不超过 20mm 的混凝土（小石子混凝土）用作片石和块石砌体的砂浆。

⑤除非图纸上另有标明或养护工程师指示，勾缝砂浆对于主体工程和附属工程不低于 M7.5 级，且均不低于砌筑砂浆强度等级。

⑥除非经养护工程师同意，不得人工拌和砂浆。

(2)石料

①石料强度等级应符合图纸规定或养护工程师要求。石料在使用前应按《公路工程岩石试验规程》(JTG E41—2005)进行试验,以确定石料各项物理力学指标值。

②石料应强韧、密实、坚固与耐久,能抵抗风化和水流的冲蚀,质地细致,色泽均匀,无缝隙、开裂及结构缺陷。

③石料不得含有妨碍砂浆的正常黏结或有损于外露面外观的污泥、油质或其他有害物质。石料的运输、储存和处理,不应有过量的损坏和废料。

④单个石料的厚度应不小于150mm。镶面石料应选择尺寸稍大的并具有较平整表面,且应稍加粗凿。在角隅处应使用较大石料,大致粗凿方正。

⑤块石应大致方正,上下面大致平行。石料厚度200～300mm,石料宽度及长度应分别为石料厚度的1～1.5倍和1.5～3倍。石料的尖锐边角应凿去。所有垂直于外露面的镶面石的表面,应按《公路桥涵施工技术规范》(JTG/T3650—2020)图16-1所示修凿,其表面凹陷深度不得大于20mm。角隅石或墩尖端的镶面石,根据需要应修凿至所需形状。

3) 养护方法

(1) 清理

①检查现场,根据现场情况确定清理方案(含弃土场),确定清除步骤,拟定处置方案。

②按照清理方案彻底清除边沟内杂物,保证边沟排水设施无淤塞、无蒿草,排水畅通,保证隧道、路面不积水和边沟内不长期积水。

③将清理的杂物用推车装好,至弃土场丢弃。

④清理施工现场。

(2) 修复

①对于纵向边沟,在施工时,沟型按照矩形截面规则开挖,夯实基底,达到密实度要求,并保证基底的干燥。

②在施工时,边沟线形平顺,采用直线形,转弯处做成弧形,其半径不小于10m,与桥涵进出口平顺衔接。

③平曲线处边沟施工时,沟底纵坡与曲线前后沟底纵坡平顺衔接,不允许曲线内侧有积水或外溢现象发生。曲线外侧边沟要适当加深,其增加值等于超高值,但曲线在坡顶时可不加深边沟。

④边沟底部坡度,符合线路坡度和地形坡度,达到流水畅通,几何尺寸符合设计需求。

4) 注意事项

(1) 在边沟清理期间,始终要保持场地处于良好的排水状态,修建一些临时排水设施,以防工程或附近农田受冲刷、淤积。

(2) 临时排水设施应与永久性排水设施相结合。流水不得排入农田、耕地,污染自然水源,也不应引起淤积和冲刷。任何因污染、淤积和冲刷遭受的损失,均应由养护单位负担。

3.2.2 边坡护坡养护

1) 养护工具

铁锹、扫帚、手推车、水泥抹。

2)养护材料

(1)砂浆

具体要求参照本章3.2.1边沟养护。

(2)石料

具体要求参照本章3.2.1边沟养护。

3)养护方法

(1)浆砌片石

①片石应分层砌筑,宜以2~3层砌块组成一工作层,每一工作层的水平缝应大致找平。各工作层竖缝应相互错开,不得贯通。

②较大的砌块应使用于下层,安砌时应选取形状及尺寸较为合适的砌石块,尖锐突出部分应敲除。竖缝较宽时,应在砂浆中塞以小石块,不得在石块下面用高于砂浆砌缝厚度的小石片支垫。

③应选择形状较为方正及尺寸较大的片石作为镶面石及角隅石,并长短相间地交错铺在同一层,与里层砌块咬接。砌缝宽度一般不应大于40mm,用小石子混凝土砌筑时,可为30~70mm。

(2)块石砌体

①石块应平砌,每层石料高度应大致一致,镶面石块,应丁顺相间或两顺一丁排列,砌缝宽度不大于30mm,上下层竖缝错开距离不小于80mm。

②砌体里层平缝宽度不应大于30mm,竖缝宽度不应大于40mm,用小石子混凝土砌筑时,不应大于50mm。

4)注意事项

(1)填缝或嵌缝材料应符合图纸要求及本规范相关要求。

(2)水泥应符合公路工程有关规范的规定,其强度等级不得低于32.5级,且宜优先选用普通硅酸盐水泥。

(3)集料应符合公路工程有关规范的规定。细集料应采用中砂或粗砂,细度模数宜大于2.5;粗集料应采用砾石或碎石,粒径不宜大于15mm。

3.2.3 山体滑坡隐患整治

1)养护工具

电焊机、空气压缩机、喷锚机。

2)养护材料

钢筋或注浆锚杆、钢筋网、混凝土、草种。

3)养护方法

(1)对边坡采用降坡减载,采用井字梁护坡+挡土墙支护措施,并在后缘修筑排水沟,坡面喷播草种绿化。

(2)对边坡采用降坡减载喷锚措施,在前、后缘和边坡中间修筑排水沟,最后在非喷锚区的削坡坡面喷播草种绿化。

4)注意事项

在整治过程中要先确保施工安全,然后进行整治施工。

3.2.4 挡土墙养护

1)养护工具

电焊机、切割机、电动钻机、空气压缩机、喷锚机。

2)养护材料

钢筋或注浆锚杆、钢筋网、混凝土、水泥砂浆。

3)养护方法

(1)挡土墙加高

挡土墙常因高度不够发生土体冒顶等现象,因此,除了做好土体稳定加固外,有的还需要加高挡土墙。加高的办法有如下几种:

①老墙顶上加高。当墙顶较宽,加高高度在 1.5m 以下时,可以在墙顶直接加高,但必须核对竣工图及计算参数,并进行薄弱断面和基底稳定性的验算,施工时需除掉墙顶灰砂和松石,注意接缝处质量。

②挖除墙背填土在墙背加厚加高。此法可从基底做起,并应加做墙后排水,部分改变墙后回填料性质,优点是不占用边沟路肩,外观较整齐,加高同时加厚,工作较为彻底。

③在墙面加厚加高。仅当限界较宽,挖掉墙背填土不安全时,可采用此法。

④挖除墙背填土在墙背加厚加高。此法可从基底做起,并应加做墙后排水,部分改变墙后回填料性质,优点是不占用边沟路肩,外观较整齐,加高同时加厚,工作较为彻底。

⑤在墙面加厚加高。仅当限界较宽,挖掉墙背填土不安全时,可采用此法。

(2)挡土墙加长

当挡土墙长度不足或两端衔接不良,不能充分发挥挡土墙作用,致使墙的两端仍有滑塌等病害发生,或在洪水中衔接处路基被冲毁时,应根据需要向两端或一端适当延长。接长部分应与线路相协调,并尽量与原墙形式相同。挡土墙和路基或其他构造物衔接不良处均应在维修中加以改善,如路肩墙两端没有锥坡时加做锥坡。

(3)挡土墙加固

根据挡土墙发生病害的原因,可采取压力灌浆锚固、增加支撑墙、部分拆除重建、在墙背加厚,并改善墙后排水等办法加固。

①挡土墙的裂缝、断裂如已停止发展,应立即进行修理、加固,其方法是首先将裂缝缝隙凿毛,清除碎渣和杂物,然后用水泥砂浆填塞。对水泥混凝土或钢筋混凝土裂缝也可用环氧树脂黏合。

②挡土墙发生倾斜、鼓肚、滑动或下沉时,可选用下列加固措施:

a. 锚固法。适用于水泥混凝土或钢筋混凝土挡土墙。采用高强钢筋做锚杆,穿入预先钻好的孔内,用水泥砂浆灌满锚杆插入岩体部位,固定锚杆,待砂浆达到一定强度后,对锚杆进行张拉,然后用锚头固紧。

b. 套墙加固法。在原墙外侧,加宽基础、加厚墙身,施工时,应挖除一部分墙后填土来减少土压力,同时应注意新旧基础和墙身的结合。其方法是凿毛旧基础和旧墙身,必要时设置钢筋锚栓或石榫,也可以在修整过的旧混凝土表面涂混凝土黏合剂以增强新旧墙的联结。墙后回填土必须分层填筑并夯实。

c. 支撑墙加固法。在挡土墙外侧,每隔一定的距离修建支挡墙,以加强破损处断面并增加全墙的稳定性。支挡墙的基础埋深、尺寸和间距应通过计算确定。施工时老墙要洗刷干净,除掉不良灰缝,必要时加设连接短钢条,变形裂缝处要压注砂浆。

d. 原挡土墙损坏严重,采用以上加固方法不能达到设计强度要求时,则应考虑将损坏部分拆除重建。为防止不均匀沉降,新旧挡土墙之间应设置沉降缝,并应注意新旧挡土墙接头协调。

e. 路肩墙或路堤墙基础埋置深度不足或基础受冲刷时,可在趾前增设浆砌片石基础墙,抛填和码砌片石防止冲刷。护基施工时要注意与前后河岸、结构物衔接圆顺。基础墙应有适当坡度,不要阻流太多,以免增加局部冲刷。

f. 对滑动、下沉破坏的修复,若地基处治工程复杂,可采用干砌块石或码砌石笼进行加固。

g. 挡土墙与边坡连接处易被雨水冲成沟槽或缺口,应及时填补夯实,恢复原状。

4)注意事项

(1)挡土墙的泄水孔应保持畅通。如有堵塞,应及时疏通。如无法疏通,应另行选择适当位置增设泄水孔,或在墙背后沿挡土墙增做墙后排水设施,一般可增设盲沟将水流引出路基以外,以防止墙后积水引起土压力增加或冻胀。

(2)挡土墙表面出现风化剥落时,应将风化表层凿除,喷涂水泥砂浆保护层,防止剥落恶化。当风化剥落严重时,应将风化部分拆除重砌。

(3)锚杆、锚定板挡土墙及加筋挡土墙,应做顶面和墙外的防水、排水,经常注意有无变形、倾斜或肋柱、挡土板断裂、损坏。如有损坏,应及时修理、加固或更换。对暴露的锚头、螺母、垫圈应定期涂刷防锈漆,同时应经常检查锚头螺母有无松动、脱落,如有松动、脱落应及时紧固和补充。

(4)浸水挡土墙,除平时经常检查其有无损坏时,应在洪水期前后详细观察、检查。汛前检查的目的是确定其作用、效果和是否完整稳定,能否承受洪水的袭击以及应采取的防护、加固措施。汛后检查的目的是观察其有无损坏,如有损坏,应及时修理和加固。

(5)浸水挡土墙受洪水冲刷,出现基础被掏空,但未危及挡土墙本身时,可采取抛石加固或用块石将淘空部分塞实并灌浆。当挡土墙本身出现损坏,如松动、下沉、倒塌、开裂等,应按原样修复。

3.3 衬砌养护

3.3.1 裂缝修补

1)养护工具

高压清洗机、注浆机。

2)养护材料

环氧树脂:采用专门配制的改性环氧树脂胶黏剂,其安全性能指标必须符合以下规定:

(1)胶体劈裂强度:A 级胶≥8.5MPa,B 级胶≥7.0MPa;

(2)胶体抗弯强度:A 级胶≥50MPa,B 级胶≥40MPa;
(3)胶体抗压强度:A 级胶≥60MPa,B 级胶≥60MPa;
(4)钢-钢拉伸抗剪强度标准值:A 级胶≥16MPa,B 级胶≥13MPa;
(5)不挥发物含量(固体含量)≥99%;
(6)胶黏剂中严禁使用乙二胺作改性环氧树脂固化剂,严禁掺加挥发性有害溶剂和非反应性稀释剂;
(7)使用的胶黏剂应有耐冻融性能试验合格证书。

3)养护方法

(1)裂缝缝口表面处理,应使工作面平顺、干燥、无油污。处理范围沿裂缝走向宽30~50mm。
(2)采用表面封闭法处理裂缝时,应在缝口表面处理后,用裂缝修补材料涂刷或用改性环氧胶泥适当加压刮抹。
(3)注浆嘴沿裂缝走向布置,间距视缝宽度一般为200~400mm。
(4)压力注浆修补裂缝应根据浆液流动性选择注浆压力,一般为0.1~0.4MPa。
(5)竖向、斜向裂缝压浆应自下而上进行。
(6)注入器的连接端应牢固地安装在注入座上,若注入器内胶体全部注入裂缝,说明该处裂缝未注满,应进行补灌,直至注满为止。

4)注意事项

(1)钻孔前采用钢筋扫描仪进行钢筋扫描,防止钻到钢筋,避免在墙体或底板上钻一些不必要的空洞。
(2)施工过程中应保证注入器始终处于压力状态。
(3)注入材料固化后,应敲去注入器,必要时将封口胶补平或打磨平整。
(4)注胶完成后,间隔一定的时间,重新进行检查,发现渗漏点及时进行注胶堵漏。

3.3.2 衬砌渗漏水处理

1)养护工具

电动钻机、切割机。

2)养护材料

(1)水泥:42.5 级普通硅酸盐水泥。
(2)砂:中砂,平均粒径2mm。
(3)石:碎石,粒径5~10mm。
(4)水:洁净自来水。
(5)防水剂:BR 型防水剂(47%固体)。

3)养护方法

(1)表面清洗:把裂缝左右约10cm 的衬砌混凝土表面清洗干净,找到缝隙的位置及水源。
(2)割缝或钻孔:在渗水缝隙左右各3cm 处用切割机割深为6~8cm 的缝,或用冲击钻每隔2cm 钻孔,为凿槽做准备。
(3)凿槽:人工凿出深度为8cm(施工缝)或6cm(衬砌裂缝)的槽,一般凿成内大(6cm)外小(4cm)的倒梯形槽,保证外敷防水层有2~3cm 厚。

(4)埋管:在槽底埋设φ50mm弹簧半管直至边墙底部,用锌铁皮固定,边墙底部至纵向排水沟用φ50mmPVC圆管连接。

(5)封填:分两种情况,针对施工缝,先用遇水膨胀橡胶止水条嵌缝,然后再封填防水砂浆,针对衬砌裂缝,直接封填防水砂浆。

(6)刷浆找平:等防水砂浆达到一定强度后,喷湿修复区域,刷1:2普通砂浆找平,建议厚度0.5~0.8cm。

(7)养护:在14d内进行喷水养护。

(8)防水砂浆配合比:42.5级普通硅酸盐水泥:BR增强型防水剂:BR-2专用粉:砂:水 = 1:0.14:0.03:1:0.35。

4)注意事项

(1)水管不得堵塞,管道材料应具有抗老化性和足够强度。

(2)外置排水管的设置不得侵入建筑限界,并严禁在设置机电设施的地方开凿排水沟槽。

(3)设置外置排水管应尽量减少对隧道外观的破坏。

(4)排水管接头应密封牢固,不得出现松动。

3.3.3 衬砌空洞注浆

1)养护工具

风动凿岩机、注浆机、注浆管。

2)养护材料

隧道空洞注浆处理采用的材料应符合图纸要求及相关规定。

3)养护方法

(1)设计参数

水泥浆水灰比为0.5:1~1:1,水泥宜采用32.5级(R)硅酸盐早强水泥。并通过试验按需掺配高强减水剂、速凝剂及其他添加剂,质量应符合现行《混凝土外加剂》(GB 8076)规定,使用前应做效果试验。凝结时间宜初凝不超过5min、终凝不超过10min。

(2)注浆压力和灌浆管设置

注浆压力初压0.2~0.5MPa、终压0.5~1.2MPa,可采用逐渐加压式注浆,也可采用定压注浆,注浆时将注浆芯管安装在预埋的灌浆管上,注浆速度为30~60L/min。预埋的灌浆管应注意避免破坏防水板,灌浆管端头设置防堵设施,注浆结束后应将灌浆管孔封堵密实。

(3)注浆前准备工作

注浆前先对注浆管路系统用1.5~2.0倍注浆终压进行吸水试验,检查管路系统能否耐压,有无漏水,机械设备是否正常,试运行20min后,进行注浆现场试验,确定注浆参数。试验及压浆过程中,有值班施工技术人员在场,并根据现场注浆实际情况作出准确判断,及时对浆液稠度和凝固时间作出调整。

4)注意事项

(1)确定空洞的位置。根据检测报告上显示里程确定并标注显示空洞的位置。

(2)用凿岩机准确地在二衬存在空洞或二衬和初衬脱空的部位进行钻孔,再安装注浆管,注浆管在空洞或脱落部位的两个端头设计,保证注浆管很好地固定在二衬中,注浆管周围可以用锚固剂填充周围的空隙。注浆管要设置阀门,以便注浆不密实时进行二次注浆。

(3)注浆时采用合理的注浆顺序,注浆前先对管孔进行清理。注浆时如出现压力迅速上升而浆液却不易注入或注入量很小的情况应加大水灰比、降低浆液浓度,同时检查注浆管有无堵塞,并加以疏通。相反当发现注浆压力较低或压力上升缓慢而浆液注量却特别大时应停止注浆,检查是否有漏浆或串浆的现象并及时加以堵塞,同时宜采用减少水灰比或在水泥浆中掺入适量 5%~10% 的水玻璃或采用双液注浆以缩短凝结时间,当压注水玻璃液后,压强明显上升,达到目标要求时,可停止压注水玻璃,仍用原水泥浆液或用小泵量间歇式注浆。

(4)注浆结束标准以注浆压力和注浆时间、注浆量综合判定。当达到下述情况之一时即结束注浆:①当注浆压力达到设计终压时;②当注浆量达到或超过设计注浆量,孔口管出现冒浆时;③当注浆压强已达到设计终压且稳压 10min 后,即使进浆量仍未达到设计浆量也可结束注浆;④注浆时衬砌表面如出现有渗漏水部位可改用压注水泥-水玻璃或其他化学浆液进行注浆堵水。

(5)注浆过程中要经常检查浆液质量,控制好浆液水灰比、注浆压力、注浆量,并逐管填写注浆记录。注浆完成后检查固结效果,分析注浆记录,对注浆量偏少和有怀疑的灌浆管应重点检查采用冲击-回波法、地质雷达法、声波监测和直接钻芯取样等方法观察浆液充填和密实情况,如发现效果不佳进行补管注浆。

3.3.4　围岩加固注浆

1)养护工具

电动钻机、高压清洗机、注浆机。

2)养护材料

隧道围岩加固注浆处理采用的材料应符合图纸要求及相关规定。

3)养护方法

(1)设计参数

普通 42.5R 硅酸盐水泥中按比例加入一定量的水及相应的外加剂经搅拌而成的浆液称为普通水泥单液浆,其技术参数见表 2-3-3。

普通水泥单液浆技术参数表　　　　表 2-3-3

水灰比	黏度(s)	密度(g/cm³)	凝结时间 H(min)		抗压强度(MPa)			
			初凝	终凝	3d	7d	14d	28d
0.5:1	139	1.86	7~14	12~36	4.14	6.46	15.3	22
0.75:1	33	1.62	10~47	20~33	2.43	2.6	5.54	11.27
1:1	18	1.49	15~56	25~27	2	2.4	2.42	8.9

普通 42.5R 硅酸盐水泥与水玻璃经搅拌而成的浆液称为双液浆,其技术参数见表 2-3-4。

双浆液的配比参数表　　　　表 2-3-4

W:C	C:S	抗压强度(MPa)			
		3d	7d	14d	28d
0.6:1	1:0.3	5.8	6.7	7.4	10.2

(2)注浆前准备工作

①围岩加固主要有打注浆孔、封孔、注浆和清洗管路等工序。

②注浆施工前检查好风、水、电等管路和线路系统。为保证注浆效果,使浆液有效地渗入围岩裂隙,对注浆前支护提出如下要求:首先在巷道内支护体及围岩暴露面喷射一层强度较高的混凝土,使喷层与原支护形成一个结合层,作为注浆时的止浆垫,防止浆液从孔边流失。在锚喷支护巷道一般仅需加强喷层完整性,保证一定的厚度即可,而架棚(包括U型钢及梯形支架)支护的巷道,要求架后充填,在保证架后填实的基础上喷混凝土层。喷层的质量对注浆影响很大,实践中发现由于喷层不完整,破裂面不规则而导致的漏浆,并很难堵漏,随漏浆量的增加浆液向裂隙内的渗透逐渐停止,不能保证有效的注浆量和渗透范围。

③钻孔并安装注浆管:用风钻按照设计要求打眼,钻孔直径41～43mm;深孔施工时,先用2.0m钎杆钻进,然后换用3.0m钎杆完成。钻眼完成后,安装注浆管并封孔。底眼用煤电钻打眼。为确保浆液渗透范围的合理分布及加固围岩的效果,在横断面严格按钻孔位置及夹角施工,并保证达到设计的深度,在轴向底板可倾斜20°,顶部孔可倾斜10°,以利施工。严格钻孔质量验收制度,孔位、角度和深度与设计相差较大的要求重打或注浆后补打眼复注。

④备料:在注浆巷道附近底板干燥处,设置简易料场,堆放甲乙两种高水材料,要求垫木板防潮和渗水,严禁混放混用。为保持材料性能,每次井下备料3.0～6.0t,即1～2矿车为宜。料场可随注浆点前移,减少搬运距离。

⑤注浆系统布置:注浆系统包括注浆泵、搅拌筒及连接管路。

4)注意事项

(1)注浆加固厚度:注浆圈加固厚度主要应满足开挖施工安全要求、开挖后抗水压要求。

(2)浆液扩散半径:浆液扩散半径应根据堵水要求、隧道地质特点、岩性、孔隙率及注浆材料的颗径尺寸,采取工程模拟法来选取。在现场注浆施工过程中,可根据注浆施工中地层的吸浆能力、注浆效果的检查评定等状况,对浆液扩散半径进一步调整。

(3)终孔间距:根据注浆加固交圈理论,注浆后应能形成严密的注浆帷幕,在注浆终孔断面上,根据注浆扩散半径进行注浆设计时不应有注浆盲区存在。

(4)注浆段长:注浆段长度一般应综合考虑选择钻机的最佳工作能力、余留止浆墙厚度、根据加固圈要求进行注浆设计时盲区最小时的最佳设计孔数等内容。根据工程模拟,经过进行预设计,在进行超前预注浆施工时,注浆段长度宜为20～50m。

(5)注浆压力:注浆压力与围岩的裂隙发育程度、涌水压力、浆液材料及胶凝时间有关。岩石地层注浆设计压力应根据围岩水文地质条件合理确定,一般宜比静水压力大0.5～1.5MPa;当静水压力较大时,宜为静水压力的2～3倍。

(6)注浆量:注浆量是根据堵水或加固体积、孔隙率、凝固时间、壁后的空洞及其连通性、集中突水情况下涌水通道的大小及空洞大小等情况来确定,一般来说,涌水量越大,注浆量越多。注浆过程中,在不漏浆的情况下,尽量用单液水泥浆充填空隙,以提高注浆效果。

(7)分段长度:在超前预注浆中,一般采用分段前进式注浆,所以应设计分段长度,分段长度根据地层的不同而不同,在断层破碎带中,分段长度可设计为3～6m。

(8)注浆速度:注浆速率主要取决于地层的吸浆能力(即地层的孔隙率)和注浆设备的动力参数,考虑到多种因素,建议注浆速率范围取5～110L/min,施工中可根据实际情况进行调整。

(9)注浆结束标准以定压为主,注浆终压理论上为水压加 2~4MPa,注浆过程中长时间压力不上升时,应缩短浆液的凝胶时间,并采取间歇注浆措施,同时控制注浆量。

(10)注浆过程中通过掌握注浆量、注浆压力变化及渗透范围来实现监测监控。

3.3.5 衬砌混凝土剥落处理

1)养护工具

电镐、短钎、手锤、高压清洗机。

2)养护方法

(1)人工凿除

①选用合适的工具。

②清除衬砌起层剥落的部位,清净衬砌松动的石子、混凝土碎屑。

(2)高压水清洗

①高压水设备运转正常,水源充足,操作人员劳动保护得当。

②根据起层面的实际情况,选择合适的喷水压力及喷射距离和角度。

③精细清除微小、松动的石子、混凝土碎屑。

3)注意事项

人工凿除和高压水吹净衬砌起层、剥离部位应保证衬砌表面无剥落、无残留,以便进行下一步加固工作。

3.4 检修道养护

3.4.1 盖板养护

1)养护工具

盖板钩子。

2)养护材料

(1)水泥:宜采用普通硅酸盐水泥。水泥应具有出厂合格证和检验报告单,进场后应取样复试合格,其质量符合国家现行标准的规定和设计要求。

(2)钢筋:

①钢筋出厂时应有产品合格证和检验报告单,钢筋的品种、级别、规格,应符合设计要求。钢筋进场时应抽取试件做力学性能检验,其质量必须符合现行《钢筋混凝土用钢》(GB/T 1499)等的规定。

②钢筋不得有严重的锈蚀、麻坑、劈裂、夹砂、夹层等缺陷。

③钢筋应按类型、直径、钢号、批号等条件分别堆放,并应避免油污、锈蚀。

④当发现钢筋脆断、焊接性能不良或力学性能显著不正常等现象时,应对该批钢筋进行化学分析或其他专项检验。

(3)砂:宜选用质地坚硬、级配良好的中粗砂,其含泥量不应大于3%。

(4)石子:石子最大粒径不得大于结构截面最小尺寸的1/4,不得大于钢筋最小净距的3/4,且不得大于40mm。其含泥量不得大于1%,吸水率不应大于1.5%。

(5)混凝土拌和用水:宜采用饮用水。当采用其他水源时,其水质应符合现行《混凝土用水标准》(JGJ 63)的规定。

(6)混合材料:

①混合材料包括粉煤灰、火山灰质材料、粒化高炉矿渣等,应由生产单位专门加工,进行产品检验并出具产品合格证书,其技术条件应分别符合现行《用于水泥和混凝土中的粉煤灰》(GB/T 1596)、《用于水泥中的火山灰质混合材料》(GB/T 2847)、《用于水泥中的粒化高炉矿渣》(GB/T 203)等标准的规定。使用单位对产品质量有怀疑时,应对其质量进行复查。

②混合材料在运输与存储中,应有明显标志,严禁与水泥等其他粉状材料混淆。

3)养护方法

(1)场地准备

盖板采用集中预制,首先对场地进行整平、混凝土硬化,并事先设置梁板存放底座。

(2)技术准备

组织技术人员学习和理解设计图纸,对预制盖板的结构尺寸、钢筋规格尺寸、工程数量等进行复核。对进场的各种原材料和钢筋焊接接头进行试验,并进行混凝土试配,优化配合比。

(3)钢筋的制作和绑扎

①钢筋制作由专门的下料机械,焊接在施工现场进行,钢筋的搭接长度双面焊不小于$5d$,单面焊不小于$10d$,且在搭接区段内(搭接区段长度不小于$35d$且不小于500mm),搭接接头的钢筋面积不超过钢筋总面积的50%,主筋和箍筋之间绑扎成型。

②在钢筋与模板间放置所需厚度的混凝土预制垫块,混凝土预制垫块强度要尽可能与梁板强度一致,与模板接触面要小,尺寸要规整。

③垫块应与钢筋扎紧并互相错开,并检查钢筋与模板四周的间距,如有保护层不够的钢筋,应该适当调整间距;受力筋间距偏差控制在±5mm以内(预制边板时按要求预埋护栏基座锚固钢筋)。

④板钢筋骨架要在台座外绑扎成型,整体吊装入模,扎丝绑头要向内弯,不能外弯接触模板。

(4)模板制作及安装

①预制台座和盖板模板的设计制作。盖板侧模要求采用工厂加工的定型钢模,钢板厚度要求大于5mm,侧模框架边框采用∠75mm×75mm×7mm,肋条采用[100mm×100mm(用于3m以上跨径盖板)或∠70mm×70mm×5mm(用于3m以下跨径盖板),肋条间距250mm,以增强整体刚度,使模板在周转一定次数后不变形,确保预制出盖板外形尺寸不超标。

②台座采用∠50mm角钢作为台座固定框,δ5mm钢板铺面作为底模(钢板底部为厚度30cm的C20混凝土),钢板和混凝土底座采用膨胀螺栓固定,点焊后磨光机磨平,钢板上粘贴PVC板,作为最终底模。

③在混凝土底座中间设置对穿拉杆用以固定侧模底部。侧模要包底模,侧模间的连接缝以及侧模和台座的接缝均采用双面密封胶带封闭,确保不漏浆。侧模周边按1.2m间距设背

靠背[100×100带,连接外穿对拉拉杆,用于侧模上口的固定。立模前,侧模板面及底座上均匀涂刷液体石蜡,以便于脱模。模板涂刷石蜡后如不能立即浇注混凝土要用塑料薄膜进行覆盖。

④模板准备就位后对模板接缝处用双面胶粘贴密实,将模板固定在底座两侧的钢筋支撑上,均匀涂刷脱模剂,模板安装要有足够的强度和稳定性,安装模板前先在底模上用墨线标出盖板尺寸线,并注意盖板的斜交角度,并在模板内侧划出盖板设计尺寸线用以控制混凝土的浇筑施工。混凝土浇筑前应仔细核对预埋筋位置并用空压机清理模板内杂物。模板安装和钢筋制作同时进行,妨碍绑扎钢筋的模板待钢筋安装完毕后安装,避免模板变形。

(5)混凝土施工

①混凝土拌和及运输:混凝土的拌和应根据设计配合比调整施工配合比,搅拌机称量设备通过计量检验,做好校核,准确控制水灰比,保证混凝土的和易性。混凝土的拌和满足技术规范和设计图纸的要求。

②混凝土运输采用搅拌运输车,运输途中应以 2~4r/min 的速度进行搅动,混凝土的装载量约为搅拌筒几何容量的 2/3,运输时间保证在 30min 以内。

③从一端向另一端浇筑,并将合拢段定于长边约四分之一处。例如:长度 450cm 的盖板,从一端向另一端浇筑,当浇注至 380cm 时,从另一端反向浇注并与先浇注的 380cm 合拢。

④振捣均匀,采用 2 次振捣。采用插入式振动棒捣固,并派专人随时检查模板,发现松动、变形、移位现象及时处理。先用 50 型振捣器振捣一遍,再用 30 型振捣器振捣 1 遍,振捣完后,辅以钢筋、铁铲插边振捣,确保边角密实。

⑤混凝土浇注完毕后,对混凝土裸露面及时进行修整、抹平,待定浆后再抹第二遍并拉毛,以便新旧混凝土紧密结合。浇筑结束及时加覆盖物进行养生,防止裂缝产生。在夏、秋季及时覆盖白色无纺土工布并洒水养生,防止裂纹产生。在混凝土强度达到 2.5MPa 以上时,拆除侧模,在混凝土强度达到 70% 时吊出存放,并对构件进行标识,标注混凝土浇注日期及构件的部位、编号。

⑥拆模、起吊:根据气候条件及混凝土凝结硬化情况掌握拆模时间,拆模后养生到规定时间。达到设计强度的 80% 后,才可脱底模,分批分堆存放,分层堆放时上下层盖板顶之间采用 10cm×10cm 的枕木作为支点用两点搁支,枕木应摆放在盖板设计支点位置处,且堆放层数不宜超过 3 层。应特别注意上、下面的位置不得倒置。

⑦混凝土的修饰方法:对于不严重影响清水饰面混凝土观感的气泡原则上不进行修复,需修补时首先清除表面浮浆和松动的砂,用与混凝土同场别、相同强度等级的黑、白水泥调制成水泥浆体,并事先在样板墙上进行试配试验,保证水泥调制浆体硬化后颜色与清水饰面混凝土颜色一致。修复缺陷部位,待水泥浆体硬化后,用细砂纸将整个构件表面均匀地打磨光洁,并用水冲洗洁净,确保表面无色差。

⑧修复标准:混凝土墙面修复完成后,要求达到墙面平整、颜色均一,无大于 1.5mm 的空洞,无大于 0.2mm 的裂痕,错台部位小于 2mm。无明显的修复痕迹;以距离墙 3m 处观察,肉眼看不到缺陷为标准。

⑨安装:盖板吊装时如采用钢丝绳两端捆绑吊装,要在钢丝绳与盖板棱角接触部位垫 2cm 厚以上的柔软物,以免钢丝绳破坏棱角。运输时一定要小心垫稳垫实,以防运输过程中损坏;

在安装过程中如用撬杠等进行撬、别等要对盖板采取保护措施,避免混凝土表面、棱角受到破坏。盖板缝隙填塞之前要在板底固定缝隙底模,底模要确保牢固不漏浆,填塞混凝土前要做试验。细石混凝土可以掺加微膨胀水泥。如底面有色差或污染,在安装前应进行打磨清理,保证外观颜色一致。

4)注意事项

(1)安装时要确保稳定牢固地镶嵌在槽口内,且两边的地沟面也需平整稳定。

(2)预制时需选择标准尺寸进行设计施工,不得私自进行设计选择不同的尺寸。

3.4.2 检修道侧壁养护

1)养护工具

铁锹、水泥抹子、刮杠、溜槽、顶板。

2)养护材料

(1)水泥:水泥宜采用普通硅酸盐水泥、火山灰质硅酸盐水泥。当选用矿渣水泥时,应掺用适宜品种的外加剂;水泥应具有出厂合格证和检验报告单,进场后应取样复试合格,其质量符合国家现行标准的规定和设计要求。

(2)钢筋:

①钢筋出厂时应有产品合格证和检验报告单,钢筋的品种、级别、规格,应符合设计要求。钢筋进场时应抽取试件做力学性能检验,其质量必须符合现行《钢筋混凝土用钢》(GB/T 1499)等的规定。

②钢筋不得有严重的锈蚀、麻坑、劈裂、夹砂、夹层等缺陷。

③钢筋应按类型、直径、钢号、批号等条件分别堆放,并应避免油污、锈蚀。

④当发现钢筋脆断、焊接性能不良或力学性能显著不正常等现象时,应对该批钢筋进行化学分析或其他专项检验。

(3)砂:宜选用质地坚硬、级配良好的中粗砂,其含泥量不应大于3%。砂的品种、规格、质量符合现行《普通混凝土用砂、石质量及检验方法标准》(JGJ 52)的要求,进场后应取样复试合格。

(4)石子:石子最大粒径不得大于结构截面最小尺寸的1/4,不得大于钢筋最小净距的3/4,且不得大于40mm。其含泥量不得大于1%,吸水率不应大于1.5%。石子的品种、规格、质量应符合现行《普通混凝土用砂、石质量及检验方法标准》(JGJ 52)的要求,进场应取样复试合格。

(5)混凝土拌和用水:宜采用饮用水。当采用其他水源时,其水质应符合现行《混凝土用水标准》(JGJ 63)的规定。

(6)混凝土外加剂:外加剂应有产品说明书、出厂检验报告、合格证和性能检测报告,进场后应取样复试,其质量和应用技术应符合现行《混凝土外加剂》(GB 8076)和《混凝土外加剂应用技术规范》(GB 50119)的规定。有害物含量检测报告应由有相应资质等级的检测部门出具,并应检验外加剂与水泥的适应性。

3)养护方法

现浇沟管混凝土(侧壁)

(1)墙体钢筋绑扎前,应将预留插筋表面灰浆清理干净,并将插筋校正到位,如有位移时应按1:6坡度进行纠偏。钢筋绑扎应严格执行设计与施工规范的要求。

（2）墙体双排钢筋的固定：墙体双排钢筋净距通过定位架立筋控制，架立筋的间距不宜超过1000mm，并成梅花状摆放，架立筋端头不得直接接触模板面。

（3）钢筋保护层的控制：墙体钢筋保护层厚度符合设计要求。钢筋垫块绑扎时，每种不得少于一块，并呈梅花形布置；对于结构拐角及腋角等边角部位应适当增加数量。

（4）顶板钢筋铺放前，应将模板面所有杂物彻底清除，并在模板表面弹好钢筋轴线，依线绑扎。当顶板为双层筋时，两层筋之间须加设钢筋马凳。

（5）墙体混凝土浇筑前，应在底板接茬处均匀浇筑一层30~50mm厚与墙体混凝土同强度等级的水泥砂浆或小石子混凝土。

（6）顶板混凝土浇筑采用"赶浆法"施工。混凝土浇筑时呈阶梯形逐层连续浇筑，随浇筑随用平板振捣器振捣密实，平板振捣器的移动间距，应保证振捣器的平板覆盖已振实部分的边缘100~200mm。混凝土浇筑完毕先用木刮杠满刮一遍，再用木抹子搓毛，然后用铁抹子分三遍收光压实，最后一遍收光应在混凝土初凝前完成。

（7）现浇钢筋混凝土管沟的内模应待混凝土达到设计强度标准值的75%以后方可拆除，预留孔洞的内模，在混凝土强度能保证过梁和孔洞表面不发生坍塌和裂纹时，即可拆除。

4）注意事项

（1）现浇混凝土结构底板、墙面、顶板表面应光洁，不得有蜂窝、露筋、漏振等现象。

（2）墙和顶板的伸缩缝应与底板的伸缩缝对正贯通。

（3）为防止混凝土出现烂根现象，除对接茬处应进行彻底凿除浮浆并用水充分湿润外，模板应严密不跑浆。

（4）应根据现浇钢筋混凝土管沟的部位、强度要求和气温情况，严格控制拆模时间。

3.5　排水设施养护

3.5.1　截、排水沟养护

1）养护工具

铁锹、扫帚、手推车、水泥抹子。

2）养护材料

（1）砂浆

具体要求参照本章3.2.1边沟养护。

（2）石料

具体要求参照本章3.2.1边沟养护。

3）养护方法

（1）清理

①检查现场，根据现场情况确定清理方案（含弃土场），确定清除步骤，拟定处置方案。

②按照清理方案彻底清除边沟内杂物，保证边沟排水设施无淤塞、无蒿草，排水畅通，保证隧道、路面不积水和边沟内不长期积水。

③将清理的杂物用推车装好,至弃土场丢弃。
④清理施工现场。
(2)修复
①按照设计要求,排水工程沟身采用人工开挖、C20 素混凝土浇筑的施工方案,混凝土集中拌和。
②截、排水沟尽可能平顺,不出现反坡,必要时可采用沟底加厚垫层或局部浅层开挖方式来确保排水沟底纵坡。
4)注意事项
(1)截、排水沟浇筑前首先完成沟槽的清基整平、夯实。
(2)浇筑截、排水沟混凝土做到先底板后侧面原则,混凝土捣固密实不出现蜂窝、麻面,同时注意设置伸缩缝。

3.5.2 沉沙井、检查井及纵向排水沟养护

1)养护方法
(1)清理:对需拆除的沉沙井、检查井及纵向排水沟内部进行认真检查,对有污水、垃圾及其他地方进行彻底清除,以保证内部结构无破损,水流畅通。
(2)防渗堵漏:在清理过程中发现的渗点漏点,根据其渗漏的现状,分析其渗漏可能的原因,找出漏点、漏处,并立即采取相应的防渗堵漏措施使排水系统正常运行。
2)注意事项
(1)沉沙井、检查井及纵向排水沟疏通宜采用专业疏通机械实施水力清通。
(2)沉沙井、检查井及纵向排水沟内淤泥、沙的清掏,宜采用机械工具实施清理,如采用人工清理时,应采用专用清掏工具。

3.6 吊顶及预埋件养护

1)养护工具
喷砂枪、气泵、回收装置、喷漆枪、喷漆气泵、胶管、铲刀、手砂轮、小压缩机、油漆小桶、刷子、酸洗槽、空压凿刀、角磨机、平锉刀、抹布或棉纱和附件等。
2)养护材料
油漆、砂布、钢丝刷、棉纱。
3)养护方法
(1)除锈
①手工除锈
a.确定设施需做除锈处理的具体部位,对于螺栓、螺母等固定件,不作除锈要求;
b.对于可敲击除锈的设施,用空压凿刀的平头敲击,去除严重锈块和锈瘤;
c.采用粗硬毛的钢丝刷或 3 号粗铁砂布对除锈表面进行打磨;
d.对于设施的边角部位,采用钢丝刷或平锉刀等工具进行处理;
e.用抹布或棉纱清理除锈后的设施,保持表面的清洁;

f. 除锈处理后,必须尽快涂刷头道底漆,一般不允许超过4h,更不允许过夜。
②动力除锈
a. 使用粗硬毛的机械钢丝刷、砂轮或纸制砂轮,对设施的表面进行对角打磨,且应使打磨的表面尽可能粗糙;
b. 对于设施的边角部位,采用角磨机、钢丝刷或平锉刀等工具进行处理。
其他方法与手工除锈相同。
(2)涂刷油漆
①新刷油漆
a. 油漆施工前,对涂刷设施的周围或下部无须涂刷此涂料的部位,要施以一定的保护措施,如铺垫、包裹等,防止因涂料四溅造成的污染;
b. 上层油漆施工前,必须严格按照不同油漆标准,等底层漆膜表面彻底干后再刷,但不应间隔时间过长,使油漆层间的附着力下降;
c. 根据施工要求涂刷油漆,漆膜厚度应达到要求标准;
d. 除钢结构支架地脚螺栓、螺母外,其他设施螺栓、螺母严禁刷漆;
e. 所刷漆部位与其他设施之间,以及不同颜色油漆的设施之间,应有明显、整齐界限;
f. 质检人员对涂刷油漆质量、所刷设施现场卫生情况等进行严格巡检与验收。
②油漆修补
a. 油漆施工前,清除旧油漆表面的灰尘、污渍等,保持表面的清洁;
b. 对于被油严重污染区域,应用洗涤剂处理,当用洗涤剂处理10min后,表面必须用清水冲洗,保持表面的干净;
c. 油漆施工前,表面必须保持干燥,特别是清洗后的油漆表面;
d. 对于旧油漆表面锈点,应把锈点及周围1cm处彻底清除干净,看到金属本色;
e. 如果旧漆面坚硬,且有光泽,应先用砂纸拉毛表面,对表面进行清理后再刷漆;
f. 对于旧油漆表面除锈部位,应补刷相应底漆、中间漆,最后整体统一涂刷面漆。
4)注意事项
(1)防腐涂装作业场地应有安全防护措施,有防火和通风措施,防止发生火灾和人员中毒事故。
(2)露天防腐施工作业应选择适当的天气,大风、遇雨、严寒等均不应作业。

3.7 内装饰养护

3.7.1 瓷砖清洁与养护

1)养护工具
水泥抹子,水桶,铁锹。
2)养护材料
(1)瓷砖
隧道镶贴瓷砖的材质应与原墙面瓷砖相仿,保证效果一致。

(2)砂浆

①砂浆等级应符合图纸规定或工程师要求。砂浆等级系指70.7mm×70.7mm×70.7mm标准立方体试件,在温度20℃±3℃、相对湿度不小于90%中养生28d,经抗压试验的极限抗压强度,以MPa表示。

②砂浆所用水泥的强度等级应符合图纸要求及《公路桥涵施工技术规范》(JTG/T 3650—2020)的有关规定。

③砂浆用砂宜选用中砂。砂的含泥量一般不应超过5%,强度等级为M2.5的水泥混合砂浆,砂的含泥量不应超过10%。

④除非图纸上另有标明或养护工程师指示,勾缝砂浆对于主体工程和附属工程不低于M10级,且均不低于砌筑砂浆等级。

3)养护方法

(1)清洁:隧道清洗车清洗作业

①清洗车、水车及相关设备就位且运转正常。

②调整清洗刷与隧道内饰面贴合。

③毛刷旋转,喷水嘴喷水清洗作业开始。

④人工辅助清洁狭小部位。

(2)修复

①铺砌前将瓷砖放入半截水桶中浸水湿润,晾干后表面无明水时,方可使用。

②找平层上洒水湿润,均匀涂刷素水泥浆(水灰比为0.4~0.5),涂刷面积不要过大,铺多少刷多少。

③结合层的厚度:一般采用水泥砂浆结合层,厚度为10~25mm;铺设厚度以放上面砖时高出面层高程线3~4mm为宜,铺好后刮平,再用抹子拍实找平(铺设面积不得过大)。

④结合层拌和:干硬性砂浆,配合比为1∶3(体积比),应随拌随用,初凝前用完,防止影响黏结质量。干硬性程度以手捏成团,落地即散为宜。

⑤铺贴时,砖的背面朝上抹黏结砂浆,铺砌到已刷好的水泥浆:找平层上,砖上棱略高出水平高程线,找正、找直、找方后,砖上面垫木板,用橡皮锤拍实,顺序从内退着往外铺贴,做到面砖砂浆饱满、相接紧密、结实,与地漏相接处,用云石机将砖加工成与地漏相吻合。铺地砖时最好一次铺一间,大面积施工时,应采取分段、分部位铺贴。

⑥拨缝、修整:铺完二至三行,应随时拉线检查缝格的平直度,如超出规定应立即修整,将缝拨直,并用橡皮锤拍实。此项工作应在结合层凝结之前完成。

⑦勾缝、擦缝面层铺贴应在24h后进行勾缝、擦缝的工作,并应采用同品种、同标号、同颜色的水泥,或用专门的嵌缝材料。

a. 勾缝:用1∶1水泥细砂浆勾缝,缝内深度宜为砖厚的1/3,要求缝内砂浆密实、平整、光滑。随勾随将剩余水泥砂浆清走、擦净。

b. 擦缝:如设计要求缝隙很小时,则要求接缝平直,在铺实修好的面层上用浆壶往缝内浇水泥浆,然后用干水泥撒在缝上,再用棉纱团擦揉,将缝隙擦满。最后将面层上的水泥浆擦干净。

⑧养护铺完砖24h后,洒水养护,时间不应小于7d。

4)注意事项

(1)铺贴前,瓷砖往往需要在净水内浸泡20～30min,滤去水分后才可进行铺贴,否则铺贴好后水分蒸发瓷砖轻易起翘。

(2)铺贴所用水泥标号应为低标号,水泥厚度不要过大,一般不大于5mm。

(3)验收时应留意瓷砖必须牢固,无空鼓、无裂痕,不得有歪斜、缺棱掉角等缺陷。

3.7.2 防火涂层养护

1)养护工具

磨机、砂轮机、高压清洗设备、防火涂料喷涂机。

2)养护材料

耐火极限≥3h;

干密度≤620kg/m³;

表干时间≤10h;

抗压强度≥0.5MPa;

黏结强度≥0.2MPa;

耐酸型≥24h;

耐碱性≥24h。

3)养护方法

(1)隧道防火涂料施工前,对隧道衬砌基层表面应进行的处理

①对基层表面的蜂窝、孔洞、缝隙、渗漏等缺陷,应进行修补处理,错台处应做成平滑状,凸块应凿除,基面应基本平整。

②用角磨机、砂轮机、砂纸等清除基层的疏松层、浮灰、浮尘、旧涂料、油污和污渍等杂物。

③基层应用高压水(自备设备)冲洗干净。

④基体应充分润湿且基层表面不得有明水。

⑤如基底表面光滑应将其表面打毛或喷涂打底料(喷涂厚度2～3mm),使其形成粗糙面。

⑥将隧道内有影响的设备进行临时保护或拆除并放至安全位置。

(2)涂料的配制

①打底的第一层隧道涂装涂料应内掺可再分散乳胶粉,或外掺配套专用的聚合物乳液,配制前,配套用的聚合物乳液应先搅拌均匀。

②计量应按产品说明书的要求进行,不得随意改变配合比。

③隧道涂装涂料的拌制应采用机械搅拌。搅拌器具应清理干净。拌制时先投隧道涂装涂料干粉,然后倒入乳液和水搅拌均匀。拌制时间应不低于10min,并静止10min,再搅拌3min后方可喷涂施工。拌制好的材料应色泽均匀,无结块、粉团。在喷涂施工过程中,应不时地搅拌涂料,因此推荐使用双层搅拌机。不得向已拌制好的涂料中另外加水。

④拌制好的隧道涂装涂料宜在产品规定的时间(1h左右)内用完。当气温高、湿度小或风速大时,宜在30～45min内用完。切忌存放时间过长,造成涂层的黏结力下降而影响施工质量。喷涂过程中散落回弹的涂料不得回收利用,污染和超过规定时间的涂料不能

再用。

(3) 涂料喷涂施工

①涂装涂料施工采用专用机械设备,喷涂设备应能连续、均匀地把涂料喷涂到基层上。

②涂装涂料涂层厚度应符合设计规定,并应通过多次喷涂达到设计厚度。后一层涂料的施工应待前一层表干后进行,在室温下每层喷涂施工的间隔时间宜在12h以上(涂料表面干燥的时间与气温及涂层厚度有关)。各层应黏结牢固。

③涂装涂料喷涂第一层时,喷涂厚度宜控制在3~4mm,并确保第一层涂装涂料与基面黏结可靠。第二层、第三层甚至第四层喷涂时每层的厚度控制为4~6mm,直至满足设计的涂装涂层厚度要求。每层喷涂太厚会影响涂料的黏结力。下层涂料喷涂施工前,先喷雾将上层涂料润湿,不得用压力水或洒水浇灌。

④涂装涂料施工时要求喷涂均匀,无漏涂,基本无色差,无流挂、结块,喷涂面要求平整。在喷涂前两层过程中对局部缺陷应及时采取措施改进,以使喷涂表面平整。交叉作业时,应协调先后工序及防护工作。喷涂施工宜从隧道腰部向顶部(从下而上)进行。

⑤涂与涂抹宜相结合。喷涂施工时,喷枪的喷嘴应垂直于基面,合理调整压力、喷嘴与基面距离。因喷涂表面不够光滑,所以在最后一次喷涂完后,立即用涂料进行手工补填、压实、修整、抹平,使涂层表面平整光滑,并使其达到设计厚度。如遇气泡应挑破压实,保证涂抹密实。如有损伤,应及时修补。抹平、压实应在初凝前完成。基层喷涂完工后,其表面要求平整、光滑、洁净,且呈色泽均匀的颗粒状表面。在基层基本干透成型后方可进行表层的饰面施工。

⑥涂装涂料施工期间及施工后的24h内,环境温度不应低于5℃,湿度不应大于80%。在极度干燥的条件下,应创造必要养护条件,防止涂层失水过快而开裂。

⑦施工结束后,应及时将施工机具清洗干净。

⑧隧道涂层施工达到设计厚度且终凝后应进行7d保湿养护,初始宜采用喷雾养护,后期可喷洒清水养护,然后自然养护21d。养护期间,不得受冻并应防止碰撞和用水冲刷。

(4) 隧道涂装涂层表面饰面施工

①施工涂层硬化后,一般与涂装涂层施工完毕相隔7d,方可按设计要求喷涂饰面涂料,一底二面。

②装饰要求高时(特别是衬砌边墙),涂装涂层表面要用腻子找平,表面不平整时还应用砂纸打平。

③装饰涂料的施工要求按产品说明书和国家现行有关标准进行。

4) 注意事项

(1) 粉刷宜在春秋季的干燥时节进行,需要保持良好的通风。

(2) 一般是刷3遍,第一遍刷过以后慢慢晾干,然后再刷一遍,再晾干,再刷一遍晾干就可以了。

3.8 交通标志标线养护

1) 养护工具

尺子、电锤、胶枪。

2）养护材料

环氧树脂、固化剂、水泥、胀锚螺栓。

3）养护方法

(1) 更换突起路标

①突起路标按图纸指示的地点设置,设置时路面面层干燥清洁、无杂屑。首先用路锥封锁施工现场,施工人员身穿反光衣,路锥摆放严格按照《公路养护安全作业规程》(JTG H30—2015)执行。施工现场应有安全员指挥交通安全。

②放线确定安装位置,保证各位置纵向在一条直线上,同时横向左右对齐,安装距离以设计要求为准。

③路面要干燥,并用钢刷刷去地面浮灰。

④用直径为16mm的电锤钻孔,孔的深度大于路标的钉脚高度1cm。钻完孔后把钻出的浮灰吹干净。

⑤胶的配比为,环氧树脂比固化剂1:1,然后加10%~30%的水泥作填充剂。每一次拌胶大约为3kg,胶体要搅拌均匀,色泽一致。

⑥施工时,人员不能用手拿镜面,只能拿两侧,以免弄脏反射器。

⑦安装时路面要清扫干净,用胶要适中,既粘牢路标底面,又不要溢出太多,溢出太多就易弄脏反射器;反射器前部如有胶溢出,应小心刮去,粘好后左右转动两下,以便胶能更均匀地粘贴地面和道钉体。

⑧安装后要清理路面杂物。

(2) 安装附着式轮廓标

附着式轮廓标安装在钢护栏托架连接螺栓上,或用胀锚螺栓固定在墙式护栏上。标志安装后位置准确、结构完好、固定牢固、反光效果良好。

(3) 安装百米牌

百米牌锈蚀严重或丢失时要及时进行补充和更换。百米牌安装在钢护栏托架连接螺栓上,或用胀锚螺栓固定在墙式护栏上。安装后位置准确、结构完好、固定牢固。

(4) 压水清洗

①高压水设备运转正常,水源充足,操作人员劳动保护得当。

②根据轮廓标、百米牌、标志标线的实际情况,选择合适的喷水压力及喷射距离和角度。

③人工辅助擦拭未清洁彻底的部位。

4）注意事项

(1) 隧道的交通标志应保持外观完整、清晰、醒目,保持位置、高度和角度适当,确保交通信息传递无误。

(2) 及时清洗标志牌面的脏污,清除遮挡标志的障碍。

(3) 及时修补变形、破损的标牌,修复弯曲、倾斜的支柱,紧固松动的连接构件。

(4) 对锈蚀损坏、老化失效的标志,应及时更换,缺失的应及时补充。

(5) 隧道的交通标线应保持完整、清洁和醒目。及时清洗脏污和杂物,及时紧固松动的路标,发现损坏或丢失的,应及时修复或补换。

3.9 路面养护

1)养护方法

(1)车辙的处治措施是铣刨掉表面一定深度并清扫干净,洒黏层油用沥青混合料铺筑,周围接茬处烙平。

(2)裂缝的处治措施:轻微网裂,清洁表面后刷油或者小面积喷油封面。如果是基层冻缩、干缩引起的纵横裂缝则要清洁缝隙,热油灌缝或用炒拌沥青砂或沥青混合料填缝,捣实、烙平缝口、撒砂、扫匀。

(3)坑槽的处治措施一般是开槽修补,应当注意开槽整齐,槽壁垂直,槽底坚实,均匀涂刷黏层油,填补沥青混合料,整平压实,补部分稍微高出原路面,烙平四周。

(4)脱皮的处治措施需要清除脱落或松动的面层,加洒黏层油,重铺面层或重新罩面。

(5)松散的处治措施,首先收集好松散料,待气温上升时,重新撒铺压实,或用喷油封面、乳液封面。

2)注意事项

路面上的垃圾杂物要得到及时清理,保证公路车辆的行车安全。

第4章　保洁及防雪除滑

4.1　保　　洁

1）养护工具
扫帚、铁锹、手推车、抹布、水桶。
2）养护方法
(1)对隧道内卫生进行清扫。
(2)对隧道内标志标牌进行清洁。
3）注意事项
(1)清扫时注意过往车辆。
(2)清扫产生的垃圾要及时处理,防止二次污染。

4.2　防雪除滑

1）养护工具
除雪板、铁锹、扫帚。
2）养护材料
融雪剂。
3）养护方法
(1)防雪
以物理除雪为唯一方式,采用机械刮雪并倒运残雪,人工配合清理相结合的综合除雪防滑方法。
(2)除冰
①及时清除洞内隧道渗水导致的洞顶挂冰、路面积冰。
②及时撒布融雪剂,确保道路行车安全。
4）注意事项
下雪后要尽快完成除雪,除雪防滑标准为小雪12h内除净;中雪24h内除净;大雪48h内除净;暴雪72h内除净。

第5章 隧道标准化建设

依据辽宁省高速公路运营管理有限责任公司的要求,结合隧道现场的实际情况,针对隧道各项进行标准化建设。

5.1 隧道标准化改造项目

5.1.1 洞门反光标识

(1)位置:隧道入口;
(2)材质:铝板;
(3)优点:夜间对过往车辆警示明显、醒目;
(4)工艺:将原削竹式洞口的花岗岩贴面全部清除后表面找平,再进行锚固粘贴铝板反光膜(图2-5-1)。

5.1.2 洞门粉刷

(1)位置:隧道出口;
(2)材质:专用涂料;
(3)优点:美观,延缓洞门受腐蚀过早损坏;
(4)工艺:隧道出口处清除花岗岩,涂刷专用涂料(图2-5-2)。

图2-5-1 洞门反光标识

图2-5-2 洞门粉刷

5.1.3 洞外路灯防护罩

(1)位置:隧道出入口;
(2)材质:防腐漆;
(3)优点:统一、美观;
(4)工艺:涂刷蓝色乳胶漆(图2-5-3)。

5.1.4 洞外路灯杆

(1)位置:隧道出入口;
(2)材质:防腐漆;
(3)优点:防腐、降低维护成本、提高生命周期;
(4)工艺:对路灯杆进行除锈,并对路灯杆刷白色漆进行防腐(图2-5-4)。

图2-5-3 洞外路灯防护罩　　　　　图2-5-4 洞外路灯杆防腐

5.1.5 洞外路灯杆粘贴反光膜

(1)位置:隧道出入口;
(2)材质:常温压敏胶;
(3)优点:对过往车辆具有警示作用,醒目;
(4)工艺:距离地面0.75m开始粘贴,每隔15cm粘贴一道反光膜,共贴四道反光膜(图2-5-5)。

5.1.6 洞外路灯基础

(1)位置:隧道出入口;
(2)材质:混凝土;
(3)优点:提高路灯杆底座强度,防止路灯杆倾斜;
(4)工艺:混凝土浇筑(图2-5-6)。

图 2-5-5　洞外路灯杆粘贴反光膜　　　　　图 2-5-6　洞外路灯基础

5.1.7　紧急电话平台

(1)位置:隧道出入口;
(2)材质:花岗岩;
(3)优点:外表美观,防止风化,耐腐蚀;
(4)工艺:镶嵌花岗岩底座(图 2-5-7)。

5.1.8　消防箱

(1)位置:隧道内;
(2)材质:铝合金;
(3)优点:防锈,牢固,防火;
(4)工艺:消防箱规格为 1890mm × 1180mm,每 50m 安装一个(图 2-5-8)。

图 2-5-7　紧急电话平台　　　　　图 2-5-8　消防箱

5.1.9　井盖防护罩

(1)位置:电缆井及消防井;
(2)材质:铝;

(3)优点:外表美观,防止电缆沟进水长时间浸泡电缆,造成机电设施无法正常工作及冬季上冻影响维修;

(4)工艺:井盖涂上黄黑相间的条纹,预防生锈(图2-5-9)。

5.1.10　检修道盖板

(1)位置:检修道;

(2)材质:耐火树脂;

(3)优点:搬运轻便、防火、无缝隙、便于维护,外表美观;

(4)工艺:颜色为绿色,盖板上印有"辽宁高速"字样(图2-5-10)。

图2-5-9　井盖防护罩

图2-5-10　检修道盖板

5.1.11　检修道侧墙面

(1)位置:隧道入口50m;

(2)材质:花岗岩;

(3)优点:外表整洁,易清洗,耐风化、盐腐;

(4)工艺:立墙面规格600mm×500mm(图2-5-11)。

图2-5-11　检修道侧墙面

5.1.12 玻璃格栅沉沙井盖

(1)位置:封盖尘沙井;
(2)材质:FRP;
(3)优点:轻便,美观,排水量大,抗压;
(4)工艺:沉沙井规格,900mm×320mm,颜色为黄色,网格状,醒目(图2-5-12)。

5.1.13 隧道风机

(1)位置:隧道顶部;
(2)材质:防腐漆;
(3)优点:防腐、降低维护成本、提高生命周期;
(4)工艺:对风机进行除锈,并对风机涂刷银色漆进行防腐(图2-5-13)。

图2-5-12 玻璃格栅沉沙井盖

图2-5-13 隧道风机防腐

5.1.14 电缆桥架防腐

(1)位置:隧道内;
(2)材质:防腐漆;
(3)优点:防腐、降低维护成本、提高生命周期;
(4)工艺:对电缆桥架进行除锈处理,并对电缆桥架涂刷银色漆进行防腐(图2-5-14)。

5.1.15 波纹护线管

(1)位置:电缆沟内;
(2)材质:黑色螺纹软管;
(3)优点:防水,防漏电,对电缆起到保护作用;
(4)工艺:规格$\phi 40mm$纹软管包裹(图2-5-15)。

图 2-5-14 电缆桥架防腐

图 2-5-15 波纹护线管

5.2 工区管理规范化标准

为了进一步提升辽宁省高速公路隧道养护管理的整体形象,提高隧道养护队伍的专业水平,运营公司对全省高速公路隧道养护工区实行规范化管理,旨在提升养护队伍的整体形象,完善养护管理制度,健全养护管理体系,切实发挥养护单位的管理职能,打造一支素质过硬、反应迅速、能打硬仗的辽宁高速养护队伍。现对养护工区管理规范化提出如下要求。

5.2.1 养护工区名称统一

(1)养护工区名称:全省养护工区名称统一由工区所对应分公司名称确定,如"丹东工区"名称由来为"丹东分公司"等。隧道专业化养护一期项目牌匾形式由项目名称+工区名称组成。

(2)其他要求:各工区在办公楼外墙或楼顶粘贴或悬挂养护单位名称,统一制作为公司徽标+养护公司简称,如"辽宁大通",如图2-5-16、图2-5-17所示。因部分工区与收费站共用办公地点,此项不做硬性要求。

图 2-5-16 养护工区名称统一(1)

图 2-5-17 养护工区名称统一(2)

5.2.2 场区外部管理

(1)场区管理:养护项目部及养护工区场区规划合理,办公区域及场区保持整洁、无垃圾杂物,环境优美;在场区适当位置施划停车标线,规范养护作业车辆停放。

(2)库房管理:严格按照养护材料种类进行分区,码放整齐,库房整洁。库房内部可设置统一的货架摆放材料,在货架上设置标识牌,标记有库存材料的名称、规格等信息,如图2-5-18、图2-5-19所示。库房中有库存材料出入库台账,随时领用,随时填写。

图2-5-18 场区库房管理(1)

图2-5-19 场区库房管理(2)

5.2.3 办公区域内部管理

1)养护工区人员配备

养护工区是养护总部下设分支机构,养护工区根据招标文件及实际情况设置1名工区主任,配备必要的专业工程师、安全员、内业员、养护工等,可按照作业内容不同划分为土建、机电等作业班组。养护工区主要负责所辖范围内养护工程管理及养护技工、养护工人等管理。

2)办公室设置及办公用品配备

养护工区办公区应设工区主任室、各专业养护工程师室、会议室等至少3个以上办公场所,如办公条件允许,可设置资料室、活动室等。各办公室门旁应安装如"工区主任""土建部""机电部""综合办公室"等办公室铭牌,如图2-5-20、图2-5-21所示。

图2-5-20 办公室陈设

图2-5-21 办公室铭牌

养护工区应根据各自的办公场所,隔离规划办公区域、休息区域、食堂、活动室等。办公区域要求每个项目部统一配置足够数量的办公桌椅、卷柜、电脑、复印机、办公用品等,保证养护管理工作的正常开展。

5.2.4 生活区间管理

按照使用需求，设置寝室、食堂、卫生间、洗浴间等，要保证使用功能、保持卫生清洁、保证水电煤气等安全，如图 2-5-22、图 2-5-23 所示。

图 2-5-22　食堂　　　　　　　　　　　　　图 2-5-23　寝室

5.2.5 上墙制度表管理

（1）养护工区门厅：企业宣传图版、养护工区总平面布置图，如图 2-5-24、图 2-5-25 所示。

图 2-5-24　养护工区总平面布置图　　　　　图 2-5-25　企业宣传图版

（2）养护工区走廊：企业文化宣传，如图 2-5-26、图 2-5-27 所示。

（3）养护工区会议室：组织机构框图、安全组织机构框图等，如图 2-5-28、图 2-5-29 所示。

5.2.6 内业资料管理

养护内业资料要求合同期内存档，卷柜中摆放近一年资料，统一装订成册，按时间、隧道名称建立"一隧一档"存放在档案盒中（档案盒侧标明内容），整齐摆放在卷柜内，其他年份资料可存放在资料室（如有），或存放在卷柜下部封闭区间，按年份、类型整齐摆放。内业资料至少保存 5 年。

图 2-5-26　企业文化宣传(1)

图 2-5-27　企业文化宣传(2)

图 2-5-28　组织机构框图

图 2-5-29　安全组织机构框图

5.2.7　人员着装管理

养护工区所有管理人员服装统一,佩戴胸卡,上面标注企业名称、项目名称、姓名、部门、岗位等,并有本人 2 寸照片,背面为企业标志。

养护作业人员要严格按照相关要求,必须穿着统一工装,佩戴反光效果明显的背心,作业时要佩戴安全帽;养护作业服要保持清洁、定期清洗、按年头定期更换。

5.2.8　其他要求

(1)各工区应按照办公、生活区域实际面积在指定地点摆放相应公斤数量的灭火器,走廊、楼道应设置应急疏散指示标志。

(2)在办公室、寝室、食堂等门上、电源插座上方粘贴安全防盗、防火负责人标识。

(3)在电源开关、水龙头上方应粘贴"节约用电""节约用水"等温馨提示。

(4)在办公室、寝室等地方可摆放盆栽、绿植等,增加美感的同时营造出一个良好的工作环境。

第三篇
养护管理及应急处置

第1章 隧道养护责任管理

为适应新的形势要求,促进全国高速公路养护管理事业又好又快发展,更好地服务于国民经济发展,服务于群众安全便捷出行,重点是加强隧道养护管理工作,全面落实隧道养护的技术政策和管理制度;加强养护、巡查、检测和隐患排查等工作,并及时采取现场监管和交通管制等措施,确保隧道运营安全。加大桥隧养护从业人员的培训力度,研究建立桥隧养护从业人员资格制度,加大预防性养护力度,树立全寿命周期养护成本理念,保持高速公路设施良好的技术状况,确保路网的通行能力和服务水平。

1.1 隧道养护组织管理

组织管理是通过建立组织结构,规定职务或职位,明确责权关系,以使组织中的成员互相协作配合、共同劳动,有效实现组织目标的过程。同样,隧道养护组织管理,应该使隧道养护管理者明确组织中工作内容,工作人员,责任范围,权力,与组织结构中上下级的关系如何。只有这样,才能避免由于职责不清造成执行中的障碍,才能使组织协调地运行,保证组织目标的实现。

1.1.1 管理制度

1)国家"统一领导,分级管理"

《公路隧道养护管理制度》(以下简称"制度"),针对现阶段隧道养护中存在的养护责任主体不清、行业监管不力的情况,在总则和管理责任划分章节中明确了高速公路隧道养护管理实行"统一领导,分级管理"的管理体制。

国道、国家高速公路网、省道的隧道养护管理,均受交通运输部的监督。交通运输部负责全国高速公路隧道养护管理工作的行业管理与监督。"制度"要求县级以上交通主管部门、高速公路管理机构等管理单位,应高度重视隧道养护管理工作,要严格执行隧道养护管理的各项规章制度,采取科学有效的管理手段和技术措施,对所管辖的高速公路隧道及时组织实施检查、检测和养护维修,确保高速公路畅通和隧道安全。

2)省隧道养护管理二级负责制

辽宁省高速公路隧道养护管理按"统一领导,分级管理"的管理体制,实行省运营公司和工区分公司负责制度。高速公路管理机构根据上级主管部门确定的职责,明确负责隧道养护管理工作的分管行政领导和具体技术人员,保证隧道养护管理的各项职责得以贯彻落实。上级高速公路管理机构对下级高速公路管理机构具有监管职责。

3) 养护工程市场化
(1) "制度"要求

随着高速公路隧道养护运行机制改革的推进,养护工程逐渐市场化,其管理方式也发生新的转变。根据《公路养护工程管理办法》和《公路隧道养护技术规范》(JTG H12—2015)中的有关要求,按照"管养分离、事企分开"的原则,从隧道养护工程的组织实施、招投标、规范养护工程市场、施工管理、信息报送等方面,"制度"对交通主管部门、隧道管养单位、养护工程施工单位提出了不同的要求。

(2) 辽宁省隧道养护工程市场化

目前,辽宁省隧道管养单位,隧道大修、改建工程,已全部推向市场化,实行了项目法人负责制、工程招投标制、合同管理制的"四制"管理模式;隧道中修工程,基本推向市场化;隧道小修保养工程逐步推向市场化。

1.1.2 管理责任

1) 确立责任主体

省级交通主管部门根据"事权一致、责任清晰"的原则,按照监管单位和管养单位进行划分,确立了各级交通主管部门、高速公路管理机构经营单位作为行业管理和隧道养护的责任主体,强化了各部门相应的管理责任和资金保障责任。

"制度"要求高速公路隧道养护管理的管养单位是指具体承担高速公路隧道养护管理任务的有关高速公路管理机构、专门的隧道养护管理单位。

2) 省运营公司及分公司二级高速公路隧道管理制度

(1) 省运营公司高速公路职责

①监督检查全省隧道养护工作,考核分公司管辖隧道养护管理工作。
②负责组织复核检查技术状况为四类、五类的隧道,制订隧道养护工程计划。
③组织实施隧道的加固改造工程。
④负责处治隧道的安全与质量事故。
⑤负责全省隧道的技术档案管理。
⑥负责全省隧道养护技术人员的业务培训工作。

(2) 分公司职责

①制订本辖区隧道养护管理工作制度,监督、考核运营公司隧道养护管理工作。
②负责隧道突发事件的处理。
③负责隧道定期检查工作与隧道技术状况的评定工作,组织实施隧道专项检查工作。
④负责上报隧道养护工程建议计划,组织实施隧道中修、大修、改建工程。
⑤负责隧道技术档案的补充、完善和保密工作,以及隧道养护管理信息数据的更新和维护工作。
⑥负责辖区内隧道养护技术人员的业务培训工作。

3) 责任划分

"制度"规定高速公路隧道管养单位疏于养护管理,不按相关规定准确掌握隧道技术状况,或未及时采取相关措施,而导致的隧道安全事故,由管养单位承担主要责任,监管单位承担监管责任。负责高速公路隧道养护经费的投资决策单位未根据隧道技术状况和管养要求安排相应投资而造成的隧道安全事故,由投资决策单位和具体管养单位共同承担主要责任,监管单位承担监管责任。

"制度"要求省级交通主管部门应结合本地实际,制订隧道安全事故责任追究制度。高速公路隧道管养单位和监管单位必须明确负责隧道养护管理工作的分管行政领导和具体技术人员,保证隧道养护管理的各项职责得以贯彻落实。

1.1.3 养护组织

为适应越来越多的隧道管理和频繁的养护维修任务,应建立科学合理的组织形式,明确参与养护工作各机构的职责、权利和义务。隧道管理应予养护实施的体系中分离开来,借助市场化运作,建立专业的有资质的独立养护公司和检测机构,以便获得足够的养护资金,并使得资金发挥有效的作用。

1) 监管单位

监管单位是指依照有关规定,主管隧道养护管理工作的省运营公司。职能是行业管理和监管。

2) 管养单位

管养单位指具体承担高速公路隧道养护管理任务的有关高速公路管理机构、专门的隧道养护管理单位经营管理单位。职能是实施隧道经常检查、小修保养,组织定期检查、大中修及改建工程。

3) 工程单位

工程单位指具有相应资质和能力的检测、监控和施工单位。工程单位宜通过竞争产生,也应保证养护工作的连续性。

1.2 隧道养护工程师制度

高速公路隧道养护管理专业性强,技术含量高,隧道养护工程师作为隧道养护措施的制订者和实施者,是保障隧道养护质量优良的关键。"制度"把隧道养护工程师制度作为技术工作制度在总则中明确。按照监管单位和隧道管养单位对隧道养护工程师的职责进行了规定,明确了隧道养护工程师基本任职条件和定期培训考核的要求。"制度"的执行中,有些问题需要进一步探讨和完善,以更好地推进隧道养护工程师制度的执行。

1.2.1 隧道养护工程师制度

1) 隧道养护管理的技术工作实行隧道养护工程师制度

我国隧道养护管理的技术工作实行隧道养护工程师制度。隧道养护工程师和有关技术人员应按照《公路隧道养护技术规范》(JTG H12—2015)的要求和规定,及时、全面掌握隧道技术状况,保障隧道安全运行。各级高速公路管养单位应设置专职的隧道养护工程师,并保持其人员的相对稳定。

2)隧道养护工程师数量设定

目前高速公路隧道设施科技含量今非昔比,从建设原材料,到施工工艺,再到后期的管养,已不是靠单纯的"吃苦"就能"摆平"的事,需依靠深厚的专业知识才能驾驭。因此,各级隧道养护工程师的设置标准及相关要求,需要在实践中研究、探讨,并不断完善。

"制度"规定按监管单位和隧道管养单位设隧道养护工程师,没有具体规定设置数量。省运营公司应考虑辖区高速公路养护里程,即有隧道基本情况,按隧道管养数量或工作性质设一定数量的隧道养护工程师。

3)隧道养护工程师任职与履职

"应设置专职的隧道养护工程师,并保持其人员的相对稳定"。各级高速公路管理机构经营管理单位和隧道养护管理单位难以真正实现这一看似简单的规定,受传统观念"养护不出成果"的影响,单位内能够满足任职条件的多数从事工程或其他职业,资质较高的都有重要岗位,真正从事养护岗位的有些只能是兼职。基层管养单位多数能满足任职要求,有的单位没有隧道工程师,有的难以到岗,在岗的达不到资质要求。目前,各级隧道养护工程师在任职与履职上存在缺陷与不足,主要是管理机制和运行体制造成的。仅靠部门行为难以真正达到专职和相对稳定,"隧道养护工程师"应被社会所承认,从业者需经人事部门考察备案,社会上建立隧道养护工程师责岗相适应的职位。

1.2.2 隧道养护工程师的职责

1)隧道养护工程师的主要职责

"制度"按照监管单位和隧道管养单位对隧道养护工程师的职责进行了规定。

(1)管养单位隧道养护工程师职责

①主持隧道的经常检查与评定,负责组织隧道的定期检查与评定,并根据检查结果编制并上报养护维修建议计划,提出须进行专项检查的隧道的申请报告,组织编制隧道养护、维修改建方案和对策措施。

②主持隧道的小修保养和抗灾抢险工作,考核隧道养护质量,并及时上报辖区的隧道受自然灾害和其他因素损坏的情况。

③监督、组织隧道养护大、中修和改建工程;组织并参与隧道大、中修和改建工程的中间检查和交(竣)工验收。

④负责所管辖隧道技术档案的补充、完善和保密工作,定期对辖区内隧道技术状况进行综合评价与分析;负责隧道管理系统的数据更新、系统维护、系统运行以及隧道养护报告编写等工作。

⑤负责对下级单位隧道养护工程师的技术业务培训、考核工作。

(2)监管单位隧道养护工程师职责

①负责辖区内隧道养护管理的技术工作,监督检查管养单位隧道养护工程师职责履行情况。

②组织制订辖区内隧道养护管理工作计划,并监督实施。

③按规定负责复核隧道的技术状况评定工作。

④参与制订重要隧道的大、中修和改建工程技术方案和对策措施,并组织审验其科学合

理性。

⑤组织辖区内隧道养护工程师及有关技术人员的技术业务培训。

2）应明确二级隧道养护工程师职责

（1）分公司隧道养护工程师（技术员）职责

①具体做好对所管养隧道日常巡查工作，认真做好巡查记录，发现异常情况，随时报告运营公司隧道养护工程师和领导。协助上级做好隧道经常检查工作。

②全面抓好隧道的日常保养工作，保持隧道构造物整洁、完好。

③抓好辖区内隧道维修监督、协调工作。

④做好辖区内隧道的日常监控和报告工作。

⑤做好隧道养护管理信息收集、报告工作。

⑥协助上级隧道养护工程师做好有关技术管理工作。

（2）省运营公司隧道养护工程师职责

①主持制订全省隧道养护管理工作制度，编制隧道养护年度工作报告。

②组织复核隧道技术状况评定工作，编制隧道养护工程建议计划。

③组织实施隧道的专项检查及加固改造工程。

④主持隧道技术档案的补充和完善工作。

⑤组织隧道养护技术培训。

1.2.3　应赋予隧道养护工程师的权利

交通运输部隧道管理工作制度规定了隧道养护工程师的具体职责，没有明确相应的权利。从发展的角度、精细化管理的角度，明确隧道养护工程师应具备的权利，是完成交通运输部规定的工作内容所必要的。为此，建议养护工程师应具备以下三项权利：

（1）隧道养护技术员技术职务聘任权，上一级隧道养护工程师能根据考核情况决策是否聘任下一级隧道养护工程师。

（2）隧道维护改造技术决策权，根据隧道检查情况决策隧道养护维修技术措施，并能得以贯彻实施。

（3）隧道养护管理资金支配权，根据年度资金总计划划出隧道养护资金，隧道养护工程师合理分配基层隧道养护维修资金，并科学决策危险隧道改造资金，能得以贯彻实施。使隧道养护工程师工作岗位能使责、权、利相统一。

1.2.4　隧道养护工程师基本任职条件

"制度"规定隧道养护工程师的具体资格条件由省级交通主管部门制订。

（1）管养单位隧道养护工程师基本任职条件

高速公路隧道管养单位的隧道养护工程师应具有3年以上从事隧道养护管理工作经历，具有工程师及以上技术职称。

（2）监管单位的隧道养护工程师基本任职条件

隧道养护管理监管单位的隧道养护工程师应具有5年以上从事隧道养护管理的工作经历，具有高级工程师及以上技术职称。

1.2.5 隧道养护工程师定期培训考核制度

1）定期培训

省级交通主管部门应定期对持证隧道养护工程师进行技术培训,并核发上岗证。隧道养护管理技术人员经培训并参加考核合格后,才可持证上岗。

2）持证与上岗

"持证"与"上岗"这是两个环节,仅靠部门行为难以真正做到,这需要人事部门把"持证"关,报备"上岗"案。人事部门设了岗备案,"持证"才会管用。各省市应明确培训周期,按每3~5年1次培训发证,培训内容结合各省市养护管理实际确定。

3）隧道养护工程师实行聘任制

隧道养护工程师实行聘任制,聘期一般为3年。聘任文件报人事部门及上级备案。

4）隧道养护工程师考核

对年度内能够较好完成本职工作的隧道养护工程师,年终应给予表彰奖励,并在职称、职务晋升等方面给予优先考虑。因失职等原因被上级部门通报或被媒体曝光者,经核实后给予相应处罚,情节严重的予以解聘,并追究相关责任。

1.2.6 隧道养护工程师厚望

高速公路隧道养护技术管理,是一项长期性的、综合性较强的工作,既重技术、重管理,也重工作经验,涉及工作面广,责任重大。社会各级应引起高度重视,明确隧道养护工程师岗位,赋予一定的责权利,不断适应新的体制、机制,真正使隧道养护管理纳入人本化、制度化、规范化、科学化轨道。在这个岗位上的工作人员,应进一步明确其工作职责,强化其责任,做好分内技术工作,有效保障隧道养护工作的顺利开展。

1.3 隧道养护"四个一"制度

所谓隧道"四个一",是指省运营公司、路域分公司针对辖区内每一座管养隧道,落实一名行政领导、一名技术员、一名路政员、一名养护员。

1.3.1 隧道养护管理共同目标

(1)隧道技术状况及运营情况掌握及时、准确,资料齐全、完善。
(2)隧道日常养护管理到位,隧道基本功能正常,技术状态良好。
(3)隧道巡视频率达到上级要求,巡查记录、经常检查记录准确、清晰。
(4)隧道病(损)害发现及时,上报及时,不漏报、不瞒报。
(5)隧道病(损)害发展趋势把握准确,维修加固、安全控制、依法保护等措施及时、有效,隧道异常情况处理得当,确保隧道不出现垮塌、交通等安全责任事故。
(6)隧道小修保养工程组织及时、作业规范、质量合格,不出现质量、安全责任事故。

1.3.2 "四个一"责任人职责

省运营公司、路域分公司主要负责人对"四个一"责任人加强组织领导,签发"四个一"责任人任命文件,监督检查"四个一"责任人工作情况,签阅《隧道定期检查报告》,及时解决隧道管养中存在的问题。

1)"四个一"行政领导主要职责

(1)组织协调技术员、路政员、养护员的工作,并进行监督考核。

(2)掌握隧道技术状况和运营情况,审查《隧道定期检查报告》,研究解决隧道检查中发现的问题。

(3)负责编制隧道养护工程建议计划,安排落实隧道小修保养工作。

(4)负责隧道动态监管工作。

(5)主持编制上报重要隧道应急预案和隧道应急交通组织方案,组织处置隧道应急事件。

(6)对负责管养的隧道定期进行现场检查。汛期加强不定期检查。检查时复核技术员实施的隧道经常检查情况,记录检查结果,并签字确认。

2)"四个一"技术员主要职责

(1)指导隧道日常巡查,定期查看隧道巡查记录。

(2)按照《公路隧道养护技术规范》(JTG H12—2015)规定要求的检查内容,定期对负责管养隧道进行经常检查。汛期加强不定期检查。

(3)根据隧道经常检查结果,及时上报新发现隧道病害和原有未处治病害发展情况,同时将需要日常重点监控内容告知隧道养护员。

实施隧道经常检查可同时进行隧道小修保养考核工作。检查结束后按规定编制《隧道经常检查报告》并提交上级。

(4)按规定编制隧道养护工程建议计划,组织实施隧道小修保养,对隧道动态监管,维护更新隧道养护技术档案,以及组织隧道养护技术培训等工作。

3)"四个一"巡检员主要职责

(1)按规定对负责管养隧道进行巡查,对隧道每天巡查1次,并填写巡查记录。对巡查中发现的问题立即采取处理措施,同时报告上级。

(2)巡查时要携带红色旗帜、锥形标志等物品,发现隧道出现影响交通安全的情况时,要立即进行现场布控,防止事态进一步发展。

(3)巡查时应重点检查的内容。

①隧道结构有无明显异常变形。

②隧道内交通信号、标志、标线、照明等交通安全设施是否损坏、失效。

③检修道是否受到车辆撞击而受损。

④大中隧道周围200m范围内,有无挖砂、取土、采石、倾倒废弃物以及进行爆破作业和其他危及隧道安全活动的情形。

(4)隧道出现交通安全事故等紧急事件时,要现场立即采取设置标志、疏导车辆、封闭交通、组织抢救等措施,同时向上级报告。

1.3.3 隧道养护管理责任追究

相关责任人不履行职责,发生以下行为导致隧道管理混乱、养护缺陷、病(损)害加重或引发安全事故的,按上级有关规定追究责任。

1)"四个一"行政领导

(1)不认真组织落实部、隧道养护管理办法和工作部署的。

(2)组织、协调、调度不力,造成隧道养护管理工作混乱的。

(3)对辖区隧道技术状况、病(损)害现状及发展趋势不了解、不研究或组织处治不力的。

(4)对隧道工程师和隧道管理员教育管理松懈的。

(5)对隧道小修、保养工程计划安排、检查、督促或隧道大中修工程监管不力的。

(6)对隧道相关高速公路标志的设置与维护工作计划安排、督促检查不到位的。

2)"四个一"技术员

(1)不按规定组织隧道经常检查的。

(2)未及时提交经常检查报告或对隧道病害未提出合理维修建议方案的。

(3)未及时组织隧道小修工程施工或工程质量不合格的。

(4)隧道大中修和改造工程监督管理不到位的。

(5)不按规定进行隧道监控和报告的。

(6)隧道资料管理混乱或数据库更新不及时、不准确的。

(7)隧道技术状况不熟悉或业务能力低下影响工作的。

3)"四个一"巡查员

(1)未依法及时制止隧道上下游危及隧道安全的采砂、施工等活动的。

(2)未及时、认真按上级要求组织设置警示标志、限制设施或交通管制的。

(3)对隧道大中修、改建工程施工交通安全管制指导、监督、检查、协调不力的。

4)"四个一"养护员

(1)不严格、认真落实隧道巡查制度的。

(2)未及时发现隧道病害或发现病害不及时上报的。

(3)隧道小修保养工程监督管理不力的。

(4)对受控隧道不按规定监控或报告情况的。

(5)隧道巡查日记或隧道维修记录不清晰、准确、及时的。

1.3.4 隧道养护管理责任书

为加强隧道养护管理工作,及时掌握隧道技术状况,及时组织隧道维修加固,确保隧道安全畅通,认真贯彻落实《安全生产法》和"安全第一,预防为主,综合治理"的方针,全面加强生产管理,进一步落实安全生产责任制,建立健全安全标准化管理体系,强化重大风险的监控措施,建立和完善应急救缓和应急保障体系,确保公司生产经营目标的全面实现,按照"谁主管谁负责""分级管理、分级负责"的原则,逐级签订《安全生产责任书》。

1.4 隧道养护行业监管

针对当前隧道养护工作中存在行业监管不到位的情况,同时考虑到隧道养护逐渐市场化,亟待加大行业监督检查力度。交通运输部"制度"中明确要求各级交通主管部门、高速公路管理机构应切实履行对高速公路隧道养护的监督检查职责,并具体规定了监督检查的主要内容和对所发现问题的处理要求。

1) 部门监管

各级交通主管部门、高速公路管理机构应依据有关法律法规的规定,对辖区内高速公路隧道的养护管理工作进行监督检查。隧道管养单位、监管单位应自觉接受有关交通主管部门和高速公路管理机构依法实施的监督检查,不得以任何理由推诿、拒绝。

2) 监督检查主要内容

各级交通主管部门、高速公路管理机构对高速公路隧道养护管理工作实施监督检查时,应当深入隧道养护管理工作现场,并采取必要的技术检测手段,不得流于形式。监督检查应包括以下主要内容:

(1) 各项规章、制度和技术规范的执行情况。

(2) 人员、经费的落实情况。

(3) 隧道检查、评定工作的开展情况。

(4) 养护计划执行和养护工程管理情况。

(5) 隧道技术档案和管理信息系统的建设维护情况。

(6) 各项应急预案的制订和执行情况。

(7) 省级交通主管部门规定的其他监督检查项目。

3) 整改落实

各级交通主管部门和高速公路管理机构在监督检查过程中,对发现的问题,应当责令有关单位立即改正。监督检查结束后,应向有关单位反馈书面意见。对隧道养护管理工作薄弱、技术状况评定不规范、安全隐患突出的单位,应给予通报批评。造成严重后果的,应按规定追究有关人员的责任。

第 2 章　隧道养护工程管理

高速公路隧道养护技术分为小修保养、中修、大修、改建和专项工程五类。隧道养护工程规模大小不一,技术含量深浅不定,施工难度复杂多变,项目地点分散,项目工序零乱,质量标准差异性大,与隧道建设工程管理模式、管理思路、管理标准不一致,为隧道养护工程管理带来很大的难度,需要每一位隧道养护工作者、管理者在实践中不断探索和完善,并根据隧道分类养护工程的特点探求更加有效的管理模式,不断提高隧道养护工程管理水平。

2.1　隧道养护工程管理规定

随着高速公路养护运行机制改革的推进,高速公路养护工程逐渐推向市场化,其隧道养护工程管理方式也发生新的转变。依据《公路养护工程管理办法》中的有关要求,《公路隧道养护管理制度》、《公路养护技术规范》(JTG H10—2009)、《公路隧道养护技术规范》(JTG H12—2015)对隧道养护工程管理分别作出了规定和要求。

2.1.1　部颁《公路隧道养护管理制度》

按照"管养分离、事企分开"的原则,部颁《公路隧道养护管理制度》从隧道养护工程的组织实施、招投标、规范养护工程市场、施工管理、信息报送等方面,对交通主管部门、隧道管养单位、养护工程施工单位提出了不同的要求。

1)养护工程分类实施

部颁"制度"将隧道养护工程分为小修保养、中修、大修、改建四类。

对技术状况为一、二类的隧道应加强小修保养,防止出现明显病害;对技术状况为三类的隧道应及时进行中修,防止病害加快扩展,影响隧道安全运营;对技术状况为四类和五类的隧道,应及时采取管理措施,保证安全,并依据隧道专项检查结果和技术论证分析,安排大修或改建。

省级交通主管部门应制订有关安全管理规定,明确警示标志的设置位置、形式、数量,以及采取的管理措施等。

对抗灾能力、安全防护标准等技术指标低于所在高速公路技术标准的隧道,应有计划地进行技术改造。

2)组织实施

隧道小修保养、中修工程由管养单位组织实施,大修、改建工程由高速公路管理机构经营管理单位经招标等形式组织实施。

3）招投标

大修、改建工程应通过竞争方式选择施工单位，并视工程具体情况推行招投标制度。情况特殊不进行招投标的项目，应对被委托人的资质、业绩和信誉等有关情况进行审查。

4）实施养护工程市场

省级交通管理部门应当结合本辖区隧道养护工作实际情况，制定和完善隧道养护工程市场管理的规章制度，并对从业单位及人员实行信用管理，加强隧道检测、加固设计、施工等的市场管理工作，逐步构建统一公开、竞争有序的隧道养护工程市场。

5）实施隧道养护工程后隧道要求

隧道大修、中修、改建工程完工后，应按照相关规定进行验收。工程实施后的隧道技术状况必须恢复至一、二类。

6）施工管理

各级交通主管部门应采取有效措施加强隧道养护工程的施工管理。对需要封闭交通或长时间占用行车道施工的隧道养护工程，除紧急情况外应在项目开工前5d，发布相关信息。高速公路上的中断施工信息应及时按规定报交通部备案。

隧道养护工程施工单位应按照相关规定合理布设施工作业区，设置标志和安全防护设施，保证施工车辆、人员和过往车辆的安全，必要时还应协助有关部门做好交通疏导工作。

7）隧道养护工程资料

（1）小修保养工程资料

小修保养工程资料包括实施技术资料和养护质量评定结果，以及工程实施的时间、组织实施人员等。

（2）隧道中修、大修、改建工程资料

隧道的中修、大修、改建工程包括设计图纸、竣工图纸、实施资料、监控（监测）资料、质量事故报告、交（竣）工验收技术资料，以及设计、施工、监测等各方的资质证书（复印件）、业绩证明（复印件）及其主要检测人员的资格证书（复印件）等。

隧道维修、加固、改建的竣工验收等有关技术文件，均按统一格式完整地归入隧道养护技术归档及数据库。隧道养护工程档案应对小修保养、中修、大修、改建和专项工程分别立卷存档。

2.1.2 隧道养护工程管理"规范"要求

《公路隧道养护技术规范》（JTG H12—2015）明确了隧道养护工程的分类、界定了分类养护工程的内涵、提出了相关规范性的要求。

1）隧道养护工程"规范"分类

高速公路隧道的养护按其工程性质、规模大小、技术难易程度划分为小修保养、中修、大修、改建和专项工程五类。

专项工程是指采用临时性措施在短时间内恢复交通的工程措施；专项修复工程是指采用永久性措施恢复隧道原有功能的工程措施。对于阻断交通的隧道修复工程，应优先安排。

2）隧道养护工程管理"规范"要求

《公路隧道养护技术规范》（JTG H12—2015）对高速公路隧道养护工程管理提出了明确要求，这些要求同样是对隧道养护工程管理的要求。

(1)科学决策

各级高速公路管理机构应定期组织对高速公路隧道状况进行调查,正确评价和掌握高速公路隧道技术状况,并通过分析各种病害产生的原因、机理和变化规律,科学预测隧道发展趋势,为养护工程决策提供科学依据。

在确定隧道改造或改建工程方案时,应注意新旧隧道之间的关系,充分发挥原有隧道结构的作用。

(2)推行"四制"管理

养护工程引入竞争机制,推行业主负责制、招投标制度、合同管理制度。对于改建工程,应按照工程建设管理的规定,对设计、施工实行招投标制度。

(3)报批和审查制度

各级高速公路管理机构应严格养护工程管理程序,完善重大工程项目的报批和审查制度;对技术难度较大的工程项目,应组织专家进行技术论证。

(4)设计单位具备一定资质

高速公路大修或改建工程项目,应由具有相应资质的设计单位进行勘测设计。

(5)强化中间检查

各级高速公路管理机构应加强对养护工程的中间检查。

(6)接养条件

隧道养护工程完成后,必须符合下列条件才能接养:

①经竣工验收后为合格工程。

②高速公路编号、命名以及相应的交通工程及沿线设施系统设置规范、完善。

③各项竣工文件、档案质量齐全。

新建或改建隧道竣工交接,应有完备的手续并提供成套技术资料。设计单位应提供养护技术要点及要求。未配置或配置不能完全满足养护工作需要的,可根据实际需要予以增添。

3)隧道养护工程质量考核

隧道养护工程质量的考核,应严格按照《公路技术状况评定标准》(JTG 5210—2018)规定执行。

隧道养护工程应重视经济技术方案的比选,并充分利用原有工程材料和原有工程设施,以降低成本,应重视环境保护和环境综合治理。

隧道养护工程除执行部颁现行规范外,还应符合国家及行业的有关标准、规范的规定。

2.2 隧道养护工程管理存在的问题与对策

随着市场经济的不断完善和隧道工程建设的成熟经验,养护工程管理无论是工程质量、现场管理、合同管理还是计划管理均有了较大提高。一方面是由于各级高速公路管理机构领导对养护工作的高度重视,加大了对养护工程的投入,另一方面是由于从事养护工程管理的单位和部门加大了养护管理的力度,从事养护工程技术人员不懈努力,实践经验的不断成熟使隧道养护工程管理逐步走向规范化。但是,养护工程管理中还存在着一些亟待解决的问题。

2.2.1 养护工程管理中存在的问题

1) 管理制度还不完善

随着养护运行机制的改革,我国从上到下制定并执行了一系列养护工程管理制度,运行中出现的一些问题没有及时完善,隧道养护工程市场没有真正形成,养护工程约束机制没有强有力的措施,养护工程管理、项目操作过程中存在理解上的偏差。

2) 技术力量不足

养护管理技术人员偏少,没有形成老中青梯队结构。由于目前辽宁省乃至全国高速公路建设养护正处于突飞猛进阶段,各类工程技术人员严重不足,养护单位隧道养护工程师不足,没有真正执行好隧道养护工程师制度,隧道养护工程管理没有完全达到专业化。另外,由于隧道养护工程涉及面相对较广,对养护工程师的专业知识结构要求较高,目前,养护管理单位还缺乏知识全面的工程师。

3) 施工单位履约不够

养护工程施工单位没有真正按合同承诺人员到岗到位。施工单位投入到养护工程上的技术力量相比投入到建设项目上的技术力量要弱很多,许多技术岗位缺乏必要的技术人员或者该岗位上的技术人员不足以胜任岗位工作;施工单位养护工程项目资金投入不够。特别是近年来一些养护材料如水泥、油料、钢材等价格上涨较多,自由周转资金不足,影响工程开展;机械设备、试验检测仪器投入没有严格执行招标文件,不能满足快速养护的需要;施工单位之间、施工单位与业主之间相互协作不够,为交通管制带来难度,既影响道路的正常通行,又影响养护工程有效开展。

4) 对科研投入和人才的培养不够

凭经验施工是绝大部分管养单位、施工单位的做法,但随着社会发展要求的提高,各种新型材料,各类设备的更新速度较快,新材料、新工艺应用广泛,只凭经验显然是不够的。管养单位、施工单位普遍缺乏科研的投入,同时对人才的培养不够,尤其是隧道养护工程人才更需要知识的更新。

5) 创新机制不灵活

缺少采用新结构、新材料和新工艺的激励机制。首先,隧道设计周期过短,承接任务过多,过分追求经济效益,使设计单位没有足够时间进行创新性思考和优化比较,只是满足于模仿和抄袭已有的设计方案。其次,缺少真正公平公开的竞争体制和严格的设计审核制度,使缺乏创意和经济指标较差的设计方案得以通过和付诸实施。最后,在各级评奖中也存在只看工程规模,不注重设计创新、施工创新和经济指标的弊端,使隧道工程师的创新设计理念、建设理念甚至养护理念趋于淡薄。

2.2.2 养护工程管理问题对策

养护工程中出现的以上问题,究其原因主要是思想认识、制度保障、考核标准、养护技术措施等不到位所造成的,必须针对这一问题以科学严谨的态度,求真务实的作风,采取有效措施认真加以整改。

1) 完善管理制度

在原有制度基础上完善、补充一系列关于隧道养护工程管理的规章制度。制度明确各方责权,具有有效的管理措施,利于工程管理和功效的提高,以此形成一套完整的制度体系,既符合当地、本单位养护管理实际,又与上级政策相吻合的管理制度,并下发各相关单位严格执行,在执行中检验并提高,在制度上为养护管理工作提供有力保障。

2) 制订养护规划,为养护工作提供指导

如何实行隧道科学养护,使隧道使用寿命尽可能延长,养护规划的制订是非常必要的。各隧道养护管理单位,应客观地、科学地编制具有指导意义的隧道养护计划,包括隧道中长期养护计划、预防性养护计划,并根据计划合理安排养护资金,做到科学养护,以此更好地指导养护工程管理。

3) 创新管理机制,调动职工积极性

目前,各养护管理单位没有实行以岗定酬分配机制,就连仅有的隧道养护工程师岗位都没有纳入正规的岗位管理,技术岗位实行评聘分开,技术岗位的设置是有限的,不可能人人走上岗位。因此,应创新管理机制,实行公平公开的竞争体制,在设计、施工、养护阶段都实行有效的激励机制,优化隧道设计方案、施工方案、管理组织方案等,让职工看到通过自己的努力可以得到职务、职称的晋升以及学习培训的机会,或者薪酬能因个人的努力得到提高,显得尤其重要。这需要各级高速公路管理机构和人事部门共同改革,采取有效的激励政策,不断激发技术人员创新,共同提高隧道管理水平。

4) 明确考核标准,调动施工单位积极性

养护工程的管理,业主与施工单位实行合同管理,但是施工合同不是万能的,绝不是一纸合同就能解决所有问题,必须通过各种手段,充分调动其积极性。施工单位说到底,是效益为先。因此,业主的考核也应该围绕其效益来展开,让能干事、干得好的施工单位得到必要的奖励,让工期、质量都难以保证的施工单位得到必要的惩处,应作为考核的主要目标,并将奖惩在计量支付中兑现,通过这种考核,充分调动所有施工单位的积极性,达到一种多赢的目的。

5) 加大科研投入,为养护工程提供技术支持

如何又好又快地进行养护工程项目实施,必要的科研投入是其保证条件之一。现在,整个交通行业都在以科学发展观为引领,在为建设资源节约型和环境友好型社会而努力。一些科研机构也在有针对性地对高速公路养护工程项目进行科研开发,这是当前对我们非常有利的环境。具体到每一个养护管理单位,更应该以科技养路为指引,加大养护科研攻关,使一些实用型的技术工艺和技术设备早日应用到养护工程中来。

2.3 隧道养护工程市场化

2.3.1 推行隧道养护工程市场化意义

随着高速公路事业的快速发展和改革的不断推进,特别是实行燃油税费改革后,高速公路养护资金来源发生了根本变化,粗放型养护管理模式已不适应新形势发展的需要,进一步推进

高速公路养护工程市场化变得十分必要。高速公路养护工程分为小修保养、中修、大修和改建工程四类。分类投资规模差距较大,管理思路、运作模式不同。推行高速公路养护工程市场化运作,体现了高速公路养护机制改革精神,有利于理顺劳动关系,维护高速公路养护安全生产和社会稳定;有利于实现高速公路养护生产由分散型、低效能向集约化、高效能转变;有利于充分利用社会市场资源,改善高速公路养护质量;有利于降低高速公路养护成本,提高高速公路养护资金使用效益。因此,要充分认识推行高速公路养护工程市场化运作的重要性和紧迫性,统一思想,提高认识,把握政策,勇于探索,积极培育和发展高速公路养护工程市场,尽快规范、全面推进高速公路养护工程市场化运作。

2.3.2 隧道养护工程市场化运作模式

推行隧道养护工程市场化,就是为适应新时期高速公路养护需要,按照"事企分开、管养分离"的原则,依托现行改建工程四制管理模式,进一步深化高速公路养护大中修、改建工程市场化程度,扎实推进隧道日常保养、小修工程市场化进程。

1)隧道日常保养工程市场化运作

(1)运作模式

隧道日常保养项目通过招标,承包给具有高速公路养护能力、信誉高的企业法人维护作业,依据《公路养护技术规范》(JTG H10—2009)界定项目内容、清单、承包费用,明确考核标准,定时考核。实行合同管理、计量支付。隧道养护由管养合一转变为管养分离,由定员管理变为定额管理,由粗放型养护转变为集约化、规模化养护的模式。

(2)内容要求

省运营公司制订政策,拨付计划资金,监督管理;路域分公司监管基层单位,定时检查与考核,协调和技术指导,每月计量支付费用;工作职能由生产型转变为管理型。

(3)计量与验收

各分公司不定期巡查,每月1次检查,查出的缺陷承包方整改后,按考核办法、合同约定,计量支付时扣除一定的费用;每月承包人提交支付申验书,业主单位组织验收,签署验收凭证,财务审核后,支付费用。

(4)工程资料

招投标的相关资料,建档保存。日常养护工作内业资料,按省、市规定表格、内容,及时、准确填报。

2)隧道小修工程市场化运作

(1)运作模式

隧道小修工程实行分类投资计划管理,即一般小修实行"费用包干"制度,重点小修实行"项目报批"制度。一般小修工程项目,路域分公司制订月度维修计划,在路域分公司下达的小修保养费用计划内完成;重点小修工程项目,由路域分公司提交申请,省运营公司审定维修方案后,批准立项,以文件形式批复方案。实行合同制、计量支付制。一般小修工程项目,确定项目单价,不确定具体工程数量,按实际发生量计量;重点小修工程项目,确定项目单价和具体工程数量,按清单量计量。

(2)内容要求

①分级职责与时限

一般小修工程由养护单位组织实施,同日常保养市场化运作,按月提交工程量;正常情况下做到当月计划当月完成,应急项目发现一处、维修一处,即时完成,并严格落实质量责任。

②施工

工程量较小的项目,采取多家竞争性谈判(议标)方式确定施工企业、承包额;工程量较大的项目,采取公开招标或邀标方式,严格按程序进行。

③计量与验收

工程完成后,承包人上报验收申请,业主组织竣工验收。一般小修工程由相关路域分公司负责、重点小修工程由省运营公司负责。一般小修工程,按合同约定时间支付或交工验收后一次性支付,并扣除质量保证金,责任期满返还;重点小修工程,路域分公司报省运营公司验收审计后,批复下达工程费用计划,路域分公司按程序计量。

建立小修工程缺陷责任期管理制度,一般小修缺陷责任期定为半年,重点小修可定为1年。

④工程资料

小修工程实行"一项一档"制度。资料包括计划、合同书、验收报告、计量支付文件等。相关高速公路分公司生产日记或维修原始记录中应详细记载施工情况。

3)高速公路中修工程市场化运作

(1)运作模式

隧道中修工程实行项目法人负责制、工程招投标制、合同管理制的"四制"管理模式,管理工作中,加大预防性养护投资,不断提高高速公路养护质量。

(2)内容要求

①分级职责

实行业主负责制,列入省运营公司计划的,省运营公司为业主,负责组织实施,分公司为业主代表,协助实施;其他中修工程,市高速公路分公司为业主,负责组织实施。

②招投标与验收

招投标严格按国家规定进行,交、竣工验收按照部颁标准进行质量评定。建立中修工程缺陷责任期管理制度,较小项目缺陷责任期可定为1.5年,较大项目可定为2年。

③计量与工程资料

中修工程计量按高速公路养护大修、改建工程项目程序进行;工程资料实行"一项一档"制度,严格按大修、改建工程项目整理、归档。

4)隧道检测评定市场化运作

(1)运作模式

为实时监测和客观评价高速公路养护状况,确保检测数据的准确、真实,以科学决策养护方案,必须推行高速公路养护检测市场化运作,按"四制"管理模式参照大修工程项目进行。

(2)运作程序要求

编制检测项目计划及实施方案;确定检测项目工程量清单;编制招标文件;按程序进行招标,确定最高限价,择优选定检测单位;签订合同;进行检测;业主组织专家进行会审,评定检测成果;按程序进行计量;提交检测报告。

5)隧道大修、改建工程市场化运作

高速公路隧道养护大修、改建工程,已按照四制管理模式,实现了高速公路养护市场化运作,在养护工程工作中,不断采用四新技术,进一步深化、规范、完善市场化运作。

2.3.3 隧道养护工程市场化运作的措施

隧道养护工程市场化运作是个复杂的系统工程,有一套完整的工作程序,要严格执行,不断加强从业管理,逐步规范。各级政府和主管部门不仅要引起高度重视和关注,为改革创造条件,广大高速公路工作者及愿意承担养护工程的企业更要积极参与。只要我们虚心学习和吸取改革者的经验,勇于创新,扎实工作,在养护实践中不断探索和完善养护工程市场化运作,就能走出一条养护运行机制改革的成功之路。

根据部颁标准、要求,制订本省养护工程市场化实施细则,采取有效措施,规范高速公路养护工程市场,加快推进高速公路养护工程市场化进程。

1)建立符合养护工程实际的投资规则

现行的高速公路养护投资计划受资金来源、计划方式的制约,造成了投入不足或项目资金不均。一方面,市场机制不能发挥作用,市场难以形成;另一方面,养护企业经营不规范,也难以发展。当前,应充实路面、隧道管理系统的数据库,建立各种参数、模型,预测养护工作量,制订与养护实际相吻合的养护工程定额,计算养护投资,力求实现按需养护。通过制定合理的标底,招标选择养护队伍,实行计量支付,以提高投资效益、改善高速公路的使用状况和养护企业的经营状况。

2)逐步规范养护工程从业资质

为推进高速公路隧道养护工程市场化,凡进入高速公路养护工程市场的从业单位须取得相应从业资质。不具备进入高速公路养护工程市场条件的单位,可多个单位组成联合体,联合从业。有条件的单位可按交通部《高速公路养护工程市场准入暂行规定》申报高速公路养护工程资质;未有资质的单位,可待条件成熟及时申报高速公路养护工程资质;各路域分公司申请一个或一个以上能承担本地市相应类、级别的从业资质。实行机械化集约管理,逐步承担起辽宁省高速公路隧道的养护大中修工程和小修保养工程。

3)切实规范养护工程市场准入

实行资质评定、复审和确认制度,切实规范养护工程市场准入。资质评定是对高速公路隧道养护工程从业单位的资历、能力和信誉的认定;复审是对已具备资质且已进入高速公路养护工程市场的从业单位的能力、业绩和信誉进行认定;确认是对外省、自治区、直辖市已具备资质的养护从业单位进入辽宁省承揽高速公路养护工程时对其能力、业绩和信誉进行认定。通过资质评定、复审和确认制度,逐步规范养护工程市场。

4)不断完善养护工程市场培育

根据高速公路养护工程内容、范围、工作量,针对分类项目采用单项承包或多项承包的方式,公开、公正、公平的竞价确定承包方。双方责、权、利的关系通过合同约定,按期考核对象。同时,根据不同的承包形式,日常保养、小修工程分别采用维修单价计量、人工费包干、养护费包干和人工费定额计算等方式,按目标考核办法对承包商进行计量支付,承包人内部主动分配。中修以上工程项目实行清单支付。

5）推进养护管理机构事企分开

改革养护管理机构,严格定编定岗,提倡一专多能、一人多岗。成立养护企业,从事日常保养和小修工程。上级高速公路管理部门要加强人员培训,强化业务指导,不断壮大养护企业作业能力,使之逐步承担大中修工程和改建工程。事业建制的养护单位下属未独立的公司,要积极抽调部分人员、机械、资金重新申报养护工程资质,或直接转型为养护企业。

第3章 隧道养护安全管理

3.1 总 则

为规范辽宁省高速公路隧道专业化养护管理工作,加强全省隧道养护专业化管理,延长隧道使用寿命,切实保障隧道安全运行,依据部颁《公路隧道养护技术规范》(JTG H12—2015)、《公路隧道养护管理制度》,并根据省运营公司及分公司要求、辽宁大通公路工程有限公司养护管理经验,及隧道整体设计要求,制定本管理方案。

在养护技术管理、隧道检查维护等相关方面可参照本方案进行运营管理。主要职责是:贯彻落实部、省关于隧道养护管理的规范和制度办法;制定全省隧道养护管理办法;统计上报隧道基本状况和病害情况;落实隧道维修、加固和设施更换计划;组织隧道病害鉴定、技术方案论证、设计审批及工程管理,提出病害隧道鉴定申请;负责隧道养护管理系统数据升级与数据汇总等。

专业养护公司负责隧道养护管理的各项具体工作。主要职责是:贯彻落实上级管理机构关于全省隧道养护管理的各项要求;负责隧道的日常养护与管理;负责隧道检测与维护;负责隧道冬季除雪防滑;负责隧道事故损坏的维修与更换;负责危险隧道的监管;负责隧道养护档案的建立与完善;负责隧道养护系统数据更新与维护。

按《公路隧道养护管理制度》的要求,各分公司和专业化养护公司要设立专职隧道工程师,负责隧道养护管理的技术工作。隧道工程师必须具有道桥专业大专以上学历、工程师资格及从事专业技术工作5年以上的经历。养护公司隧道工程师同时要取得隧道检测师资质,其工作要得到隧道结构工程师、材料工程师、设备工程师、网络编程工程师的支持。

3.2 隧道检查

(1)专业养护公司应做好隧道检查工作。隧道检查分为经常检查、定期检查、应急检查和专项检查四种方式。

(2)经常检查。对土建结构的外观状况进行一般性检查。

(3)定期检查。按规定频率对土建结构的技术状况进行全面检查。

(4)应急检查。在隧道遭遇自然灾害、发生交通事故或出现其他异常事件后对遭受影响的结构进行详细检查。

(5)专项检查。根据经常检查、定期检查和应急检查的结果,对于需要进一步查明缺损或病害的详细情况的隧道,进行更深入的专门检测、分析等工作。

3.3　隧道养护

(1)隧道养护按照部、省有关技术规范、标准和规程执行。

(2)根据隧道检查结果制定科学合理的隧道大、中、小修计划,及时维修隧道的缺陷和破损,保证车辆通行安全、顺畅。推广应用混凝土灌缝和快速修补技术等新材料、新工艺,提高修补速度和质量,延长隧道使用寿命。

(3)做好隧道养护记录,建立隧道维修档案。隧道维修档案在分公司和专业化养护公司同时存档,档案内容还要兼顾国检要求项目,或可同时按照两种要求建立档案。

(4)隧道养护维修需全幅或半幅车道封闭交通,由分公司负责协调交警部门。

(5)加强隧道坍塌、水毁与抢防以及反恐等其他应急预案,做好隧道除雪防滑工作,保证隧道通行安全。

3.4　危险隧道管理

(1)危险隧道指经隧道养护规范评定的技术状况为四类以上、处于危险状态的隧道。

(2)危险隧道一经确认,应立即根据实际状况限制通行,并按国家标准设立限制标志和警示标志,险情严重的应设立专人看管。需封闭交通的危险隧道按有关规定办理审批手续并及时封闭。

(3)建立隧道重大险情和坍塌报告制度。隧道发生重大险情和坍塌事故,按有关规定立即逐级上报。

(4)危险隧道应填写检测鉴定报告单,检测鉴定结果须报省级高速公路管理机构审查。

(5)危险隧道维修原则上以加固维修为主,确因结构落后、设计不合理或险情严重而无投资利用价值,应进行改建。

(6)危险隧道维修、加固和改建方案按分级管理原则进行论证(按照省运营公司养护管理规定要求),危险隧道加固项目宜实行设计施工总承包的招投标形式。

(7)加强危险隧道加固和改建工程管理,严格按部、省有关规范、技术政策和管理规定执行。

3.5　资金管理

(1)建立隧道养护专项资金。隧道养护专项资金专款专用,主要用于隧道的维护、维修、检测、保洁、除雪防滑、危险隧道和隧道加固、隧道定期检查、隧道管理系统数据更新与维护及隧道附属设施更换等。

(2)隧道养护专项资金投资标准由省统一制定。隧道养护专项资金使用计划由省运营公司编制下达,报省厅备案。

(3)危险隧道加固和改建计划管理。安排原则及投资标准遵照省运营公司相关文件执行。

(4)隧道养护专项资金使用计划和危险隧道加固、改建计划一经下达,严禁调串。

3.6 养护档案管理和养护系统维护

(1)加大辽宁省隧道管理系统的应用和管理力度。按照省运营公司文件要求,积极应用隧道管理系统,逐步完善隧道管理数据库,达到数据共享。

(2)隧道管理系统资料应根据隧道定期检查和特殊检查情况及时更新。辽宁省隧道管理系统的评价结果作为隧道技术状况统计上报、养护计划编制的唯一依据。(注:检查数据更新前,应经过第三方权威机构复核认证,并出版正式报告后,方可以在该系统中予以更新。)

(3)隧道档案管理。

按照部、省文件精神,必须建立专门的隧道技术档案。技术档案的主要内容以相关文件要求为准。

主要内容包括但不仅限于:
①隧道基本状况卡片;
②隧道设计文件、竣工资料和验收报告;
③隧道历次维修、加固工程施工原始记录、竣工图表以及验收报告;
④隧道经常性检查表;
⑤辽宁省隧道管理系统数据采集资料和技术状况评定表;
⑥历次隧道定期检查报告;
⑦历次隧道特殊检查报告和专家论证会议纪要;
⑧危险隧道检测鉴定报告;
⑨隧道管理系统汇总资料。

3.7 合同管理

(1)签订合同应由法定代表人或其授权的委托代理人进行;委托代理人签订合同时,必须持有《法定代表人授权委托书》。

(2)合同无论正副本一律采用亲笔签名,严禁使用签名章。单份合同文本达两页以上须加盖骑缝章。

(3)合同变更是指合同标的、数量、质量、价款或者报酬、履行期限、履行地点和方式、违约责任和解决争议方法等的改变。

(4)凡发生下列情况之一者,允许变更或解除合同:
①经过合同双方当事人协商同意变更或解除合同,并不因此而损害国家、单位和社会公共利益;
②订立合同所依据的国家计划被修改或取消;
③当事人一方由于某种原因确实无法履行合同;
④由于不可抗力或一方当事人虽无过失但仍无法防止的外因,致使合同无法履行;
⑤由于一方违约,使合同履行行为不必要。

(5)合同生效后任何一方当事人不得单方面变更或者解除合同。确需变更或解除的,应当经各方当事人协商一致并签订书面协议。

合同的变更应由提出变更的一方填写变更申请单后,经合同签订和审核部门审核后,经处长办公会讨论通过,并交省运营公司主管总经理备案。合同的解除程序与变更相同。

(6)一方要求变更或解除合同时,应及时通知另一方,因变更或解除合同使一方遭受损失的,除依法可以免除责任的外,应由责任方负责赔偿。当事人一方发生合并、分立时,由变更后的当事人承担或分别承担履行合同的义务和享受应有的权利。

(7)其他与合同有关的履约、分包等详见各期招标文件及合同协议书,文件间如有违背,以合同文件有限次序为准。

3.8 设备管理

(1)承包合同一经签订,分公司移交给专业养护公司的各种隧道、监控、超限治理的设施设备,承包人应妥善保管、使用并维护,保持该设备的性能良好,合同期结束前完好地移交分公司。

(2)所有养护范围内的设施、设备,在合同到期后移交到下一任养护责任单位前(需考虑设备折损),如发生质量故障均由前一任养护公司负责维修养护(即:合同最后一期计量工作在新责任单位进场正式移交后一周内开始)。

3.9 风险控制

辽宁省高速公路隧道专业化养护项目运营管理工程是一个大型的系统工程,由于其具有结构的复杂性、设施的规模性以及特殊的地理位置和功能需求等鲜明特点,养护是一个全新的课题。尤其是其特定的区域范围,隧道运营要涉及周边地区的影响,若养护运营考虑不周,均会对社会造成不必要的重大损失和负面影响。国内外众多的隧道工程养护事故已经给我们敲响了警钟,为此在全省隧道的养护运营管理中,引入设施风险管理与控制,通过对养护运营风险的识别、评价、评估、预防和应急措施等动态管理,使风险纳入养护受控范围内,从而保证隧道的安全运营。

风险管理的流程主要包括风险识别、风险评价、风险评估、风险预防、风险应急以及风险跟踪六个阶段,其管理的流程是一个循环的动态管理体。

3.9.1 风险识别

风险识别是风险管理的第一步,也是非常关键的一个步骤,主要是确定养护工程中存在的风险问题,风险管理的对象就此产生。风险的识别工作需要相当丰富的工程养护经验和科学的辨识能力,其结果的全面性和合理性将直接影响到后期风险管理的科学性和有效性。

隧道养护作业属于流动性作业,工序复杂、危险因素较多的行业,为防止安全事故的发生,根据隧道维修养护作业、技术改造等施工和运营管理活动,从人、机、料、法、环等因素综合分析,识别确认多个隧道养护运营管理中的风险因素,通过风险管理消除各种危险源。

3.9.2 风险评价

风险评价就是对识别出的风险进行量测,根据造成的结构损伤、财产损失以及人员伤害等确定风险的大小,按照风险评价标准进行风险等级的划分,从而得到风险等级,用于风险预防与应急。风险评价分级标准见表3-3-1。

风险评价分级标准表　　　　　　　　　　表3-3-1

风 险 水 平	风险评价说明
一级	风险很小,基本可忽略
二级	风险较小,仍在可接受范围
三级	风险中等,须引起重视
四级	风险较大,需要采取一定的控制措施方可接受
五级	风险很大,不可接受

3.9.3 风险评估

风险评估是对养护运营过程中可能出现的风险源加以确认,对其不确定因素进行分析,将这些不确定因素进行风险水平的定级评价,为风险的预防和风险应急提供充分依据。实现风险的可控管理。

隧道风险评估内容:
(1)养护运营工程中的防汛、抢险、工程防护等带来的影响。
(2)隧道养护区域车流量大,有可能会发生碰撞、触损等交通事故。
(3)强降雨、暴雨等自然灾害可能会对养护范围内带来突袭影响。
(4)发生交通事故、火灾等突发事件的风险影响。
(5)高空作业注意防跌落事故的发生。
(6)养护材料供应紧张及材料出现质量问题的风险。
(7)电力供应风险评估。
①由于电网出现故障,致使养护工作不能正常开展,甚至出现安全、质量事故。
②由于用电安全管理出现漏洞,产生事故。
(8)养护机械设备配备风险评估。
①由于机械出现故障,或需用配件不足等出现养护工作停止。
②由于修理不及时,出现养护工作停止。
(9)测量方面的风险评估。
①测量控制点出现破坏。
②控制测量偏差过大。
(10)职工保护。
在养护维修工作中,尤其养护工人操作不当所引起的人员伤害,主要有高处坠落、物体打击、机械伤害、触电、中毒、窒息、火灾等。

3.9.4 风险预防

风险预防是根据风险评估结果,对风险进行预防方式的决策,使得风险通过预防方式进行有效的风险回避、风险转移以及风险分散的过程,从而化解养护工程中风险的存在。

在隧道的运营管理、养护维修工程中,应根据现有的风险评估内容,通过对养护管理手段的强化、职工自我保护意识的增强、养护操作流程的准备化等先进的管理理念来预防养护运营中的风险源,从而保障设施的安全运营。

3.9.5 风险应急

风险的应急是风险管理体系中最后的一道屏障,是在风险预防失效的情况下采取的紧急风险管理措施,其意味着对风险的接受,在没有任何风险处理的情况下所能接受的唯一方式。

为了在应对风险预防失效情况下,进一步降低风险发生时对整个隧道养护运营的影响程度,应制定有针对性的各类应急预案管理机制和实施措施,使得风险应急措施作为风险管理的最终流程真正实现风险的可控管理。

3.9.6 风险跟踪

在进行风险预防和风险应急以后,为真正有效地对养护运营管理工程风险进行控制,需要对工程风险具体的发展情况进行跟踪控制。通过对风险的发展情况进行跟踪观察,督促风险规避措施的实施,同时及时发现和处理尚未识别到的风险,使风险处于动态管理的良性循环。

隧道养护运营工程风险跟踪的内容,主要包括六个风险识别和其他突发风险的观察记录。对风险发展状况进行记录和查询,以便及时地发现和解决问题。记录内容有:辨识人员、风险区域、发展状况、规避措施、实施人员等信息资料。

3.9.7 突发事件安全管理

(1)按相关规定报送相关单位和向社会发布信息。
(2)配合实行交通管制,采取措施减少次生事故发生。
(3)进行人员救护和疏散,尽量减少人员伤亡。
(4)配合所在地政府和相关专业机构做好处置工作。
(5)尽快清除障碍,恢复交通。

3.9.8 长大隧道应急预案

隧道管养单位应制订突发事件的应急预案并进行预案演练。特长隧道、长隧道应制订专项预案,其他隧道可制订通用应急预案。应急预案应包括下列内容:

(1)使用范围和事件类型;
(2)处置目标和原则;
(3)指挥调度体系和信息报送发布规定;
(4)处置方案和步骤,包括交通管制、处置队伍进场、疏散和人员救护、现场处置、损失检查与通行条件评估;
(5)应急队伍的组成,包括人员和装备的来源、规模、作用和现场安全防护等要求。

应急预案的演练应采用答题演练、沙盘演练或实地演练等形式进行。高速公路独立长隧道或特长隧道,每年应进行不少于一次的实地演练。突发事件处理后,应分析事故原因,总结经验教训,提高应急处置能力。

3.10 项目组织机构及人员组成

目前辽宁省隧道专业化养护项目由辽宁大通公路工程有限公司承担,项目组织机构按照辽宁大通公路工程有限公司组织机构建立。

3.10.1 组织机构网络

辽宁省高速公路隧道专业化养护项目部由专业技术过硬、综合管理经验丰富的技术干部组成项目领导机构,根据招标文件要求,依据隧道所处区域、线路及养护实施条件,充分考虑合同要求的应急响应时间,本项目养护单位在全省共设置14个养护工区。各工区现有管理及专业技术人员77名,劳务及生产辅助人员200余人。

3.10.2 养护模式及构架

隧道养护管理实行总经理、项目总工领导,常务副经理、主管生产副总经理总负责,当值负责人为现场管理第一责任人的养护管理责任制。各检测维护岗位的人员,按招标文件要求,采用常日班和部分24小时工作制工作。建立养护制度,确定管理模式、程序及作业标准等内部运作手册。养护模式构架如图3-3-1所示。

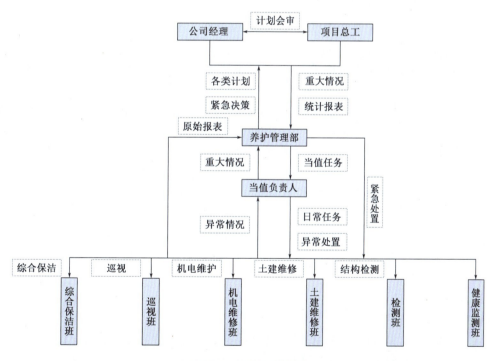

图3-3-1 养护模式构架图

3.10.3 建立专家现场办公制度

根据检测养护经验和人力资源,特邀省内外相关专家组成顾问咨询小组,作为养护技术支撑,定期召开技术办公会议,进行咨询、指导,解决养护难点和状态评估,确保设施结构安全。

3.10.4　设备仪器配置

为保证检测与养护质量,提高生产效率,我们根据养护需要,配置技术性能先进可靠、符合要求以及能够适应养护工作的仪器设备。

3.10.5　专业分包管理

根据招标书要求,暂估价包括日常保洁、除雪防滑、第三方评估工作等,此项工作由发包人与承包人双方共同组织采购,并由承包人与供应商签订采购合同。对于发包人所允许的指定专业分包项目,在业主方主持下,总包单位与各分包单位签订分包工程和安全协议,明确分包内容、各自责任和权利;建立工作协调机制,共同确保养护工作顺利进行。

3.11　养护安全作业的交通控制

根据《公路养护安全作业规程》(JTG H30—2015)的有关要求,在隧道养护时应遵守如下相关的交通引导和控制。

3.11.1　涉路施工现场作业要求

(1)养护维修人员必须穿着带有反光标志的橘红色工作装(套装),管理人员必须穿着带有反光标志的橘红色背心;

(2)接送养护维修作业人员应用车辆,养护维修作业人员不得在控制区外活动或将任何物体置于控制区以外;

(3)养护维修作业必须按作业控制区交通控制标准设置相关的渠化装置和标志,并指派专人负责维持交通;

(4)除雪作业时应加强交通管制,应做好防滑措施;除雪应以机械为主,在机械不能操作的地方可辅之以人工;

(5)养护维修作业中遇有暴风雨应停止施工;暴雨台风前后,应检查工地临时设施、脚手架、机电设备、临时线路,发现倾斜、变形、下沉、漏电、漏雨等现象,应及时修理加固;

(6)雾天需要进行抢修时,应会同有关部门封闭交通,所有安全设施上均须设置黄色施工警告灯号。

3.11.2　作业控制区布置

1)基本要求

作业控制区应由警告区、上游过渡区、缓冲区、工作区、下游过渡区和终止区组成,当需要封闭车道或路肩(紧急停车带)时必须设置过渡区。

警告区长度(S)最小值为1600m;

缓冲区长度(H)最小值宜取50m;

下游过渡区长度(L_X)最小值宜取30m;

终止区长度(Z)最小值宜取 30m。

2)具体规定

根据施工作业内容、封闭位置、导流方式及封闭时间等情况,将高速公路隧道养护维修封闭方式分为临时定点养护作业当天能够解除封闭的隧道养护作业及当天不能解除封闭的隧道内维修。

隧道养护作业方案适用于当天不能解除封闭的隧道内维修(图 3-3-2、图 3-3-3)。对于当天能够解除封闭的隧道养护作业,其安全设施和渠化交通设施可参照临时定点养护作业(图 3-3-4)方式摆放,并应从隧道口开始封闭养护维修作业车道。

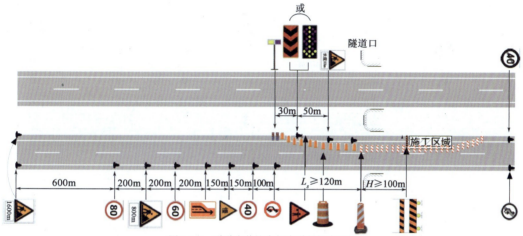

图 3-3-2 隧道内养护内侧车道封闭布置图

注:1.本方案适用部分车道封闭,且当天不能解除封闭的隧道维修。上游过渡区应布置在隧道入口前。

2.图中上游过渡区摆放交通桶,其他区域设置反光导流板,设置间距 2m。

3.L_s-上游过渡区,H-缓冲区,后同。

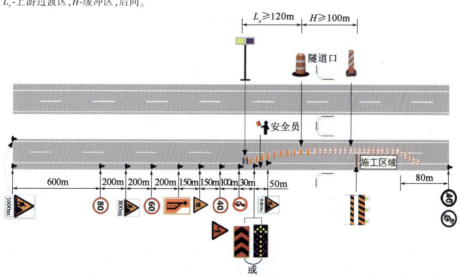

图 3-3-3 隧道内养护外侧车道封闭布置图

注:1.本方案适用于部分车道封闭,且当天不能解除封闭的隧道维修。上游过渡区应布置在隧道入口前。

2.图中上游过渡区摆放交通桶,其他区域设置反光导流板,设置间距 2m。

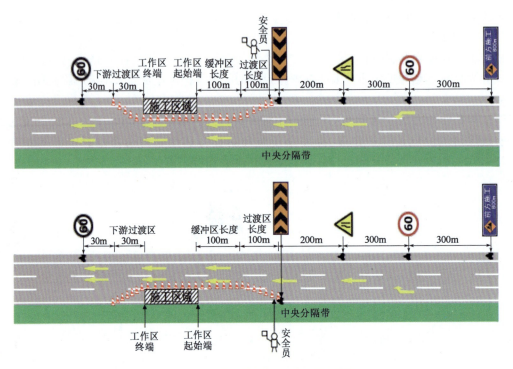

图 3-3-4　临时顶点养护作业封闭布置图

第四篇
检测项目及方法

第1章　衬砌裂缝检查与检测

运营隧道衬砌裂缝是最常见的病害类型,裂缝检测也是隧道结构检测的重要内容。隧道衬砌裂缝包括受力裂缝、沉降裂缝、混凝土收缩裂缝等。裂缝发展可能导致衬砌局部失稳、坍塌、掉块,威胁隧道运营安全。同时,有水区域的隧道,衬砌裂缝可能会出现衬砌渗漏水,对衬砌结构混凝土及钢筋产生侵蚀,对结构强度和稳定性产生不良影响,诱发新的裂缝产生,形成恶性循环,加速隧道衬砌结构破坏。

1.1　检测内容

1.1.1　常规裂缝检查

(1)位置:系指裂缝起点的位置,可简单地分为隧道拱部、边墙、路面3个部位,可用裂缝中点与隧道中线或墙底线的距离进行定位。

(2)方向:用量角器或罗盘测量在裂缝起始端处,裂缝起始端和终端的连线与隧道中线或墙底线的夹角。

(3)长度:用钢卷尺测量裂缝起始端到终端的距离。

(4)宽度:用游标卡尺或裂缝计测量,裂缝宽度系指裂缝最宽处的宽度,可用实测宽度表示,也可用如下裂缝宽度特征表示。

①微裂缝:裂缝宽度小于0.2mm;
②微张开:裂缝宽度界于0.2~3mm;
③张开:裂缝宽度界于3~5mm;
④宽张开:裂缝宽度大于5mm。

(5)裂缝形态:即裂缝布置状态,一般裂缝表现为以下几种形态。

①平直:裂缝基本呈一条直线;
②起伏:裂缝总体上呈一条直线,细部有弯起起伏;
③弧形:裂缝呈弧形;
④分叉:裂缝从某一处向多于一个方向发展;
⑤交叉:多条裂缝相交呈交叉状;
⑥龟裂:多条裂缝闭合在局部区域形成多个闭合状。

裂缝展布状态一般用素描裂缝展布图和拍照的方法记录。展布图应有桩号、特征描述;照片应注明桩号和编号;衬砌环向施工缝应清晰表示。

1.1.2 详细裂缝检查

除了常规裂缝检测,为了深入了解裂缝特征,还可对裂缝进行全面的检测,裂缝全面检测是在常规检测的基础上,增加以下内容:

(1)裂缝深度和倾角检测:检查裂缝的深度和倾角,可利用钻孔取样方法或无损检测的方法进行,也可以采用凿孔检查的方法。

(2)裂缝发展性观测:隧道在荷载或其他外界因素作用下,裂缝的宽度、长度和深度可能会不断发展,所以需要观测其变化规律。通常是对裂缝宽度和长度进行定期或不定期多次检测和观测。裂缝的宽度可以采用标点量测法、砂浆涂抹法和裂缝计测量的方法进行观测,裂缝长度扩展可采用尖端标记法、砂浆涂抹法进行观测,见图4-1-1~图4-1-4。

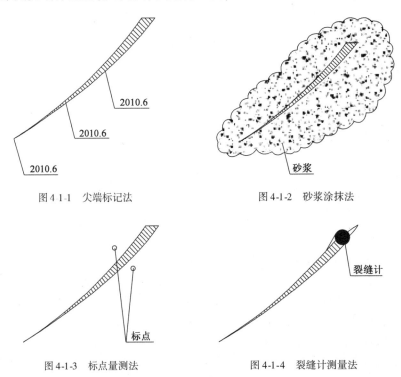

图4-1-1 尖端标记法　　　　　图4-1-2 砂浆涂抹法

图4-1-3 标点量测法　　　　　图4-1-4 裂缝计测量法

1.2 裂缝检测工具

隧道衬砌裂缝检测和观测需要准备以下工具:

数码相机、卷尺、游标卡尺、裂缝计(尺、卡)、探针、手持钻机、锤子、电筒、声波检测仪、砂浆、水泥钉、高空作业车等。

1.3 衬砌裂缝检测结果的判定

根据隧道衬砌裂缝检测结果,可对存在裂缝段落的衬砌结构进行技术状况评定。对于已知裂缝扩展和裂缝扩展性无法确定的情况,可分别参照表 4-1-1 和表 4-1-2 进行衬砌结构技术状况值评定。

当裂缝存在扩展时的评定标准　　　　　　　　　　　表 4-1-1

结　构	裂缝宽度 b(mm)		裂缝长度 l(mm)		评定状况值
	$b>3$	$b\leq3$	$l>5$	$l\leq5$	
衬砌	√		√		3/4
	√			√	2/3
		√	√		2
		√		√	2

当无法确定裂缝是否存在扩展时的评定标准　　　　　　表 4-1-2

结　构	裂缝宽度 b(mm)			裂缝长度 l(mm)			评定状况值
	$b>5$	$5\geq b>3$	$3\leq b$	$l>10$	$10\geq l>5$	$5\leq l$	
衬砌	√			√			3/4
	√				√		2/3
	√					√	2/3
		√		√			3
		√			√		2/3
		√				√	2
			√	√	√	√	1/2

第2章 渗漏水检查与检测

渗漏水是公路隧道最常见的病害之一,渗漏水与衬砌裂缝经常相伴出现,共同影响衬砌结构的安全性和耐久性。隧道衬砌渗水出现滴漏、涌流、喷射及路面渗水、冒水会造成路面湿滑。寒冷地区衬砌渗水会引起衬砌混凝土冻胀开裂、拱墙变形,拱墙上悬挂冰柱、冰溜;路面形成冰层、冰锥。

2.1 渗漏水检查内容

隧道渗漏水检查可分为简易检测和水质检测两类。结合隧道病害具体状况、隧道重要程度及养护等级、业主要求等因素综合确定需要检测的内容。

2.1.1 简易检测

简易检测包括:

(1)位置:漏水点的位置或渗水区中心点的位置,用皮尺或钢卷尺测,一般从漏水点和渗漏水的起始端与隧道中线或墙底底线的距离进行定位。

(2)范围:渗漏水润湿的面积,或存在渗漏水润湿痕迹的面积,以 m^2 计。

(3)漏水状态和漏水流量检查:根据漏水压力、流量等因素,将漏水状态分为喷射、涌流、滴漏、浸渗四类,如图4-2-1~图4-2-4所示。在漏水显著的情况下,可用计量容器收集,用秒表记录时间,即可测得该处漏水流量(L/min)。

图4-2-1 喷射

图4-2-2 涌流

(4)浑浊程度:漏水如果是浑浊的,需检查砂土是否和漏水一起流出,如有,则需测定每处砂土流失量(如水槽内堆积的砂土量);降雨后隧道出现漏水浑浊或有泥沙析出,则需进行隧道衬砌背后空洞和水流来源的详细勘察、地下水渗流规律的长期观测。

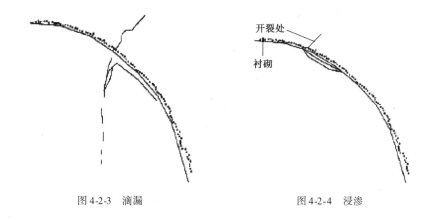

图 4-2-3　滴漏　　　　　　　图 4-2-4　浸渗

(5) pH 值：漏水是助长衬砌材质劣化的原因之一，特别是当漏水显示出强酸性时，混凝土有严重劣化的危险。检查时，一般使用 pH 试纸对漏水的酸碱度作简易测定。

(6) 冻结检查：主要检查隧道衬砌混凝土上的挂冰、路面堆冰和结冰的位置、分布，并记录温度变化、最低温度值。长隧道需测量隧道洞内沿隧道纵向的温度分布。当冻害可能造成衬砌材质受损时，需对衬砌材质进行检测。

2.1.2　水质检测

当渗漏水可能具有腐蚀作用时，应对水质进行检测，主要包括：

(1) 温度检测：通过测量水温，可掌握各处水温的季节性变化规律，便于判定漏水与地下水、地表水的关系。

(2) pH 值及水质检测：必要时应利用容器收集水样，利用 pH 测定器精确测定渗漏水 pH 值，或送专业水质检测机构进行详细的水质分析，注意水样收集前应保持容器的干燥，水样收集完毕应保持容器封闭，避免水样污染。

(3) 水样检测：必要时，将收集到的水样交专业机构，利用导电计等仪器对渗漏水溶解物质及数量进行检验，并就渗漏水对衬砌结构的腐蚀性进行评价和推定。

2.2　检测工具

数码相机、卷尺、pH 试纸、量桶或量杯、秒表、水样收集容器、温度计、导电计等。

2.3　渗漏水检测结果的判定

根据渗漏水是否具有腐蚀性以及渗漏水水量大小、形态、位置、结冰状态等，评判渗漏水对衬砌结构的安全性及洞内行车安全的影响。评判标准见表 4-2-1。

渗漏水的评定标准　　　　　　　　表 4-2-1

结构	主要异况	漏水程度				是否影响行车		评定状况值
		喷射	涌流	滴漏	浸渗	是	否	
拱部	漏水	√				√		4
			√			√		3
				√		√		2
					√		√	1
	挂冰					√		3
							√	1
侧墙	漏水	√				√		3
			√			√		2
				√		√		2
					√		√	1
	冰柱					√		3
							√	1
路面	砂土流出					√		3/4
							√	1
	积水					√		3/4
							√	1
	结冰					√		3/4
							√	1

第3章 隧道净空断面变形检测

隧道净空断面变形包括衬砌鼓出、裂缝发展、施工缝错台、衬砌沉降(陷)、电缆沟上翘、边沟下陷和冒出、路面沉陷和上鼓等。检测内容包括:高程检测、隧道断面检测、隧道衬砌结构裂缝发展监测、拱顶及边墙沉降检测、路面和电缆沟沉降(陷)检测等。根据检测结果判断隧道整体沉降及隧道断面形状的变化情况,为隧道处治决策和处治设计提供依据。隧道衬砌结构变形监测与隧道施工监测类似,通过长期的定期或不定期观测,了解隧道衬砌结构变形与裂缝发展速度与发展趋势。

3.1 隧道净空断面变形检测

3.1.1 衬砌高程检测

衬砌高程检测,即通过隧道建设时期高程控制点或独立设置的永久固定点,利用经纬仪、水准仪或全站仪对隧道路面控制点、路沿和衬砌边墙或基础沉降与变形进行测量。

3.1.2 净空断面检测

采用激光断面检测仪对隧道净空断面进行检测,检查隧道衬砌混凝土是否侵入设计内轮廓线。也可采用过去采用的隧道净空检测尺和隧道检测(查)车进行检测,检测过程和程序比较复杂,且精度较低,比较直观。

3.1.3 衬砌结构变形监测

在地质不良地段,隧道上跨、下穿结构物等特殊地段,施工中隧道出现塌方和大变形地段,可对其净空变化进行长期的监测或检测,一般需对衬砌拱顶下沉和衬砌宽度收敛状况进行监测,特殊情况可依照检测要求特别定制监测方案。衬砌结构变形状况和变形发展的监测方法、检测仪器和操作步骤可参照隧道施工监控量测要求进行,但不得影响车辆通行和行车安全。

3.2 衬砌变形结果的判定

衬砌的变形、沉降一般较慢,变形需要较长时间,在地震、滑坡、暴雨后可能发生明显的变化,在北方寒冷地区,结构由于冻胀而变形,并随季节的循环而反复发生。当变形发生时,路面、边沟、电缆沟表现较为明显。

任何时候用隧道激光断面检测仪检测出隧道衬砌或附属设施任何部分侵入建筑限界,应直接判定侵限区域属于3类及以上病害。

隧道衬砌变形病害评定标准见表4-3-1,当变形速度呈现加速时,则可以将等级提高一级;如因山体滑移导致衬砌变形,则应判定为3/4类。

基于变形速度的评定标准　　　　　　　　　　　　　　　　　　　表4-3-1

结　构	变形速度 v(mm/年)				评定状况值
	$v \geq 10$	$10 > v \geq 3$	$3 > v \geq 1$	$1 > v$	
衬砌	√				4
		√			3
			√		2
				√	1

如隧道衬砌结构同时存在剥落、材料劣化等病害,可参照表4-3-2、表4-3-3进行分项技术状况判定。

衬砌断面强度降低的评定标准　　　　　　　　　　　　　　　　　表4-3-2

结　构	主要原因	起层和剥落的可能性		劣化程度 有效厚度/设计厚度			评定状况值
		有	无	<1/2	1/2~2/3	>2/3	
拱部	劣化、冻害、设计或施工不当等	√					4
			√				1
				√			3
					√		2
						√	1
侧墙		√					3
			√				1
				√			3
					√		2
						√	1

钢材腐蚀的评定标准　　　　　　　　　　　　　　　　　　　　　表4-3-3

结　构	主要原因	腐蚀程度	评定状况值
衬砌	盐害、渗漏水、酸(碱)化等	表面或小面积的腐蚀	1
		浅孔蚀或钢筋全周生锈	2
		钢材断面减小程度明显,钢结构功能受损	3

第4章 混凝土中钢筋分布及保护层厚度检测

4.1 应用范围

混凝土中钢筋分布及保护层厚度的检测针对主要承重构件或承重构件的主要受力部位,或钢筋锈蚀电位测试结果表明钢筋可能锈蚀活化的部位,以及根据结构检算及其他检测需要确定的部位。在下列情况下需进行检测:
(1)用于估测混凝土中钢筋的位置、深度和尺寸。
(2)在无资料或其他原因需要对结构进行调查的情况下。
(3)进行其他测试之前需要避开钢筋进行的测试。

4.2 检测方法及原理

(1)检测方法:采用电磁无损检测方法确定钢筋位置,辅以现场修正确定保护层厚度,估测钢筋直径,量测值精确至毫米。
(2)检测原理:仪器探头产生一个电磁场,当某条钢筋或其他金属物体位于这个电磁场内时,会引起这个电磁场磁力线的改变,造成局部电磁场强度的变化。电磁场强度的变化和金属物大小与探头距离存在一定的对应关系。如果把特定尺寸的钢筋和所要调查的材料进行适当标定,通过探头测量并由仪表显示出来这种对应关系,即可估测混凝土中钢筋的位置、深度和尺寸。

4.3 仪器技术要求

1)检测仪器的技术要求
检测仪器一般包含探头、仪表和连接导线,仪表可进行模拟或数字的指示输出,较先进的仪表还具有图形显示功能,仪器可用电池或外接电源供电。
2)钢筋保护层测试仪的技术要求
(1)钢筋保护层测试仪应通过技术鉴定,必须具有产品合格证。
(2)仪器的保护层测量范围应大于120mm。
(3)仪器的准确度应满足:
①0~60mm,±1mm。
②60~120mm,±3mm。
③>120mm,±10%。

(4)适用的钢筋直径范围应为 φ6~φ50,并不少于符合有关钢筋直径系列规定的 12 个档次。
(5)仪器应具有在未知保护层厚度的情况下,测量钢筋直径的功能。
(6)仪器应能适用于温度 0~40℃、相对湿度≤85%、无强磁场干扰的环境条件。
(7)仪器工作时应为直流供电,连续正常工作时间不小于 6h。

4.4 仪器的标定

(1)钢筋保护层测试仪使用期间的标定校准应使用专用的标定块。当测量标定块所给定的保护层厚度时,测读值应在仪器说明书所给定的准确范围之内。
(2)标定块为一根 φ16 的普通碳素钢筋垂直浇筑在长方体无磁场的塑料块内,钢筋距四个侧面分别为 15mm、30mm、60mm、90mm,如图 4-4-1 所示。

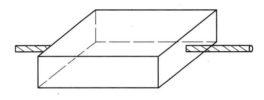

图 4-4-1 标定块

(3)标定应在无外界磁场干扰的环境中进行。
(4)每次试验检测前均应对仪器进行标定,若达不到应有的准确度,应送专业机构维修检验。

4.5 操作程序

1)混凝土结构钢筋分布状况调查的范围
其范围应为主要承重构件或承重构件的主要受力部位,或经钢筋锈蚀电位测试结果表明钢筋可能锈蚀活化的部位,以及根据结构验算及其他检测需要确定的部位。
2)测区的布置原则
(1)按单个构件检测时,应根据尺寸大小,在构件上均匀布置测区,每个构件上的测区数不应少于 3 个。
(2)对于最大尺寸大于 5m 的构件,应适当增加测区数量。
(3)测区应均匀布置,相邻两测区的间距不宜小于 2m。
(4)测区表面应清洁、平整,避开接缝、蜂窝、麻面、预埋件等部位。
(5)测区应注明编号,并记录测区位置和外观情况。
(6)测点数量及要求。
①构件上每一测区应不少于 10 个测点。
②测点间距应不小于保护层测试仪传感器长度。
3)测量步骤
(1)测试前应了解有关图纸资料,以确定钢筋的种类和直径。

(2)进行保护层厚度测读前,应先在测区内确定钢筋的位置与走向,做法如下:

①将保护层测试仪传感器在构件表面平行移动,当仪器显示值为最小时,传感器正下方即是所测钢筋的位置。

②找到钢筋位置后,将传感器在原处左右转动一定角度,仪器显示最小值时传感器长轴线的方向为钢筋的走向。

③在构件测区表面画出钢筋位置与走向。

(3)保护层厚度的测读。

①将传感器置于钢筋所在位置正上方,并左右稍稍移动,读取仪器显示的最小值,即为该处保护层厚度。

②每一测点宜读取 2~3 次稳定读数,取其平均值,精确至 1mm。

③应避免在钢筋交叉位置进行测量。

(4)对于缺少资料、无法确定钢筋直径的构件,应首先测量钢筋直径。对钢筋直径的测量宜采用测读 5~10 次、剔除异常数据、求其平均值的测量方法。

4.6 影响测量准确度的因素及修正

1)影响测量准确度的因素

(1)应避免外加磁场的影响。

(2)混凝土若具有磁性,测量值需加以修正。

(3)钢筋品种对测量值有一定的影响,主要是高强钢筋,需加以修正。

(4)布筋状况、钢筋间距影响测量值,当 $D/S<3$ 时需修正测量值。其中,D 为钢筋净间距(mm),即钢筋边缘至边缘的间距;S 为保护层厚度(mm),即钢筋边缘至保护层表面的最小距离。

2)保护层测量值的修正

当钢筋直径、材质、布筋状况、混凝土性质都已知时,才能准确测量保护层厚度,而实际测量时,往往这些因素都是未知的。

(1)仪器测量直径的选择。

两根钢筋横向并在一起(图 4-4-2),等效直径 $d_{等效}=d_1+d_2$;

两根钢筋竖向并在一起(图 4-4-3),等效直径 $d_{等效}=3(d_1+d_2)/4$;

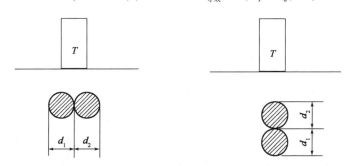

图 4-4-2 两根钢筋横向并在一起   图 4-4-3 两根钢筋竖向并在一起

(2)用标准垫块进行综合修正,这种方法适用于现场检测。标准垫块用硬质无磁性材料制成,例如工程塑料或电工用绝缘板。平面尺寸与仪器传感器底面相同,厚度 S_b 为10mm 或 20mm。修正系数 K 计算方法如下:

①将传感器直接置于混凝土表面已标好的钢筋位置正上方,读取测量值 S_{m1}。

②将标准垫块置于传感器原混凝土表面位置,并把传感器放于标准垫块之上,读取测量值 S_{m2},则修正系数 K 为:

$$K = \frac{S_{m2} - S_{m1}}{S_b} \tag{4-4-1}$$

③对于不同钢筋种类和直径的试块,应确定各自的修正系数,每一修正系数应根据3次平均值求得。

(3)用校准孔进行综合修正,也是现场校准测量值的有效方法。

①用6mm 钻头在钢筋位置正上方,垂直于构件表面打孔,手感碰到钢筋立即停止,用深度卡尺量测钻孔深度,即为实际的保护层厚度 S_r,则修正系数 K 为:

$$K = \frac{S_m}{S_r} \tag{4-4-2}$$

式中:S_m——仪器读数值。

②对于不同钢筋种类和直径的试块应打各自的校准孔,一般应不少于2个,求其平均值。

(4)现场检测的准确度。经过修正后确定的保护层厚度值,精确度可在10%以内,因混凝土表面的平整度及各种影响因素的存在仍会给测量带来误差。

(5)用图示方式注明检测部位及测区位置,将各个测区的钢筋分布、走向绘制成图,并在图上标注间距、保护层厚度及钢筋直径等数据。

4.7 钢筋分布及保护层厚度的评定

1)数据处理

(1)首先根据某一测量部位各测点混凝土厚度实测值,按公式(4-4-3)求出混凝土保护层厚度平均值 $\overline{D}_n$(精确至0.1mm)。

$$\overline{D}_n = \frac{\sum_{i=1}^{n} D_{ni}}{n} \tag{4-4-3}$$

式中:D_{ni}——结构或构件测量部位测点混凝土保护层厚度,精确至0.1mm;

n——检测构件或部位的测点数。

(2)按照公式(4-4-4)计算确定测量部位混凝土保护层厚度特征值 D_{ne}(精确至0.1mm):

$$D_{ne} = \overline{D}_n = K_p S_D \tag{4-4-4}$$

式中:S_D——测量部位测点保护层厚度的标准差,精确至0.1mm;

$$S_D = \sqrt{\frac{\sum_{i=1}^{n}(\overline{D}_n)^2 - n(\overline{D}_n)^2}{n-1}} \tag{4-4-5}$$

式中：K_p——合格判定系数值，按表 4-4-1 取用。

混凝土保护层厚度合格判定系数值　　　　表 4-4-1

n	10~15	16~24	≥25
K_p	1.695	1.645	1.595

2）结果评定

根据测量部位实测保护层厚度特征值 D_{ne} 与设计值 D_{nd} 的比值，混凝土保护层厚度对结构钢筋耐久性的影响评判可参考表 4-4-2 中的经验值。

钢筋保护层厚度评定标准　　　　表 4-4-2

D_{ne}/D_{nd}	对结构钢筋耐久性的影响	评定标度
>0.95	影响不显著	1
(0.85,0.95]	有轻度影响	2
(0.70,0.85]	有影响	3
(0.55,0.70]	有较大影响	4
≤0.55	钢筋易失去碱性保护，发生锈蚀	5

第5章 结构混凝土强度的检测与评定

5.1 结构混凝土强度检测方法分类与要求

结构混凝土强度的检测方法可分为无损检测、半破损检测和破损检测。本节对目前隧道工程常用的回弹法、超声回弹综合法、取芯法、回弹结合取芯法等测定混凝土强度的通用方法进行介绍。

使用这些方法要注意隧道工程结构的特点,隧道结构有其特殊性,混凝土强度检测评定分为结构或构件的强度检测评定与承重构件的主要受力部位的强度检测评定。

原则上对结构不采取破损检测,但在其他方法不能准确评定结构(构件)或承重构件主要受力部位的混凝土强度时,应采用取芯法或取芯法结合其他方法综合评定。在结构上钻、截取试件时,应尽量选择承重构件的次要部位,并应采取有效措施,确保结构安全。钻、截取试件后,应及时进行修复或加固处理。

5.2 回弹法检测结构混凝土强度的方法

回弹法在我国已使用50余年,而且使用范围越来越广泛,这不仅是因为回弹法简便、灵活,同时也由于我国已解决了回弹法使用精度不高和不能普遍推广的一些关键问题。

1)回弹法的基本原理

回弹法是用弹簧驱动重锤,通过弹击杆弹击混凝土表面,并测出重锤被反弹回来的距离,以回弹值(反弹距离与弹簧初始长度之比)作为与强度相关的指标,来推定混凝土强度的一种方法。由于测量在混凝土表面进行,所以应属于表面硬度法的一种。

图4-5-1为回弹法的原理示意图。当重锤被拉到冲击前的状态时,若重锤的质量为1,则这时重锤所具有的势能 e 为:

$$e = \frac{1}{2}kl^2 \tag{4-5-1}$$

式中:k——拉力弹簧的刚度系数;

l——拉力弹簧起始拉伸长度。

混凝土受冲击后产生瞬时弹性变形,其恢复力使重锤弹回,当重锤被弹回到 x 位置时所具有的势能 e 为:

$$e_x = \frac{1}{2}kx^2 \tag{4-5-2}$$

式中:x——重锤反弹位置或重锤弹回时弹簧的拉伸长度。

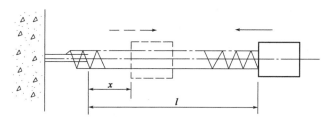

图 4-5-1 回弹法原理示意图

所以重锤在弹击过程中,所消耗的能量 Δe 为:

$$\Delta e = e - e_x = \frac{1}{2}k(l^2 - x^2) = e\left[1 - \left(\frac{x}{l}\right)^2\right] \quad (4\text{-}5\text{-}3)$$

令:

$$R = \frac{x}{l} \quad (4\text{-}5\text{-}4)$$

在回弹仪中,l 为定值,所以 R 与 x 成正比,称为回弹值。将 R 代入上式得:

$$R = \sqrt{1 - \frac{\Delta e}{e}} = \sqrt{\frac{e_x}{e}} \quad (4\text{-}5\text{-}5)$$

由上式可知,回弹值只等于重锤冲击混凝土表面后剩余势能与原有势能之比的平方根。简而言之,回弹值的大小取决于与冲击能量有关的回弹能量,而回弹能量主要取决于被测混凝土的弹塑性性能。其能量的传递和变化概述如下:

$$e = \sum A_i = A_1 + A_2 + A_3 + A_4 + A_5 + A_6 \quad (4\text{-}5\text{-}6)$$

式中:A_1——使混凝土产生塑性变形的功;

A_2——使混凝土、弹击杆及弹击锤产生弹性变形的功;

A_3——弹击锤在冲击过程中和指针在移动过程中因摩擦所损耗的功;

A_4——弹击锤在冲击过程中和指针在移动过程中克服空气阻力的功;

A_5——混凝土产生塑性变形时增加自由表面所损耗的功;

A_6——仪器在冲击时由于混凝土构件颤动和弹击杆与混凝土表面移动而损耗的功。

A_3、A_4、A_5、A_6 一般很小,当混凝土构件具有足够的刚度且在冲击过程中仪器始终紧贴混凝土表面时,均可忽略不计。在一定的冲击能量作用下,A_2 的弹性变形接近于变数。因此弹回距离主要取决于混凝土的塑性变形。混凝土的强度越低,则塑性变形越大,消耗于产生塑性变形的功也越大,弹击锤所获得的回弹能量就越小,回弹距离相应也越小,从而回弹值就越小,反之亦然。据此,可由能量建立"混凝土抗压强度-回弹值"的相关曲线,通过回弹仪对混凝土表面弹击后的回弹值来推算混凝土的强度值。

2) 回弹仪

(1) 回弹仪的类型及工作原理

回弹仪的类型比较多,有重型、中型、轻型和特轻型,一般工程使用最多的是中型回弹仪。

我国自 20 世纪 50 年代中期开始生产回弹仪,回弹仪可分为指针直读式和数字式。其中以指针直读的直射锤击式仪器应用最广,随着数字技术的发展,数字回弹仪应用得越来越多。数字式回弹仪构造见图 4-5-2。

图 4-5-2　数字式回弹仪

仪器工作时,随着对回弹仪施压,弹击杆徐徐向机壳内推进,弹击拉簧被拉伸,使连接弹击拉簧的弹击锤获得恒定的冲击能量 e ,当仪器在水平状态工作时,其冲击能量 e 大小为 2.207J(标准规定弹击拉簧的刚度为 785.0N/m),单击拉簧工作时的拉伸长度为 0.075m。

当挂钩与调零螺钉互相挤压时,弹击锤脱钩,于是弹击锤的冲击面与弹击杆的后端平面相碰撞,此时弹击锤释放出来的能量借助弹击杆传递给混凝土构件,混凝土弹性反应的能量又通过弹击杆传递给弹击锤,使弹击锤获得回弹的能量向后弹回,计算弹击锤回弹的距离 x 和弹击锤脱钩前距弹击杆后端平面的距离 l 之比,即得回弹值 R,它由仪器外壳上的刻度尺示出。

(2) 对中型回弹仪的技术要求

①水平弹击时,弹击锤脱钩的瞬间,中型回弹仪的标称能量应为 2.207J。

②弹击锤与弹击杆碰撞的瞬间,弹击拉簧应处于自由状态,此时弹击锤起跳点应相应于指针指示刻度尺上"0"处。

③在洛式硬度 HRC 为 60 ±2 的钢砧上,回弹仪的率定值应为 80 ±2。

④数字式回弹仪应带有指针直读示值系统,数字显示的回弹值与指针直读示值相差应不超过 1。

⑤回弹仪使用时的环境温度应为 -4~40℃。

(3) 回弹仪的率定方法

回弹仪在工程检测前后,应在钢砧上做率定试验,并应符合下述要求。率定试验宜在干燥、室温为 5~35℃ 的条件下进行。率定时,钢砧应稳固地平放在刚度大的物体上。测定回弹值时,取连续向下弹击 3 次稳定回弹值的平均值。弹击杆应分 4 次旋转,每次旋转宜为 90°,弹击杆每旋转一次的率定平均值应为 80 ±2,率定回弹仪的钢砧应每 2 年校准一次。

(4) 回弹仪的验定

回弹仪具有下列情况之一时,应由法定部门按照《回弹仪检定规程》(JJG 817—2011)对回弹仪进行检定。

①新回弹仪启用前。

②超过检定有效期限。

③数字式回弹仪显示的回弹值与指针直读示值相差大于1。

④经保养后,在钢砧上率定值不合格。

⑤遭受严重撞击或其他损害。

(5) 回弹仪的保养方法

当回弹仪的弹击次数超过 2000 次,或者对检测值有怀疑以及在钢砧上的率定值不合格时,应对回弹仪进行保养。常规保养应符合下列规定:

①先将弹击锤脱钩后取出机芯,然后卸下弹击杆,取出里面的缓冲压簧,并取出弹击锤、弹击拉簧和拉簧座。

②清洗机芯各零部件,重点清洗中心导杆、弹击锤和弹击杆的内孔和冲击面,清洗后应在

中心导杆上薄薄涂抹钟表油,其他零部件均不得抹油。

③应清理机壳内壁,卸下刻度尺,并应检查指针,其摩擦力应为 0.5~0.8N。

④对数字式回弹仪,还应按产品要求的维护程序进行维护。

⑤保养时,不得旋转尾盖上已定位紧固的调零螺钉,不得自制或更换零部件。

⑥保养后应对回弹仪进行率定试验。

回弹仪使用完毕后,应使弹击杆伸出机壳,清除弹击杆、杆前端球面以及刻度尺表面和外壳的污垢、尘土。回弹仪不用时,应将弹击杆压入仪器内,经弹击后方可按下按钮锁住机芯,将回弹仪装入仪器箱,平放在干燥阴凉处。数字回弹仪长期不用时,应取出电池。

3) 检测方法

在正常情况下,混凝土强度的检验与评定应按《混凝土结构工程施工质量验收规范》(GB 50204—2015)及《混凝土强度检验评定标准》(GB/T 50107—2010)执行。但是,当出现标准养护试件或同条件试件数量不足或未按规定制作试件时,当所制作的标准试件或同条件试件与所成型的构件在材料用量、配合比、水灰比等方面有较大差异,已不能代表构件的混凝土质量时,当标准试件或同条件试件的试压结果不符合现行标准、规范规定的对结构或构件的强度合格要求,并且对该结果持有怀疑时,总之,当结构中混凝土实际强度有检测要求时,可以考虑依据《回弹法检测混凝土抗压强度技术规程》(JGJ/T 23—2011),采用回弹法来检测,检测结果可作为评价混凝土质量的一个依据。其一般检测步骤如下。

(1) 收集基本技术资料

收集的基本技术资料包括:

①工程名称及设计、施工和建设单位名称。

②结构或构件名称、外形尺寸、数量及混凝土强度等级。

③水泥品种、强度等级、安定性、厂名;砂石种类、粒径;外加剂或掺合料品种、掺量;混凝土配合比等。

④施工时材料计量情况,模板、浇筑、养护情况及成型日期等。

⑤必要的设计图纸和施工记录。

⑥检测原因。

(2) 确定抽样数量及适用范围

结构或构件混凝土强度检测可采用下列两种方式,其适用范围及结构或构件数量应符合下列规定。

①单个检测:适用于单个结构或构件的检测。

②批量检测:适用于在相同的生产工艺条件下,混凝土强度等级相同,原材料、配合比、成型工艺、养护条件基本一致且龄期相近的同类结构或构件的检测。按批进行检测的构件,抽检数量不得少于同批构件总数的30%,且构件数量不得少于10件。抽检构件时,应随机抽取并使所选构件具有代表性。当检验批构件数量大于30个时,抽样构件数量可适当调整,并不得少于国家现行有关标准规定的最少抽样数量。

(3) 选取符合下列规定的测区

①对一般构件,测区数不宜少于10个,当受检构件数量大于30个且不需提供单个构件推定强度,或构件某一方向尺寸不大于4.5m且另一方向尺寸不大于0.3m时,其测区数量可适

当减少,但不应少于5个。

②相邻两测区的间距不应大于2m,测区离构件端部或施工缝边缘的距离不宜大于0.5m,且不宜小于0.2m。

③测区宜选在使回弹仪处于水平方向检测的混凝土浇筑侧面。当不能满足这一要求时,也可选择在使回弹仪处于非水平方向检测的混凝土构件的浇筑表面或底面。

④测区宜选在构件的两个对称可测面上,当不能布置在对称可测面上时,也可布置在一个可测面上,且应均匀分布。在构件的重要部位及薄弱部位应布置测区,并应避开预埋件。

⑤测区的面积不宜大于$0.04m^2$。

⑥检测面应为原状混凝土表面,并应清洁、平整,不应有疏松层、浮浆、油垢、涂层以及蜂窝、麻面。

⑦对弹击时产生颤动的薄壁、小型构件应进行固定,使之有足够的约束力。否则会使检测结果偏小。

⑧结构或构件的测区应标有清晰的编号,必要时应在记录纸上描述测区布置示意图和外观质量。

(4)回弹值测量

①回弹仪的操作:将弹击杆顶住混凝土的表面,轻压仪器,松开按钮,弹击杆徐徐伸出。使仪器对混凝土表面缓慢均匀施压,待弹击锤脱钩冲击弹击杆后即回弹,带动指针向后移动并停留在某一位置上,即为回弹值。继续顶住混凝土表面并在读取和记录回弹值后,逐渐对仪器减压,使弹击杆自仪器内伸出,重复进行上述操作,即可测得被测构件或结构的回弹值。操作中注意仪器的轴线应始终垂直于混凝土构件的检测面,缓慢施压,准确读数,快速复位。

②测点宜在测区范围内均匀分布,相邻两测点的净距不宜小于20mm;测点距外露钢筋、预埋件的距离不宜小于30mm。测点不应在气孔或外露石子上,同一测点只应弹击一次。每一测区应记取16个回弹值,每一测点的回弹值读数应精确至1。

(5)碳化深度值测量

①回弹值测量完毕后,应在有代表性的位置上测量碳化深度值,测点数不应少于构件测区数的30%,取其平均值为该构件每测区的碳化深度值。当碳化深度值大于2.0mm时,应在每一测区测量碳化深度值。

②碳化深度值测量方法:采用适当的工具在测区表面形成直径约15mm的孔洞,其深度应大于混凝土的预估碳化深度。孔洞中的粉末和碎屑应除净,并不得用水擦洗。同时,采用浓度为1%~2%的酚酞酒精溶液滴在孔洞内壁的边缘处,当已碳化与未碳化界线清楚时,再用深度测量工具测量已碳化与未碳化混凝土交界面到混凝土表面的垂直距离,测量3次,读数精确至0.25mm,取其平均值作为检测结果,精确至0.5mm。

(6)泵送混凝土测量

检测泵送混凝土强度时,测区应选在混凝土浇筑侧面。

4)回弹值计算和测区混凝土强度的确定

(1)计算测区平均回弹值,应从该测区的16个回弹值中剔除3个最大值和3个最小值,余下的10个回弹值按公式(4-5-7)计算:

$$R_{\mathrm{m}} = \frac{\sum_{i=1}^{n} R_i}{10} \tag{4-5-7}$$

式中：R_{m}——测区平均回弹值（mm），精确至 0.1mm；

R_i——第 i 个测点的回弹值（mm）。

(2) 非水平方向检测混凝土浇筑侧面时，应按公式(4-5-8)修正：

$$R_{\mathrm{m}} = R_{\mathrm{m}\alpha} + R_{\mathrm{a}\alpha} \tag{4-5-8}$$

式中：$R_{\mathrm{m}\alpha}$——非水平状态检测时测区的平均回弹值（mm），精确至 0.1mm；

$R_{\mathrm{a}\alpha}$——非水平状态检测时回弹值的修正值（mm），可由《回弹法检测混凝土抗压强度技术规程》(JGJ/T 23—2011) 查取。

(3) 测区混凝土强度值的确定。结构或构件第 i 个测区混凝土强度的换算值，根据每一测区的回弹平均值及碳化深度值，查阅统一测强曲线[《回弹法检测混凝土抗压强度技术规程》(JGJ/T 23—2011)]得出，当有地区测强曲线或专用测强曲线时，混凝土强度换算值应按地区测强曲线或专用测强曲线换算得出。表中未列入的测区强度值可用内插法求得。对于泵送混凝土要注意规程中的有关规定。

5) 混凝土强度计算

(1) 结构或构件测区混凝土强度的平均值可根据各测区混凝土强度的换算值计算。当测区数为 10 个及以上时，应计算强度标准差。平均值及标准差应按公式(4-5-9)和公式(4-5-10)计算：

$$m_{f_{\mathrm{cu}}^{\mathrm{c}}} = \frac{\sum_{i=1}^{n} f_{\mathrm{cu},i}^{\mathrm{c}}}{n} \tag{4-5-9}$$

$$s_{f_{\mathrm{cu}}^{\mathrm{c}}} = \sqrt{\frac{\sum_{i=1}^{n} (f_{\mathrm{cu},i}^{\mathrm{c}})^2 - n(m_{f_{\mathrm{cu}}^{\mathrm{c}}})^2}{n-1}} \tag{4-5-10}$$

式中：$m_{f_{\mathrm{cu}}^{\mathrm{c}}}$——结构或构件测区混凝土强度换算值的平均值（MPa），精确至 0.1MPa；

n——单个检测的构件，取一个构件的测区数；对批量检测的构件，取所有被抽检构件的测区数之和；

$s_{f_{\mathrm{cu}}^{\mathrm{c}}}$——结构或构件测区混凝土强度换算值的标准差（MPa），精确至 0.01MPa。

(2) 结构或构件混凝土强度推定值（$f_{\mathrm{cu},e}$）应按公式(4-5-11)确定：

① 当该结构或构件测区数少于 10 个时：

$$f_{\mathrm{cu},e} = f_{\mathrm{cu,min}}^{\mathrm{c}} \tag{4-5-11}$$

式中：$f_{\mathrm{cu,min}}^{\mathrm{c}}$——构件中最小的测区混凝土强度换算值（MPa）。

② 当该结构或构件测区强度值中出现小于 10.0MPa 的值时：

$$f_{\mathrm{cu},e} < 10.0\mathrm{MPa} \tag{4-5-12}$$

③ 当该结构或构件测区数不少于 10 个时，应按公式(4-5-13)计算：

$$f_{\mathrm{cu},e} = m_{f_{\mathrm{cu}}^{\mathrm{c}}} - 1.645 s_{f_{\mathrm{cu}}^{\mathrm{c}}} \tag{4-5-13}$$

④ 当批量检测时，应按公式(4-5-14)计算：

$$f_{\mathrm{cu},e} = m_{f_{\mathrm{cu}}^{\mathrm{c}}} - k s_{f_{\mathrm{cu}}^{\mathrm{c}}} \tag{4-5-14}$$

式中：k——推定系数，宜取 1.645，当需要推定强度区间时，可按国家现行有关标准的规定取值。

构件的混凝土强度推定值是指相应于强度换算值,总体分布中保证率不低于95%的构件混凝土抗压强度值。

⑤对按批量检测的构件,当该构件混凝土强度标准差出现下列情况之一时,则该批构件应全部按单个构件检测:

　　a.当该批构件混凝土强度平均值小于25MPa、标准差大于4.5MPa时;
　　b.当该批构件混凝土强度平均值不小于25MPa、标准差大于5.5MPa时。

5.3　超声回弹综合法检测结构混凝土强度的方法

超声回弹综合法是指采用超声仪和回弹仪,在结构混凝土同一测区分别测量声时值和回弹值,然后利用已建立起来的测强公式推算该测区混凝土强度。与单一回弹法或超声法相比,超声回弹综合法具有受混凝土龄期和含水率的影响小、测试精度高、适用范围广、能够较全面地反映结构混凝土的实际质量等优点。

超声仪是超声检测的基本装置。它的作用是产生重复的电脉冲去激励发射换能器,发射换能器发射的超声波经耦合进入混凝土,在混凝土中传播后被接收换能器所接收并转换成电信号,电信号被送至超声仪,经放大后显示在示波屏上。超声仪除了产生电脉冲,接收、显示超声波外,还具有测量超声波有关参数,如声传播时间、接收波振幅、频率等功能。

超声脉冲检测技术用于结构混凝土的检测起源于20世纪40年代末。目前工程中应用的主要是智能型超声仪,其基本工作原理和组成总体框图如图4-5-3所示,主要由计算机(主机)、高压发射系统、程控放大系统、数据采集及传输系统、电源系统五大部分组成。具体工作原理为:高压发射电路在主机控制下,产生高压脉冲,通过发射换能器转换为声波信号并传入被测介质,接收换能器接收通过被测介质的声波信号并转换为电信号,受主机控制的程控放大系统对接收的电信号作自动增益调整达到设定状态,经数据采集系统转换为数字信号,并将其高速送入主机系统,然后在主机系统控制下进行波形显示、声参量的判读和存储,或者对所存储的声参量进行分析处理等。

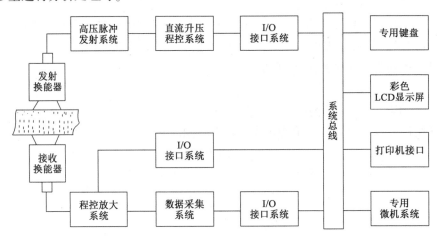

图4-5-3　工作原理和组成总体框图

5.4 钻芯法检测结构混凝土强度的方法

钻芯法检测混凝土强度是从混凝土结构物中钻取芯样来测定混凝土的抗压强度,是一种直观准确的方法。用钻芯法还可以检测混凝土的裂缝、接缝、分层、孔洞或离析等缺陷,具有直观、精度高等特点,因而广泛应用于土木工程中混凝土结构或构筑物的质量检测。

1)使用情况

(1)对试块抗压强度的测试结果有怀疑时。

(2)因材料、施工或养护不良而发生混凝土质量问题时。

(3)混凝土遭受冻害、火灾、化学侵蚀或其他损害时。

(4)需检测经多年使用的建筑结构或构筑物中混凝土强度时。

2)钻取芯样

(1)钻前准备资料

①工程名称(或代号)及设计、施工、建设单位名称。

②结构或构件种类,外形尺寸及数量。

③设计采用的混凝土强度等级。

④成型日期,原材料(水泥品种,粗集料粒径等)和混凝土试块抗压强度试验报告。

⑤结构或构件质量状况和施工中存在问题的记录。

⑥有关的结构设计图和施工图等。

(2)钻取芯样部位

①结构或构件受力较小的部位。

②混凝土强度质量具有代表性的部位。

③便于钻芯机安放与操作的部位。

④避开主筋、预埋件和管线的位置,并尽量避开其他钢筋。

3)芯样要求

(1)芯样数量

芯样试件的数量应根据检测批的容量确定。标准芯样试件的最小样本量不宜少于15个,小直径芯样试件的最小样本量应适当增加。对于确定单个构件的混凝土强度推定值时,有效芯样试件的数量应不少于3个;对于较小构件,有效芯样试件的数量不得少于2个。

芯样应从检测批的结构构件中随机抽取,每个芯样应取自一个构件或结构的局部部位,且取芯位置应符合上文提到的要求。

(2)芯样直径

抗压试验的芯样试件宜使用标准芯样试件,其公称直径不宜小于集料最大粒径的3倍;也可采用小直径芯样试件,但其公称直径不应小于70mm且不得小于集料最大粒径的2倍。

(3)芯样高度

芯样抗压试件的高度和直径之比(H/d)宜为1.00。

(4)芯样外观检查

每个芯样应详细描述有关裂缝、分层、麻面或离析等情况,并估计集料的最大粒径、形状种类及粗细集料的比例与级配,检查并记录存在气孔的位置、尺寸与分布情况,必要时应进行拍照。

(5)芯样测量

在试验前应按下列规定测量芯样试件的尺寸:

①平均直径用游标卡尺在芯样试件中部相互垂直的两个位置上测量,取测量的算术平均值作为芯样试件的直径,精确至 0.5mm。

②芯样试件高度用钢卷尺或钢板尺进行测量,精确至 1mm。

③垂直度用游标量角器测量芯样试件两个端面与母线的夹角,精确到 0.1°。

④平整度用钢板尺或角尺紧靠在芯样试件端面上,一面转动钢板尺,一面用塞尺测量钢板尺与芯样试件端面之间的缝隙,也可采用其他专用设备量测。

(6)芯样端面处理方法

锯切后的芯样应进行端面处理,宜采取在磨平机上磨平端面的处理方法。承受轴向压力芯样试件的端面,也可采取下列处理方法:

①用环氧胶泥或聚合物水泥砂浆补平。

②抗压强度低于 40MPa 的芯样试件,可采用水泥砂浆、水泥净浆或聚合物水泥砂浆补平,补平层厚度不宜大于 5mm;也可采用硫黄胶泥补平,补平层厚度不宜大于 1.5mm。

(7)芯样试件内不宜含有钢筋

当不能满足此项要求时,抗压试件应符合下列要求:

①标准芯样试件,每个试件内最多只允许有 2 根直径小于 10mm 的钢筋。

②公称直径小于 100mm 的芯样试件,每个试件内最多只允许有一根直径小于 10mm 的钢筋。

③芯样内的钢筋应与芯样试件的轴线基本垂直并离开端面 10mm 以上。

(8)芯样试件尺寸偏差及外观质量超过下列数值时,相应的测试数据无效:

①芯样试件的实际高径比(H/d)小于要求高径比的 95% 或大于 105%。

②沿芯样试件高度的任一直径与平均直径相差大于 2mm。

③抗压芯样试件端面的不平整度在 100mm 长度内大于 0.1mm。

④芯样试件端面与轴线的不垂直度大于 1°。

⑤芯样有裂缝或有其他较大缺陷。

4)抗压强度试验

(1)芯样试件宜在与被检测结构或构件混凝土湿度基本一致的条件下进行抗压试验。如结构工作条件比较干燥,芯样试件应以自然干燥状态进行试验;如结构工作条件比较潮湿,芯样试件应以潮湿状态进行试验。

(2)按自然干燥状态进行试验时,芯样试件在受压前应在室内自然干燥 3d,按潮湿状态进行试验时,芯样试件应在 20℃ ±15℃ 的清水中浸泡 40~48h,从水中取出后应立即进行抗压试验。

5)芯样强度计算

芯样试件的混凝土强度换算值,应按公式(4-5-15)计算:

$$f_{cu,cor} = \frac{F_e}{A} \tag{4-5-15}$$

式中:$f_{cu,cor}$——芯样试件混凝土强度换算值(MPa);

F_c——芯样试件抗压试验测得的最大压力(N);

A——芯样试件抗压截面面积(mm^2)。

6)钻芯确定混凝土强度推定值

(1)检测批混凝土强度的推定值应按下列方法确定:

①确定检测批的混凝土强度推定值应计算推定区间,推定区间的上限值和下限值按公式(4-5-16)~公式(4-5-19)计算。

上限值:
$$f_{cu,e1} = f_{cu,cor,m} - k_1 s_{cor} \qquad (4\text{-}5\text{-}16)$$

下限值:
$$f_{cu,e2} = f_{cu,cor,m} - k_2 s_{cor} \qquad (4\text{-}5\text{-}17)$$

平均值:
$$f_{cu,cor,m} = \frac{\sum_{i=1}^{n} f_{cu,cor,i}}{n} \qquad (4\text{-}5\text{-}18)$$

标准差:
$$s_{cor} = \sqrt{\frac{\sum_{i=1}^{n}(f_{cu,cor,i} - f_{cu,cor,m})^2}{n-1}} \qquad (4\text{-}5\text{-}19)$$

式中:$f_{cu,cor,m}$——芯样试件的混凝土抗压强度平均值(MPa),精确至0.1MPa;

$f_{cu,cor,i}$——单个芯样试件的混凝土抗压强度值(MPa),精确至0.1MPa;

$f_{cu,e1}$——混凝土抗压强度推定上限值(MPa),精确至0.1MPa;

$f_{cu,e2}$——混凝土抗压强度推定下限值(MPa),精确至0.1MPa;

k_1、k_2——推定区间上限值系数和下限值系数,按表4-5-1查得;

s_{cor}——芯样试件抗压强度样本的标准差(MPa),精确至0.1MPa。

在置信度0.85条件下,试件数与上限系数、下限系数的关系见表4-5-1。

上、下限系数 表4-5-1

试件数 n	$k_1(0.10)$	$k_2(0.10)$	试件数 n	$k_1(0.10)$	$k_2(0.10)$
15	1.222	2.566	29	1.327	2.232
16	1.234	2.524	30	1.332	2.220
17	1.244	2.486	31	1.336	2.208
18	1.254	2.453	32	1.341	2.197
19	1.263	2.423	33	1.345	2.186
20	1.271	2.396	34	1.349	2.176
21	1.279	2.371	35	1.352	2.167
22	1.286	2.349	36	1.356	2.158
23	1.293	2.328	37	1.360	2.149
24	1.300	2.309	38	1.363	2.141
25	1.306	2.292	39	1.366	2.133
26	1.311	2.275	40	1.369	2.125
27	1.317	2.260	41	1.372	2.118
28	1.322	2.246	42	1.375	2.111

续上表

试件数 n	$k_1(0.10)$	$k_2(0.10)$	试件数 n	$k_1(0.10)$	$k_2(0.10)$
43	1.378	2.105	60	1.415	2.022
44	1.381	2.098	70	1.431	1.990
45	1.383	2.092	80	1.444	1.964
46	1.386	2.086	90	1.454	1.944
47	1.389	2.081	100	1.463	1.927
48	1.391	2.075	110	1.471	1.912
49	1.393	2.070	120	1.478	1.899
50	1.396	2.065			

②$f_{cu,e1}$和$f_{cu,e2}$所构成推定区间的置信度宜为0.85，$f_{cu,e1}$与$f_{cu,e2}$之间的差值不宜大于5.0MPa和$0.10 f_{cu,cor,m}$两者较大值。

③宜以$f_{cu,e1}$作为检测批混凝土强度的推定值。

④钻芯确定检测批混凝土强度推定值时，可剔除芯样试件抗压强度样本中的异常值。剔除规则应按《数据的统计处理和解释　正态样本离群值的判断和处理》(GB/T 4883—2008)的规定执行。当确有试验依据时，可对芯样试件抗压强度样本的标准差s_{cor}进行符合实际情况的修正或调整。

(2)检测单个构件混凝土强度的推定值应按下列方法确定：

①钻芯确定单个构件的混凝土强度推定值时，有效芯样试件的数量不应少于3个；对于较小构件，有效芯样试件的数量不得少于2个。

②单个构件的混凝土强度推定值不再进行数据的舍弃，而应按有效芯样试件混凝土抗压强度值中的最小值确定。

7)钻芯修正方法

(1)对间接测强方法进行钻芯修正时，宜采用修正量的方法，也可采用其他形式的修正方法。

(2)当采用修正量的方法时，芯样试件的数量和取芯位置应符合下列要求：

①标准芯样试件的数量不应少于6个，小直径芯样试件数量不应少于9个；

②芯样应从采用间接检测方法的结构构件中随机抽取；

③当采用的间接检测方法为无损检测方法时，钻芯位置应与间接检测方法相应的测区重合；

④当采用的间接检测方法对结构构件有损伤时，钻芯位置应布置在相应测区的附近。

(3)钻芯修正后的换算强度可按公式(4-5-20)、公式(4-5-21)计算：

$$f_{cu,i0}^c = f_{cu,i}^c + \Delta f \quad (4\text{-}5\text{-}20)$$

$$\Delta f = f_{cu,cor,m} - f_{cu,mi}^c \quad (4\text{-}5\text{-}21)$$

式中：$f_{cu,i0}^c$——修正后的换算强度；

$f_{cu,i}^c$——修正前的换算强度；

Δf——修正量；

$f_{cu,mi}^c$——所用间接检测方法对应芯样测区的换算强度的算术平均值。

第6章 结构混凝土中氯离子含量的检测与评定

6.1 概　　述

有害物质侵入混凝土将会影响结构的耐久性。混凝土中氯离子可引起并加速钢筋的锈蚀;硫酸盐(SO_4^{2-})的侵入可使混凝土成为易碎松散状态,强度下降;碱的侵入(K^+、Na^+)在集料具有碱活性时,可能引起碱-集料反应破坏。因此,在进行结构耐久性评定时,根据需要应对混凝土中 Cl^-、SO_4^{2-}、Na^+、K^+ 含量进行测定。目前,对混凝土中氯离子含量的测定方法比较成熟,已被普遍应用于现代结构。

6.2 结构混凝土中氯离子含量的测定方法

(1)氯离子含量的测定方法比较简便的有两种:试验室化学分析法和滴定条法(Quantab-straps)。滴定条法可在现场完成氯离子含量的测定。

(2)混凝土中的氯离子含量,可采用现场按混凝土不同深度取样,测定结果需能反映氯离子在混凝土中随深度的分布,根据钢筋处混凝土氯离子含量判断引起钢筋锈蚀的危险性。

(3)氯离子含量测定应根据构件的工作环境条件及构件本身的质量状况确定测区,测区应能代表不同工作条件及不同混凝土质量的部位,测区宜参考钢筋锈蚀电位测量结果确定。

6.3 取　　样

1)混凝土粉末分析样品的取样部位和数量

(1)分析样品的取样部位可参照钢筋锈蚀电位测试测区布置原则确定。

(2)测区的数量应根据钢筋锈蚀电位检测结果以及结构的工作环境条件确定。在电位水平不同部位,工作环境条件、质量状况有明显差异的部位布置测区。

(3)每一测区取粉的钻孔数量不宜少于3个,取粉孔可与碳化深度测量孔合并使用。

(4)测区、测孔应统一编号。

2)取样方法

(1)使用直径20mm以上的冲击钻在混凝土表面钻孔,钻孔前应先确定钢筋位置。

(2)钻孔取粉应分层收集,一般深度间隔可取 3mm、5mm、10mm、15mm、20mm、25mm、50mm 等。若需测定指定深度处的钢筋周围氯离子含量,取粉间隔可进行调整。

(3)钻孔深度使用附在钻头侧面的标尺杆控制。

(4)用一硬塑料管和塑料袋收集粉末,如图4-6-1所示,对每一深度应使用一个新的塑料袋收集粉末,每次采集后,钻头、硬塑料管及钻孔内都应用毛刷将残留粉末清理干净,以免不同深度的粉末混杂。

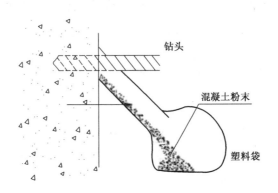

图4-6-1　钻孔取混凝土粉末的方法

(5)同一测区不同孔相同深度的粉末可收集在一个塑料袋内,质量应不少于25g,若不够可增加同一测区测孔数量。不同测区测孔相同深度的粉末不应混合在一起。

(6)采集粉末后,塑料袋应立即封口保存,注明测区、测孔编号及深度。

6.4　滴　定　条　法

分析步骤如下:

(1)将采回的样品过筛,去掉其中较大的颗粒。

(2)将样品置于105℃±5℃烘箱内烘2h后,冷却至室温。

(3)称取5g样品粉末(准确度优于±0.1g)放入烧杯中。

(4)缓慢加入50mL HNO_3 并彻底搅拌直至嘶嘶声停止。

(5)用石蕊试纸检查溶液是否呈酸性(石蕊试纸变红),如果不呈酸性,再加入适量硝酸。

(6)加入约5g无水碳酸钠(Na_2CO_3)。

(7)用石蕊试纸检查溶液是否呈中性(石蕊试纸不变);否则,再加入少量无水碳酸钠直至溶液呈中性。

(8)用过滤纸做一锥斗加入液体。

(9)当纯净的溶液渗入锥斗后,把滴定条插入液体中。

(10)待到滴定条顶端水平黄色细条转变成蓝色,取出滴定条并顺着由上至下的方向将其擦干。

(11)读取滴定条颜色变化处的最高值,然后,在该批滴定条表中查出对应的氯离子含量,此值是以百万分之几表示的。若分析过程取样5g,加硝酸50mL,则将查表所得的值除以1000即为百分比含量。

(12)如果使用样品质量不是5g或使用过量的硝酸,则应按公式(4-6-1)修正百分比含量。

$$氯离子百分比含量 = \frac{a \times b}{1000c} \qquad (4\text{-}6\text{-}1)$$

式中：a——查表所得的值；
b——硝酸体积(mL)；
c——样品质量(g)。

6.5 试验室化学分析法

1）混凝土中游离氯离子含量的测定
(1) 适用范围
测定硬化混凝土中游离氯离子含量。
(2) 所需化学药品
硫酸（相对密度1.84）、酒精（95%）、硝酸银、铬酸钾、酚酞（以上均为化学纯）、氯化钠（分析纯）。
(3) 试剂配制
①配制浓度约5%铬酸钾指示剂——称取5g铬酸钾溶于少量蒸馏水中，加入少量硝酸银溶液使之出现微红，摇匀后放置12h，过滤并移入100mL容量瓶中，稀释至刻度。
②配制浓度约0.5%酚酞溶液——称取0.5g酚酞，溶于75mL酒精和25mL蒸馏水中。
③配置稀硫酸溶液——以1份体积硫酸倒入20份蒸馏水中。
④配置0.02N氯化钠标准溶液——把分析纯氯化钠置于瓷坩埚中加热（以玻璃棒搅拌），直到不再有盐的爆裂声为止。冷却后称取1.2g左右（精确至0.1mg），用蒸馏水溶解后移入1000mL容量瓶，并稀释至刻度。

氯化钠当量浓度按公式(4-6-2)计算：

$$N = \frac{W}{58.45} \qquad (4\text{-}6\text{-}2)$$

式中：N——氯化钠溶液的当量浓度；
W——氯化钠重(g)；
58.45——氯化钠的克当量。

⑤配置0.02N硝酸银溶液（视所测的氯离子含量，也可配成浓度略高的硝酸银溶液），称取硝酸银3.4g左右溶于蒸馏水中并稀释至1000mL，置于棕色瓶中保存。用移液管吸取氯化钠标准溶液20mL(V_1)于三角烧瓶中，加入10~20滴铬酸钾指示剂，用于配制的硝酸银溶液滴定至刚呈砖红色。记录所消耗的硝酸银毫升数(V_2)。

$$N_2 = \frac{N_1 V_1}{V_2} \qquad (4\text{-}6\text{-}3)$$

式中：N_2——硝酸银溶液的当量浓度；
N_1——氯化钠标准溶液的当量浓度；
V_1——氯化钠标准溶液的毫升数；

V_2——消耗硝酸银溶液的毫升数。

(4) 试验步骤

①样品处理。取混凝土中的粉末约 30g,研磨至全部通过 0.63mm 筛,然后置于 105℃ ± 5℃烘箱中加热 2h,取出后放入干燥器冷却至室温。称取 20g(精确至 0.01g),质量为 G,置于三角烧瓶中并加入 200mL(V_3)蒸馏水,塞紧瓶塞,剧烈振荡 1~2min,浸泡 24h。

②将上述试样过滤。用移液管分别吸取滤液 20mL(V_4),置于 2 个三角烧瓶中,各加 2 滴酚酞,使溶液呈微红色,再用稀硫酸中和至无色后,加铬酸钾指示剂 10~20 滴,立即用硝酸银溶液滴定至呈砖红色。记录所消耗的硝酸银毫升数(V_5)。

(5) 试验结果计算

游离氯离子含量按公式(4-6-4)计算:

$$P = \frac{N_2 V_5 \times 0.03545}{G V_4 / V_3} \times 100\% \tag{4-6-4}$$

式中:P——砂浆样品游离氯离子含量(%);

N_2——硝酸银标准溶液的当量浓度;

G——砂浆样品重(g);

V_3——浸样品的水量(mL);

V_4——每次滴定时消耗的硝酸银溶液(mL);

V_5——每次滴定时消耗的硝酸银溶液(mL);

0.03545——氯离子的毫克当量。

2) 混凝土中氯离子总含量的测定

(1) 适用范围

测定混凝土中砂浆的氯离子总含量,其中包括已和水泥结合的氯离子量。

(2) 试验步骤

①试剂配置

a. $0.02N$ 氯化钠标准溶液的配制。

b. $0.02N$ 硝酸银溶液的配制与标定。

c. $6N$ 硝酸溶液——取含量 65%~68% 的 25.8mL 化学纯浓硝酸(HNO_3)置于容量瓶中,用蒸馏水稀释至刻度。

d. 10% 铁矾溶液——用 10g 化学纯铁矾溶于 90g 蒸馏水配成。

e. $0.02N$ 硫氰酸钾标准溶液——用天平称取化学纯硫氰酸钾晶体约 1.95g,溶于 100mL 蒸馏水,充分摇匀,装在瓶内配成硫氰酸钾溶液,并用硝酸银标准溶液进行标定。将硝酸银标准溶液装入滴定管,从滴定管放出硝酸银标准溶液约 25mL,加 $6N$ 硝酸 5mL 和 10% 铁矾溶液 4mL,然后用硫氰酸钾标准溶液滴定。滴定时,激烈摇动溶液,当滴至红色维持 5~10s 不褪时,即为终点。

硫氰酸钾标准溶液的当量浓度按公式(4-6-5)计算:

$$N = \frac{N_1 V_1}{V_2} \tag{4-6-5}$$

式中：N——硫氰酸钾标准溶液的当量浓度；
V_1——滴定时消耗的硫氰酸钾标准溶液(mL)；
N_1——硝酸银标准溶液的当量浓度；
V_2——硝酸银标准溶液量(mL)。

②混凝土试样处理和氯离子测定步骤

a. 取适量的混凝土试样(约40g)，用小锤仔细除去混凝土试样中的石子部分，保存砂浆，把砂浆研碎成粉状，置于105℃±5℃烘箱中烘2h。取出放入干燥器内冷却至室温，用感量为0.01g天平称取10~20g砂浆试样倒入三角锥瓶。

b. 用容量瓶盛100mL稀硝酸(按体积比为浓硝酸:蒸馏水=15:85)倒入盛有砂浆试样的三角锥瓶内，盖上瓶塞，防止蒸发。

c. 砂浆试样浸泡24h左右(以水泥全部溶解为度)，其间应摇动三角锥瓶，然后用滤纸过滤，除去沉淀。

d. 用移液管准确量取滤液20mL两份，置于三角锥瓶，每份由滴定管加入硝酸银溶液约20mL(可估算氯离子含量的多少而酌量增减)，分别用硫氰酸钾溶液滴定。滴定时激烈摇动溶液，当滴至红色能维持5~10s不褪色时，即为终点。

(3) 试验结果计算

氯离子含量按公式(4-6-6)计算：

$$P = \frac{0.03545(NV - N_1V_1)}{GV_2/V_3} \times 100\% \tag{4-6-6}$$

式中：P——砂浆样品中氯离子总含量(%)；
N——硝酸银标准溶液的当量浓度；
V——加入滤液试样中的硝酸银标准溶液(mL)；
N_1——硫氰酸钾标准溶液的当量浓度；
V_1——加入滤液试样中的硫氰酸钾标准溶液(mL)；
V_2——每次滴定时提取的滤液量(mL)；
V_3——浸样品的水量(mL)；
G——砂浆样品重(g)；
0.03545——氯离子的毫克当量。

6.6 氯离子含量的评判标准

(1) 氯化物浸入混凝土可引起钢筋的锈蚀，其锈蚀危险性受到多种因素的影响，如碳化深度、混凝土含水率、混凝土质量等，因此应进行综合分析。

(2) 根据每一取样层氯离子含量的测定值，做出氯离子含量的深度分布曲线，判断氯化物是混凝土生成时已有的，还是结构使用过程中由外界渗入及浸入的。

(3) 可按表4-6-1的评判经验值确定混凝土中的氯离子引起钢筋锈蚀的可能性。

混凝土中氯离子含量评定标准　　　　　表 4-6-1

氯离子含量(占水泥含量的百分比)	诱发钢筋锈蚀的可能性	评 定 标 准
<0.15	很小	1
[0.15,0.40)	不确定	2
[0.40,0.70)	有可能诱发钢筋锈蚀	3
[0.70,1.00)	会诱发钢筋锈蚀	4
≥1.00	钢筋锈蚀活化	5

第7章 超声波检测混凝土结构内部缺陷与表面损伤

超声法适用于常见公路隧道混凝土结构内部缺陷与表层损伤的检测。涉及的检测内容主要包括：混凝土内部空洞和不密实区的位置与范围、裂缝深度、表层损伤厚度，以及不同时间浇筑的混凝土结合面的质量和钢筋混凝土中的缺陷等。

7.1 超声法检测混凝土缺陷的基本依据与方法

1）基本依据

（1）根据超声波在混凝土中传播时遇到缺陷的绕射现象，按声时和声程的变化来判别和计算缺陷的大小。

（2）依据超声波在缺陷界面上的反射，及抵达接收探头时能量显著衰减的现象，来判别缺陷的存在和大小。

（3）依据超声波脉冲各频率成分在遇到缺陷时不同程度的衰减，从而造成接收频率明显降低，或接收波频谱与反射波频谱产生差异，来判别内部缺陷。

（4）根据超声波在缺陷处波形转换和叠加，造成波形畸变的现象来判别缺陷。

2）方法

用超声法检测混凝土缺陷时，发射和接收换能器与测试面之间应具备良好的结合状态，发射和接收换能器的连线必须离开钢筋一定距离或与钢筋轴线形成一定夹角，并力求混凝土处于自然干燥状态。

超声法检测混凝土内部缺陷与表层损伤的方法总体上可分为两类：第一类为用厚度振动式换能器进行平面测试；第二类为采用径向振动式换能器进行钻孔测试。

（1）第一类平面测试方法

①对测法：一对发射和接收换能器分别置于被测结构相互平行的两个表面，且两个换能器的轴线位于同一直线上。

②斜测法：一对发射和接收换能器分别置于被测结构的两个表面，但两个换能器的轴线不在同一直线上。

③单面平测法：一对发射和接收换能器置于被测结构物的同一表面上进行测试。

（2）第二类钻孔测试方法

①孔中对测：一对换能器分别置于两个对应的钻孔中，位于同一高度进行测试。

②孔中斜测：一对换能器分别置于两个对应的钻孔中，但不在同一高度，而是在保持一定高程差的条件下进行测试。

③孔中平测：一对换能器置于同一钻孔中，以一定高度差同步移动进行测试。

7.2 声学参数测量

1)一般规定

(1)检测前应取得有关资料:工程名称、检测目的与要求、混凝土原材料品种和规格、混凝土浇筑和养护情况、构件尺寸和配筋施工图或钢筋隐蔽图,以及构件外观质量及存在的问题。

(2)依据检测要求和测试操作条件,确定缺陷测试的部位(简称"测位")。测位混凝土表面应清洁、平整,必要时可用砂轮磨平或用高强度的快凝砂浆抹平,抹平砂浆必须与混凝土黏结良好。

(3)在满足首波幅度测读精度的条件下,应选用较高频率的换能器。换能器应通过耦合剂与混凝土测试表面保持紧密结合,耦合层不得夹杂泥沙或空气。

(4)检测时应避免超声传播路径与附近钢筋轴线平行,如无法避免,应使两个换能器与该钢筋的最短距离不小于超声测距的1/6。

(5)检测中出现可疑数据时,应及时查找原因,必要时进行复测校核或加密测点补测。

2)声学参数测量

(1)模拟式超声检测仪测量

①检测之前应根据测距大小将仪器的发射电压调在某一档,并以扫描基线不产生明显噪声干扰为前提,将仪器"增益"调至较大位置保持不动。

②声时测量。应将发射换能器(简称"T换能器")和接收换能器(简称"R换能器")分别耦合在测位中的对应测点上。当首波幅度过低时,可用"衰减器"调节至便于测读,再调节游标脉冲或扫描延时,使首波前沿基线弯曲的起始点对准游标脉冲前沿,读取声时值 t_1(精确至 $0.1\mu s$)。

③波幅测量。在保持换能器良好耦合状态时采用下列两种方法之一进行读取。

a. 刻度法:将衰减器固定在某一衰减位置,在仪器荧光屏上读取首波幅度的格数。

b. 衰减值法:采用衰减器将首波调至一定高度,读取衰减器上的 dB 值。

④主频测量。应先将游标脉冲调至首波前半个周期的波谷(或波峰),读取声时值 t_1(μs),再将游标脉冲调至相邻的波谷(或波峰),读取声时值 t_2(μs),按公式(4-7-1)计算出该点(第 a 点)第一个周期波的主频 f_i(精确至0.1kHz)。

$$f_i = \frac{1000}{t_1 - t_2} \tag{4-7-1}$$

⑤在进行声学参数测量的同时,应注意观察接收信号的波形或包络线的形状,必要时进行描绘或拍照。

(2)数字式超声检测仪测量

①检测之前根据测距大小和混凝土外观质量情况,将仪器的发射电压、采样频率等参数设置在某一档并保持不变。换能器与混凝土测试表面应始终保持良好的耦合状态。

②声学参数自动测读:停止采样后即可自动读取声时、波幅、主频值。当声时自动测读光标所对应的位置与首波前沿基线弯曲的起始点有差异或者波幅自动测读光标所对应的位置与首波峰顶(或谷底)有差异时,应重新采样或改为手动游标读数。

③声学参数手动测量:先将仪器设置为手动判读状态,停止采样后调节手动声时游标至首波前沿基线弯曲的起始位置,同时调幅度游标使其与首波峰顶(或谷底)相切,读取声时和波

幅值;再将声时光标分别调至首波及其相邻的波谷(或波峰),读取声时差值 $\Delta t(\mu s)$,$1000/\Delta t$ 即为首波的主频(kHz)。

④波形记录:对于有分析价值的波形,应予以储存。

(3)混凝土声时值计算

$$t_{ei} = t_i - t_0 \tag{4-7-2}$$

式中:t_{ei}——第 i 点混凝土声时值(μs);

t_i——第 i 点测声声时值(μs);

t_0——声时初读数(μs)。

(4)超声传播距离(简称测距)的测量

当采用厚度振动式换能器对测时,宜用钢卷尺测量 T、R 换能器辐射面之间的距离;当采用厚度振动式换能器平测时,宜用钢卷尺测量 T、R 换能器内边缘之间的距离;当采用径向振动式换能器在钻孔或预埋管中检测时,宜用钢卷尺测量放置 T、R 换能器的钻孔或预埋管内边缘之间的距离;测距的测量误差应不大于 ±1%。

7.3 混凝土不密实区和空洞的检测

混凝土结构在施工过程中,因漏振、漏浆或石子架空在钢筋骨架上,会导致混凝土内部形成蜂窝状不密实或空洞等隐蔽缺陷。检测时,宜先根据现场施工记录和外观质量情况,或在结构的使用过程中出现了质量问题后,初步判定混凝土内部缺陷的大致位置,或采用大范围的粗测定位方法(大面积扫测)确定隐蔽缺陷的大致位置,然后再根据粗测情况对可疑区域进行细测。检测不密实区和空洞时,构件的被测部位应具有一对或两对相互平行的测试面,测试范围原则上应大于有怀疑的区域,同时应在同条件的正常混凝土区域进行对比测试。一般地,对比测点数不宜少于 20 个。

采用平面测试法和钻孔或预埋管测法时,需注意以下内容:

(1)当结构被测部位具有两对平行表面时,可采一对换能器,分别在两对相互平行的表面上进行对测。如图 4-7-1 所示,先在测区的两对平行表面上分别画出距为 200～300mm 的网格,并逐点编号,定出对应测点的位置,然后将 T、R 换能器经耦合剂分别置于对应测点上,逐点读取相应的声时 t_i,波幅 A_i 和频率 f_i,并量取测试距离 l_i。

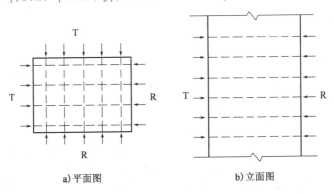

图 4-7-1 对测法换能器布置

(2)当结构物的被测部位只有一对平行表面可供测试,或被测部位处于结构的特殊位置时,可采用对测和斜测相结合的方法,换能器在对测的基础上进行交叉斜测,测点布置如图4-7-2所示。

(3)对于大体积混凝土结构,由于其断面尺寸较大,如直接进行平面对测,接收到的脉冲信号微弱,甚至无法识别首波的起始位置,不利于声学参数的读取和分析。为了缩短测试距离,提高检测灵敏度,可采用钻孔或预埋管测法。如图4-7-3所示,在测位预埋声测管或钻出竖向测试孔,预埋管内径或钻孔直径宜比换能器直径大5~10mm,预埋管或钻孔距宜为2~3m,其深度可根据测试需要确定。检测时可用两个径向振动式换能器分别置于两测孔中进行测试,或用一个径向振动式与一个厚度振动式换能器,分别置于测孔中和平行于测孔的侧面进行测试。根据需要,可以将两个换能器置于同一高度,也可以将二者保持一定的高度差,同步上下移动,逐点读取声时、波幅和频率值,并记下孔中换能器的位置。

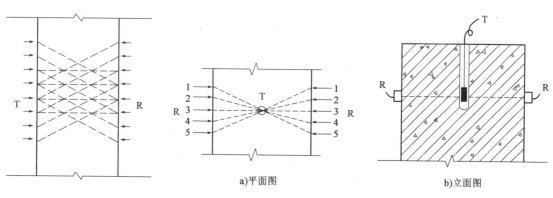

图4-7-2 斜测法测缺陷　　　　图4-7-3 钻孔或预埋管测法换能器布置图

(4)测点的声时、波幅、主频和测距,应按本节所述方法进行测量。

(5)由于混凝土本身的不均匀性,以及混凝土的原材料品种、用量及混凝土的湿度和测距等因素对声学参数值的影响,一般宜采用统计方法进行不密实区和空洞的测定。

(6)测位混凝土声时(或声速)、波幅及频率等声学参数的平均值 m_x 和标准差 s_x 可按公式(4-7-3)、公式(4-7-4)计算:

$$m_x = \frac{1}{n}\sum_{i=1}^{n} x_i \tag{4-7-3}$$

$$s_x = \sqrt{\frac{\sum_{i=1}^{n} x_i^2 - n \cdot m_x^2}{n-1}} \tag{4-7-4}$$

式中:x_i——第 i 点某一声学参数的测量值;
　　　n——参与统计的测点数。

(7)声学参数观测值中异常值的判别。当测位混凝土中某些测点的声学参数被判为异常值时,可结合异常测点的分布及波形状况,确定混凝土内部不密实区和空洞的位置及范围。

第8章 无损检测

8.1 基本原理

探地雷达(Ground Penetrating Radar,简称GPR)依据电磁波脉冲在地下传播的原理进行工作。发射天线将高频($10^6 \sim 10^9$Hz或更高)的电磁波以宽带短脉冲形式送入地下,被地下介质(或埋藏物)反射,然后由接收天线接收,如图4-8-1所示。

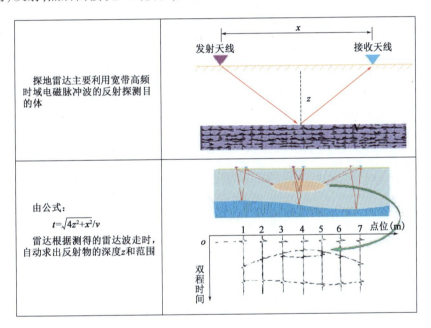

图 4-8-1 雷达的测试原理及其探测方法

根据电磁波理论,当雷达脉冲在地下传播过程中,遇到不同电性介质交界面时,由于上下介质的电磁特性不同而产生折射和反射。

使用相应雷达资料处理软件,进行资料处理。对数据文件进行了预处理、增益调整、滤波和成图等方法的处理。最终得到各测线的成果图,以此对隧道内部混凝土质量进行分析评价工作。

8.2 仪器设备

探地雷达是一种宽带高频电磁波信号探测方法,它是利用电磁波信号在物体内部传播时电磁波的运动特点进行探测的。雷达系统组成和工作原理及其探测方法如下。

地质雷达系统主要由以下几部分组成,如图 4-8-2 所示。

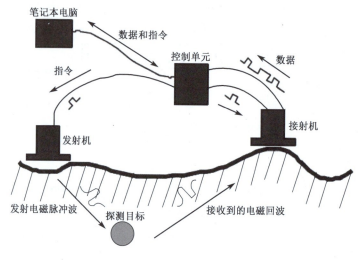

图 4-8-2　雷达系统组成

(1)控制单元:控制单元是整个雷达系统的管理器,计算机(32 位处理器)对如何测量给出详细的指令。系统由控制单元控制着发射机和接收机,同时跟踪当前的位置和时间。

(2)发射机:发射机根据控制单元的指令,产生相应频率的电信号并由发射天线将一定频率的电信号转换为电磁波信号向地下发射,其中电磁信号主要能量集中于被研究的介质方向传播。

(3)接收机:接收机把接收天线接收到的电磁波信号转换成电信号并以数字信息方式进行存储。

(4)电源、光缆、通信电缆、触发盒、测量轮等辅助元件。

8.3　雷达资料分析方法

隧道支护(衬砌)背后的空洞雷达测试示意图如图 4-8-3 所示。

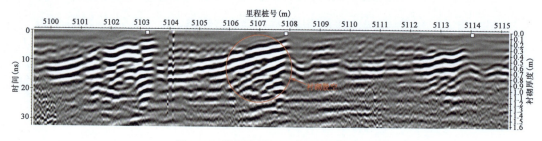

图 4-8-3　雷达测试支护(衬砌)背后的空洞

第9章　混凝土碳化深度的检测与评定

9.1　检测方法

钢筋锈蚀电位测试结果表明,应对可能存在钢筋锈蚀活动的区域(钢筋锈蚀电位评定标度值为3、4、5)进行混凝土碳化深度测量。另外,碳化深度的检测也是混凝土强度检测中需要进行的一项工作。

混凝土碳化状况的检测通常采用在混凝土新鲜断面喷洒酸碱指示剂,通过观察酸碱指示剂颜色变化来确定混凝土碳化深度的方法。

9.2　检测步骤

碳化深度检测时,测区位置的选择原则可参照钢筋锈蚀自然电位测试的要求,若在同一测区,应先进行保护层和锈蚀电位、电阻率的测量,再进行碳化深度及氯离子含量的测量,具体检测步骤如下:

1)测区及测孔布置

(1)测区应包括锈蚀电位测量结果有代表性的区域,同时能反映不同条件及不同混凝土质量的部位,结构外侧面应布置测区。

(2)测区数不应小于3个,测区应均匀布置。

(3)每一测区应布置3个测孔,3个测孔应呈"品"字排列,孔距根据构件尺寸大小确定,但应大于2倍孔径。

(4)测孔距构件边角的距离应大于2.5倍保护层厚度。

2)形成测孔

(1)用装有20mm直径钻头的冲击钻在测点位置钻孔。

(2)成孔后用圆形毛刷将孔中碎屑、粉末清除,露出混凝土新茬。

(3)将测区测孔统一编号,并绘出示意图。

3)碳化深度的测量

(1)检测前配制好指示剂(酚酞试剂):75%的酒精溶液与白色酚酞粉末配制成酚酞浓度为1%~3%的酚酞溶剂,装入喷雾器备用,溶剂应为无色透明的液体。

(2)将酚酞指示剂喷到测孔内。

(3)待酚酞指示剂变色后,用测探卡尺测量混凝土表面至酚酞变色交界处的深度,精确至1mm。酚酞指示剂从无色变为紫色时,混凝土未碳化,酚酞指示剂未改变颜色处的混凝土已经碳化。

4)数据处理

(1)将测量结果标注在测区、测孔布置图上。

(2)将测量值整理列表,应列出最大值、最小值和平均值。

9.3 碳化深度检测结果的评定

混凝土碳化深度对钢筋锈蚀影响的评定,可取构件的碳化深度平均值与该类构件保护层厚度平均值之比 K_c,并考虑其离散情况,参考表4-9-1对单个构件进行评定。

混凝土碳化评定标准　　　　　　　　表4-9-1

K_c	评定标度	K_c	评定标度
<0.5	1	[1.5,2.0)	4
[0.5,1.0)	2	≥2.0	5
[1.0,1.5)	3		

第五篇
机电设施检查与养护

第1章 机电设施检查与评定

1.1 机电设施检查分类及流程

机电设施的检查分类包括日常精细化检查(月)、经常性检修、定期检修、应急检修共4部分内容。

(1)日常精细化检查(月)是通过步行目测为主要方式,在日常巡查的基础上,增加实际操作和功能性检查,并对检查结果及时记录。

(2)经常性检修是指通过步行目测或使用简单工具,对设施仪表度数、运转状态或损坏情况进行的检查并对检查结果定性判断,对破损零部件应及时进行维修更换。

(3)定期检修是指通过检测仪器对机电设施运转状态和性能进行的全面检查、标定和维修。

(4)应急检修是指公路隧道内或相关机电设施发生异常时间、重大事件或自然灾害后对机电设施进行的检查和维修。

1.2 机电设施养护内容记录细则

对隧道养护内容记录方法进行规定,对记录信息进行规定。

1.2.1 机电设施养护实施

(1)项目部养护工程师应根据所管辖区域内登记的隧道制定出月、季度、年度隧道养护实施计划,其内容包括:
①按高速公路线路列出需要养护隧道清单。
②养护实施进度。
③养护所需车辆、人员及辅助设备。
(2)养护时必须事先携带下列文件:
①隧道养护清单。
②隧道养护记录表。根据实际情况携带月、季度、半年、年记录表。
③养护工程师应配备基本的设备和器材。
(3)养护记录与提交文件:
①所有原始养护记录,必须按照养护表格的格式填写清楚。故障机电设备明确位置桩号,故障描述采用标准术语,并用照片来阐明机电设备的故障状态。
②养护完成后,应将本次养护情况记录在养护表内。
③按照分公司计量周期要求,将原始记录数据填入电子版养护表,装订成册,送至分公司签字确认。

④养护表内涉及分公司、养护工区主任签字确认时,必须手签,其余签字可为电子版。

1.2.2 机电设施养护顺序

为了防止遗漏机电设施的养护和统一记录顺序,要求按照以下顺序进行养护:

(1)监控分中心养护:隧道机电设备的远程控制、实时监控功能在分中心集中,首先掌握监控分中心机电设备的运行情况。对监控分中心机电设备进行养护。

(2)变电所及其周围设施养护:

①门禁设施功能养护。

②周围设施养护:按照机电设备与隧道口距离由远及近的原则进行养护。可变信息标志→洞外路灯→隧道口云台摄像机→隧道口光照度计→隧道口交通信号灯→隧道口紧急电话→隧道车道指示器。

③变电所供配电设施养护:按照电线电缆走向和电气原理进行养护。养护原则为:先高压后低压。配电(控制)柜按照进线→补偿→馈出的原则进行养护。

(3)隧道内机电设施养护:

①从隧道入口至出口方向进行养护。

②在养护过程中按照机电设备位置桩号顺序依次对机电设备进行逐一养护,并将数据记录在养护表内。

1.2.3 机电设施故障设备位置描述规则

(1)隧道口故障机电设备需记录桩号、位置(标明隧道口)。

(2)隧道内故障机电设备需记录桩号、位置(标明超车道、行车道)。

(3)隧道变电所内故障机电设备需记录变电所桩号、位置(标明变电所位置)。

1.2.4 机电设施故障设备判断原则

(1)机电设备出现故障时,故障原因有以下几方面内容:

①设备自身故障。

②连接线路或通信设备故障。

③上游控制设备故障。

(2)确定故障机电设备后,进行维修,使机电设备达到原有使用功能。若无法维修则对故障机电设备进行更换,更换后的机电设备不得低于原有机电设备的技术参数和性能指标。并且满足设计要求和相关规范要求。

(3)更换机电设备时,若与原故障设备名称、型号、制造厂家、数量不一致,需填写申请单。由分公司或运营公司审核批准。

(4)维修、更换故障机电设备后,及时记录在养护表内。

1.3 机电设施日常精细化检查技术及方法

日常精细化检查(月)是通过步行目测为主要方式,在日常巡查的基础上,增加实际操作和功能性检查,并对检查结果及时记录,对破损零部件应及时进行维修更换。并应符合下列规定。

1.3.1 供配电设施

1)跌落式开关

检查位置:整体。

检查内容:外观有无异常、声音有无异常、有无电火花等。

2)高压断路器柜

检查位置:柜体,断路器触头,真空泡,穿墙套管,排气通道,二次端子,线圈。

检查内容:外观有无异常、声音有无异常、电流是否正常等。

3)高压计量柜

检查位置:柜体,电流互感器,计量仪表。

检查内容:外观有无异常、声音有无异常。

4)高压隔离开关

检查位置:柜体,触头,操动机构,高压断路器。

检查内容:外观有无异常、声音有无异常、有无过热现象等。

5)电力变压器

检查位置:壳体,高压接线柱,低压接线柱,油枕,吸湿器,铁芯,一二级线圈。

检查内容:外观有无异常、声音有无异常、油位是否过低、是否有漏油现象、接线柱有无过热现象、吸湿器是否变色等。

6)电力电容器柜

检查位置:柜体,电力电容器,接触器,控制器,熔断器,仪表。

检查内容:电容是否有渗漏、膨胀、击穿、过热等,功率因数是否正常。

7)低压配电(开关)柜

检查位置:柜体,断路器,接触器,熔断器,仪表,热继电器,互感器,二次回路及继电器,转换开关。

检查内容:外观有无异常、声音有无异常、有无过热现象、电压电流是否正常等。

8)低压开关柜(照明控制柜)

检查位置:箱体,断路器,接触器,熔断器,二次回路及继电器,转换开关,照明控制箱。

检查内容:外观有无异常、声音有无异常、有无过热现象、电压电流是否正常等。

9)低压开关柜(风机控制柜)

检查位置:箱体,断路器,接触器,熔断器,二次回路及继电器,转换开关,风机启动及控制柜。

检查内容:外观有无异常、声音有无异常、有无过热现象、电压电流是否正常等。

10)电力电缆

检查位置:变电所内外引入电缆,房间之间、设施之间电缆。

检查内容:外观有无破损、接头有无松动过热等。

11)电缆托架及支架

检查位置:变电所内外引入引出、房间之间和柜体之间的电缆托架及支架。

检查内容:有无变形、断裂、脱落等。

12）接地装置

检查位置：地线，机柜壳体。

检查内容：有无锈蚀、有无机械性断裂、接触是否良好等。

13）有源滤波器

检查位置：箱体。

检查内容：外观有无异常。

14）UPS 电源

检查位置：UPS 主机、UPS 配套蓄电池。

检查内容：外观有无异常、声音有无异常、有无过热现象、操作面板数据是否异常等。

15）EPS 电源

检查位置：EPS 主机、EPS 配套蓄电池。

检查内容：外观有无异常、声音有无异常、有无过热现象、操作面板数据是否异常等。

16）节能柜

检查位置：电容、电抗器、仪表。

检查内容：外观有无异常、声音有无异常、电容是否有渗漏、膨胀、击穿、过热现象等。

17）稳压电源

检查位置：整体。

检查内容：外观有无异常、声音有无异常、有无过热现象等。

18）电力线路电缆井

检查位置：变电所内外的电缆井。

检查内容：有无积水、杂物等。

19）电力线路电缆沟

检查位置：变电所内外和隧道内的电缆沟。

检查内容：有无积水、杂物等。

1.3.2　照明设施

1）洞内灯具

检查位置：灯泡、壳体。

检查内容：灯具是否损坏、亮度是否正常、有无灯具松动脱落现象。

2）洞外路灯

检查位置：灯杆、基础、灯体。

检查内容：基础是否良好、灯杆是否倾斜、灯具是否良好等。

3）照明线缆

检查位置：地埋路由及线缆、电缆沟内电缆、托架（槽道）内线缆。

检查内容：是否有油污、破损、过热等。

4）照明线路托架（槽道）

检查位置：隧道内托架（槽道）。

检查内容：是否有弯曲、松动、断裂、脱落等。

5)隧道内照明配电箱

检查位置：整体。

检查内容：箱门是否破损。

1.3.3 通风设施

1）隧道风机

检查位置：基础、挂件、风机。

检查内容：风机外皮有无破损、风叶有无损坏。

2）通风线缆

检查位置：地埋路由及线缆、电缆沟内电缆、托架（槽道）内线缆。

检查内容：是否有油污、破损、过热等。

3）通风线路托架（槽道）

检查位置：隧道内托架（槽道）。

检查内容：是否有弯曲、松动、断裂、脱落等。

4）隧道内风机配电箱

检查位置：整体。

检查内容：箱门是否破损。

1.3.4 消防设施

1）火灾报警系统

检查位置：火灾报警主控制器，手动火灾报警控制单元，感温光缆火灾报警处理器，洞内火灾报警感温光缆，洞内火灾手动报警按钮，泵房感烟火灾探测器，洞内火灾报警火焰探测器，隧道内火灾警报器。

检查内容：检查火灾报警主控制器、手动火灾报警控制单元、感温光缆火灾报警处理器的运行状况，检查火灾报警系统的相关数据，检查泵房感烟探测器指示灯状态。每条隧道抽查2个手动报警按钮的缺损情况，并试验报警功能，核查隧道内火灾报警器是否鸣响和闪光，在消防报警主机上查看是否正确显示报警区域，警铃蜂鸣是否鸣响。每条隧道抽查2处感温光缆的固定和腐蚀情况。每条隧道抽取2处火焰探测器检查固定、洁净等情况。

2）隧道内消火栓

检查位置：消火栓箱、阀门、消火栓栓口、水成膜发生器、水带、水枪、消火栓按钮，巡视检查消火栓箱门是否打开或破损，发现打开或破损情况，应详细检查消火栓箱内配置是否完整齐全，有无渗漏，记录后关好箱门。

检查内容：每条隧道抽取2处消火栓箱，检查箱内配置是否完整齐全，有无渗漏。每条隧道抽取2处消防按钮检查完好情况，并试验是否能够启动消防泵。

3）隧道内灭火器箱及灭火器

检查位置：灭火器箱、灭火器。

检查内容：巡视检查灭火器箱门是否打开或破损，发现打开或破损情况，应详细检查灭火器数量是否齐全，灭火器是否完好，记录后关好箱门。每条隧道抽取2处灭火器箱，检查箱体灭火器完好情况和齐全情况。

4)隧道口消火栓

检查位置:消火栓、水泵接合器、泄压阀。

检查内容:巡视检查隧道口消防栓井盖是否打开或破损,发现打开或破损情况,应详细检查水泵接合器、消火栓是否完整、有无渗漏,记录后盖好井盖。2条隧道抽取1处隧道口消防栓,检查消火栓井的外观有无异常。

5)配水管

检查位置:消防管道、管道检修阀门、管道补偿器。

检查内容:巡视检查裸露的消防管道是否破损、是否下沉,发现异常情况,应检查详细情况并记录。每条隧道抽取2处裸露的消防管道阀门或接头,检查有无破损,是否渗漏。

6)消防管电伴热带

检查位置:启动装置、伴热带。

检查内容:检查电伴热系统运行状况。

7)消防管集肤伴热系统

检查位置:集肤伴热管、集肤伴热变压器、集肤伴热控制器。

检查内容:检查集肤伴热系统运行状况。

8)消防管保温设施

检查位置:全部。

检查内容:巡视检查裸露的消防管道的保温设施是否破损情况,发现异常情况,应检查详细情况并记录。

9)消防供电主控柜

检查位置:整体。

检查内容:检查并记录工作电压和运行电流。

10)消防控制系统

检查位置:消防泵启动控制柜、配套泵、电伴热及照明控制混合柜、循检及自控装置柜、消防主控制器。

检查内容:在控制各级控制室内检查消防设施运行状态和数据是否正常。检查消防泵控制系统运行状态,观察流量、压力、运行电流是否正常,并记录。

1.3.5 监控与通信设施

1)光照度检测器(洞内)

检查位置:亮度检测设备,设备支架及附件。

检查内容:外观有无破损。

2)光亮度检测器(洞外)

检查位置:洞外光照度检测器,立柱、基础及附件,手孔,设备箱体及电器设施(含电源和信号防雷器)。

检查内容:外观有无破损。

3) CO/VI 检测器

检查位置:整体。

检查内容:外观有无破损。

4) 风速、风向检测器

检查位置:整体。

检查内容:外观有无破损。

5) 扬声器

检查位置:喇叭、外壳。

检查内容:巡视检查扬声器有无脱落;有无破损,音量清晰。

6) 广播控制器

检查位置:机体、音频输入电路、输出驱动电路。

检查内容:控制正常、响应正确。

7) 广播功放前放

检查位置:功放主机、电源。

检查内容:指示灯正常、运行完好。

8) 隧道口紧急电话

检查位置:话机、按钮、箱体、开关电源、避雷器。

检查内容:巡视检查紧急电话有无倾斜、倾倒。每条隧道连续抽取两部紧急电话进行通话试验检测及外观检查,响应是否正确,话音是否清楚。

9) 隧道内紧急电话

检查位置:话机、按钮、箱体、开关电源、避雷器。

检查内容:每条隧道连续抽取两部紧急电话进行通话试验检测及外观检查,响应是否正确,话音是否清楚。巡视检查紧急电话有无脱落。

10) 行车横洞门

检查位置:卷帘门。

检查内容:巡视检查有无外观破损,门体有无脱落。

11) 行车横洞门控制器

检查位置:卷帘门控制器和电源。

检查内容:每条隧道抽取一处检查外观是否完好、开关是否自如。

12) 行车横洞应急照明控制器

检查位置:应急灯控制器和电源。

检查内容:外观完好,控制正常。

13) 行车横洞应急照明灯

检查位置:灯管、供电控制器。

检查内容:巡视检查应急照明灯亮度是否正常。

14) 行人横洞门

检查位置:推拉门。

检查内容:每条隧道抽取一处检查外观是否完好、开关是否自如。

15）行人横洞应急照明控制器

检查位置：应急灯控制器和电源。

检查内容：外观完好，控制正常。

16）行人横洞应急照明灯

检查位置：灯管、供电控制器。

检查内容：巡视检查应急照明亮度是否正常、外观是否完好。

17）疏散指示标志

检查位置：箱体、指示标志、供电电源。

检查内容：巡视检查显示是否清晰、亮度是否正常。

18）紧急电话指示标志

检查位置：箱体、指示标志、供电电源。

检查内容：巡视检查显示是否正常，有无明显歪斜、脱落。

19）消防设备指示标志

检查位置：箱体、指示标志、供电电源。

检查内容：巡视检查显示是否正常，有无明显歪斜、脱落。

20）广播电缆及保护管

检查位置：电缆、保护管道。

检查内容：巡视检查线路状态是否良好，有无明显损伤，标识是否清楚，直埋线路和管道有无裸露。

21）隧道紧急电话光缆

检查位置：光缆、保护管。

检查内容：巡视检查线路状态是否良好，有无明显损伤，标识是否清楚，直埋线路和管道有无裸露。

22）隧道紧急电话光纤熔接盒及尾纤

检查位置：熔接盒、尾纤、配线架。

检查内容：巡视检查标识是否清楚、外观是否完整、有无老化破损。

23）隧道内摄像机

检查位置：设备支架及附件、防护罩、枪式摄像机、定焦镜头、配电设施、控制和防护箱。

检查内容：外观无污染、损伤；图像显示正常无干扰杂波，控制机箱完整无锈蚀，支架稳固，无明显歪斜。巡视检查线缆保护管、摄像机有无脱落。

24）隧道出入口外摄像机

检查位置：摄像机，立柱、基础及附件，手孔，配电柜基础、配电柜及电器设施（含电源和信号防雷器）。

检查内容：图像显示正常无干扰杂波，接收变焦、转动等控制时，动作平滑、无明显抖动，机箱无锈蚀，基础、支撑稳固，无明显歪斜。

25）隧道交通事件检测系统

检查位置：系统软件。

检查内容：检测事件准确，系统运转正常。

26）隧道车辆检测器

　　检查位置：整体。

　　检查内容：车辆检测事件准确，表示正确，安装牢固。

27）隧道交通信号灯

　　检查位置：灯体、立柱、基础及附件，手孔，设备箱体及电器设施（含电源和信号防雷器）。

　　检查内容：显示清晰、亮度正常、无哑点，基础牢固，箱体完整无锈蚀。

28）隧道车道指示器

　　检查位置：设备支架及附件、显示模块及箱体、车道指示器控制箱。

　　检查内容：显示清晰、亮度正常、无哑点；支架牢固，无明显歪斜。

29）隧道入口前可变情报板

　　检查位置：屏体、立柱、基础及附件，手孔，配电柜基础、配电柜及电器设施（含电源和信号防雷器）。

　　检查内容：显示清晰、不花屏，失控点不影响字符的辨认，基础应无影响强度的裂纹；稳固、端正；裸露金属基体无锈蚀；金属机箱与接地极连接可靠，接地极引出线无锈蚀。

30）隧道入口前可限速标志

　　检查位置：屏体、立柱、基础及附件，手孔，配电柜基础、配电柜及电器设施（含电源和信号防雷器）。

　　检查内容：显示清晰、不花屏，失控点不影响字符的辨认。基础应无影响强度的裂纹；稳固、端正；裸露金属基体无锈蚀；金属机箱与接地极连接可靠，接地极引出线无锈蚀。

31）行车横洞指示标志

　　检查位置：设备支架及附件、显示模块及箱体。

　　检查内容：外观清洁、无损坏；固定支架紧固；灯亮度正常，显示清晰。巡视检查线缆保护管、指示标志有无脱落。

32）行人横洞指示标志

　　检查位置：设备支架及附件、显示模块及箱体。

　　检查内容：外观清洁、无损坏；固定支架紧固；灯亮度正常，显示清晰。巡视检查线缆保护管、指示标志有无脱落。

33）紧急停车带指示标志

　　检查位置：设备支架及附件、显示模块及箱体。

　　检查内容：外观清洁、无损坏；固定支架紧固；灯亮度正常，显示清晰。

34）隧道监控信号电缆、隧道监控控制电缆、隧道监控光缆、隧道监控电力电缆

　　检查位置：整体。

　　检查内容：线路状态良好，布放曲度正常，无明显损伤，标识清楚，直埋线路和管道无裸露。

35）隧道监控光纤熔接盒及尾纤

　　检查位置：整体。

　　检查内容：标识清楚、外观完整、无老化破损。

36）隧道监控线缆过桥保护钢管及托架

　　检查位置：整体。

检查内容：无锈蚀、外观完好、支架牢固。

37）隧道监控线缆路由标志桩

检查位置：整体。

检查内容：符号字迹清楚、无明显歪斜。

38）隧道现场区域控制器

检查位置：CPU模块（含公共单元）、电源模块、串行通信单元、以太网模块、数字量输入模块、数字量输出模块、中间继电器、隔离变压器，开关电源，断路器，工业以太网交换机，配电设施、控制和防护箱（含电源和信号防雷器）。

检查内容：控制正常、信号输出准确，机箱无锈蚀，交换机状态正常，防雷器无故障。

39）隧道主区域控制器

检查位置：CPU模块（含公共单元）、电源模块、串行通信单元、以太网模块、数字量输入模块、数字量输出模块、中间继电器、隔离变压器，变电所内电子触摸屏，开关电源，断路器，工业以太网交换机，以太网光端机，配电设施、控制和防护箱。

检查内容：控制正常、信号输出准确，机箱无锈蚀，交换机状态正常，防雷器无故障。

40）隧道动力监控检测单元

检查位置：温湿度变送器，感烟探测器，电流互感器。

检查内容：检测准确、信号显示正常。

41）隧道图像编码器、隧道图像控制解码器

检查位置：整机。

检查内容：视频编码正常、光路状态正常、电源指示正常、图像解码清晰、输出正常、光路状态正常、电源指示正常。

42）隧道视频光端机、隧道数据光端机、隧道音频光端机、数据＋音频光端机、视频＋数据光端机

检查位置：整机。

检查内容：分中心查看视频正常，传输无延迟、分中心查看设备控制正常，数据传输无延迟、分中心查看音频正常，传输无延迟、分中心查看音频正常，数据反馈正确，传输无延迟、分中心查看视频正常，控制正确，传输无延迟。

1.4　机电设施经常性检修技术及方法

经常性检修是指通过步行目测或使用简单工具，对设施仪表度数、运转状态或损坏情况进行的检查并对检查结果定性判断，对破损零部件应及时进行维修更换。并应符合下列规定。

1.4.1　供配电设施

1）跌落式开关

（1）动、静触头

检查内容：有无损伤、异响，接触是否良好，是否过热。

(2)绝缘支架及鸭嘴

检查内容:有无损伤、卡塞。

(3)熔丝管

检查内容:熔丝是否熔断。

2)高压隔离开关

(1)触头

检查内容:有无污染、损伤,接触是否紧密,灭弧装置是否烧损。

(2)操动机构

检查内容:操作机构有无污染,有无卡塞、转动是否灵活。

(3)高压熔断器

检查内容:外观有无污染、烧伤痕迹,熔丝是否熔断。

3)高压计量柜

检查内容:计量仪表有无污染、计量是否准确。

4)电力变压器

检查内容:有无污染、漏油,油量是否足够,有无异常声响和过热。

5)电力电容器柜

(1)柜体

检查内容:接地是否良好,外表有无污染、破损。

(2)电力电容器

检查内容:外观有无污染、接头有无松动,有无漏油、过热、膨胀现象,绝缘是否正常,有无击穿现象。

(3)接触器

检查内容:有无机械卡塞,噪声是否符合要求,线圈直流电阻是否符合生产厂家要求,触头有无烧损痕迹,闭合是否紧密,动静触头是否中心相对,能否正常动作,引线接头有无污染、松动。

(4)控制器

检查内容:控制器能否正常工作。

(5)熔断器

检查内容:有无烧伤痕迹,熔丝是否完好。

(6)仪表

检查内容:外表有无污染,仪表能否正常显示。

6)低压配电(开关)柜

(1)柜体

检查内容:接地是否良好,外表有无污染、破损。

(2)断路器

检查内容:外观有无污染、裂痕,触头有无烧伤、接触是否紧密,有无明显的噪声,脱扣器是否正常,绝缘是否良好,引线接头有无污染、松动。

(3)仪表

检查内容:外表有无污染,仪表能否正常显示。

(4)互感器

检查内容:有无污染,绝缘是否良好。

(5)二次回路

检查内容:端子排是否污染,接线是否松动。

(6)转换开关

检查内容:外部检查。

a. 转换开关外壳是否清洁、完整、嵌接良好。

b. 外壳与底座接合是否紧密牢固,防尘密封是否良好,安装是否端正。

(7)接触器

检查内容:有无机械卡塞,噪声是否符合要求,线圈直流电阻是否符合生产厂家要求,触头有无烧损痕迹,闭合是否紧密,动静触头是否中心相对,能否正常动作,引线接头有无污染、松动。

(8)熔断器

检查内容:有无烧伤痕迹,熔丝是否完好。

7)低压开关柜(照明控制柜)

(1)柜体

检查内容:接地是否良好,外表有无污染、破损。

(2)断路器

检查内容:外观有无污染、裂痕,触头有无烧伤,接触是否紧密,有无明显的噪声,脱扣器是否正常,绝缘是否良好,引线接头有无污染、松动。

(3)接触器

检查内容:有无机械卡塞,噪声是否符合要求,线圈直流电阻是否符合生产厂家要求,触头有无烧损痕迹,闭合是否紧密,动静触头是否中心相对,能否正常动作,引线接头有无污染、松动。

(4)熔断器

检查内容:有无烧伤痕迹,熔丝是否完好。

(5)仪表

检查内容:外表有无污染,仪表能否正常显示。

(6)热继电器

检查内容:继电器外壳是否清洁、完整、嵌接良好,外壳与底座接合是否紧密牢固、防尘密封是否良好、安装是否端正。

(7)互感器

检查内容:有无污染,绝缘是否良好,外部接线是否断开。

8)低压开关柜(风机控制柜)

(1)柜体

检查内容:外表有无污染、破损。

(2)断路器

检查内容:外观有无污染、裂痕,触头有无烧伤,接触是否紧密,有无明显的噪声,脱扣器是否正常,绝缘是否良好,引线接头有无污染、松动。

(3)接触器

检查内容:有无机械卡塞,噪声是否符合要求,线圈直流电阻是否符合生产厂家要求,触头有无烧损痕迹,闭合是否紧密,动静触头是否中心相对,能否正常动作,引线接头有无污染、松动。

(4)熔断器

检查内容:有无烧伤痕迹,电熔丝是否完好。

(5)仪表

检查内容:外表有无污染,仪表能否正常显示。

(6)风机控制器

检查内容:起动是否正常、元件是否烧损。

9)电力电缆

检查内容:外表有无损伤,电缆工作温度是否正常,高压架空线及其附属设施巡查。

10)电缆托架及支架

检查内容:外表有无变形、断开,有无腐蚀,接地是否良好。

11)有源滤波器

检查内容:外表有无污染、破损。

12)UPS电源

(1)充电板及整流板

检查内容:输出直流电压、电流是否正常,整流装置是否正常。

(2)UPS电池组

检查内容:电池组外观有无污染损伤,电池的电解液是否正常,温度是否正常,电池的电压是否正常,电池的绝缘是否正常。

13)EPS电源

(1)充电板及整流板

检查内容:输出直流电压、电流是否正常,整流装置是否正常。

(2)EPS电池组

检查内容:电池组外观有无污染损伤,电池的电解液是否正常,温度是否正常,电池的电压是否正常,电池的绝缘是否正常。

14)节能柜

(1)空气开关

检查内容:外观有无污染、裂痕,触头有无烧伤、接触是否紧密,有无明显的噪声,脱扣器是否正常,绝缘是否良好,引线接头有无污染、松动,接地是否良好,外表有无污染、破损。

(2)交流接触器

检查内容:有无机械卡塞,噪声是否符合要求,线圈直流电阻是否符合生产厂家要求,触头有无烧损痕迹,闭合是否紧密,动静触头是否中心相对,能否正常动作,引线接头有无污染、松动。

(3)线圈

检查内容:线圈有无过热。

(4)控制器

检查内容:控制器能否正常工作。

15)参数稳压电源

检查内容:电压指示是否正常,散热是否正常,电容是否正常。

1.4.2 照明设施

1)洞内钠灯灯具

检查内容:电压是否稳定,灯的亮度是否正常,灯泡的损坏与更换,灯具的清洁,引入线检查,灯具内是否积水。

2)LED灯具

检查内容:电压是否稳定,灯的亮度是否正常,灯珠的损坏与更换,灯具的清洁,引入线检查、是否积水。

3)LVD灯

检查内容:电压是否稳定,灯的亮度是否正常,灯泡的损坏与更换,灯具的清洁,引入线检查,电磁接触器、配电盘是否积水。

4)洞外路灯

检查内容:有无损伤、亮度目测是否正常,防护等级检查。

5)隧道内照明配电箱

(1)空气开关

检查内容:外观有无污染、裂痕,触头有无烧伤、接触是否紧密,有无明显的噪声,脱扣器是否正常,绝缘是否良好,引线接头有无污染、松动。接地是否良好,外表有无污染、破损。

(2)箱体

检查内容:接地是否良好,外表有无污染、破损。

(3)防雷器

检查内容:外观是否正常。

(4)线缆

检查内容:外表有无损伤,电缆线间、相间和对地绝缘是否正常,电缆工作温度是否正常,接头处是否正常、有无烧焦痕迹。

(5)接线端子

检查内容:有无锈蚀、过热。

1.4.3 通风设施

1)隧道风机

(1)全部

检查内容:风机运转过程中有无异响,风机运转时电流值是否在额定值内,风机反转是否正常。

(2)各安装部位

检查内容:安全吊链的松紧程度。

(3)叶片

检查内容:叶片有无损伤与裂纹、叶片清洁,叶片与机壳有无摩擦,叶片涂装有无剥离。

(4)电动机

检查内容:运行中的电动机温升是否正常。

2)隧道内风机配电箱

(1)空气开关

检查内容:外观有无污染、裂痕,触头有无烧伤、接触是否紧密,有无明显的噪声,脱扣器是否正常,绝缘是否良好,引线接头有无污染、松动,接地是否良好,外表有无污染、破损。

(2)箱体

检查内容:接地是否良好,外表有无污染、破损。

(3)防雷器

检查内容:外观是否正常。

(4)线缆

检查内容:外表有无损伤,电缆线间、相间和对地绝缘是否正常,电缆工作温度是否正常,接头处是否正常、有无烧焦痕迹。

(5)接线端子

检查内容:有无锈蚀、过热。

1.4.4 消防设施

1)火灾报警系统

(1)泵房感烟火灾探测器

检查内容:试验泵房感烟探测器是否灵敏;确认指示灯状态;主控制器是否正确显示某区发生火灾,警铃蜂鸣是否鸣响。

(2)手动火灾报警控制单元

检查内容:试验手动报警按钮报警功能;主控制器是否正确显示某区发生火灾,警铃蜂鸣是否鸣响;隧道内火灾报警器是否鸣响和闪光。

(3)洞内火灾报警火焰探测器

检查内容:洞内火灾报警火焰探测器清洁,必要时进行清洗,确保报警灵敏。

(4)洞内火灾报警感温光缆

检查内容:检查感温光缆的固定和腐蚀情况(拉线、挂钩、固定螺栓),对不牢靠的进行固定,对腐蚀的进行防腐处理。

(5)洞内火灾手动报警按钮

检查内容:检查隧道内手动火灾报警按钮、火灾报警器的固定和腐蚀情况,对不牢靠的进行固定,对腐蚀的进行防腐处理。

(6)火灾报警主控制器

检查内容:检查控制室消防报警主机、泵房报警主控制器、手动火灾报警控制单元、感温光缆火灾报警处理器等设备的控制程序有否乱码，功能是否正常。检查火灾报警系统各设备间的通信、控制信号是否正常，输出电压是否正常，系统设备所有接线端子是否松动、破损和脱落，线路连接是否牢靠，处理发现的问题并全面清洁。

（7）接地

检查内容：测试报警系统的接地电阻是否满足要求。

2）隧道内消火栓

（1）阀门

检查内容：检查阀门是否完好，是否渗漏，是否开关灵活有效。

（2）消火栓栓口

检查内容：检查每个消防栓口的静压是否符合设计规范要求；检查栓口橡胶是否老化、龟裂或脱落。

（3）水带

检查内容：检查水带是否霉烂、穿孔。

（4）水成膜发生器

检查内容：检查水成膜胶管是否老化变质。

（5）整体

检查内容：试验消防栓，检查喷水充实水柱是否达到规范或设计要求，检查是否有水成膜泡沫出现。

3）隧道内灭火器箱及灭火器

检查内容：确认灭火器数量和有效期、压力指示。

4）隧道口消火栓

（1）水泵接合器

检查内容：检查和保养消防栓系统的水泵接合器，确保完整、不渗漏。

（2）泄压阀

检查内容：检查泄压阀是否完好，是否渗漏，开关是否灵活、有效。

（3）消火栓

检查内容：对消防栓进行全面检查，对腐蚀严重的予以更换，对油漆脱落的部位及时除锈刷防锈漆和标志漆，对阀门转动部位和螺栓加黄油。

（4）整体

检查内容：试验消防栓，检查喷水充实水柱是否达到规范或设计要求。

5）配水管

（1）消防管道、管道补偿器

检查内容：对消防栓系统管网进行全面检查，对腐蚀严重的管道予以更换，对油漆脱落的管道及时除锈刷防锈漆和标志漆。

（2）管道检修阀门

检查内容：检查阀门是否开关灵活、有效，阀门关闭不严或不灵活使用的应及时修理；对阀门转动部位和螺栓加黄油润滑，检查各阀门和管道街头等部位是否渗漏。

6）消防管电伴热带

（1）启动装置

检查内容：检查伴热带的启动装置，有无短路、断路现象，接头是否牢固，有无氧化，并检修和清洁保养。

（2）伴热带

检查内容：检查隧道内伴热带接点是否有虚接、氧化、接地、破损等现象，并检修。

7）消防管集肤伴热系统

（1）集肤伴热管

检查内容：通过管道上的检查口检查集肤伴热管接点和温度传感器情况，并检修。

（2）集肤伴热控制器

检查内容：检查集肤伴热控制器，有无短路现象，接头是否牢固，有无氧化，并检修和清洁保养。

（3）集肤伴热变压器

检查内容：有无污染、漏油，油量是否足够，有无异常声响和过热。

8）消防管保温设施

检查内容：检查保温设施是否存在破损、缺失情况并检修。

9）消防供电主控柜

检查内容：检查主备电源自动切换装置是否正常，打开水泵出水管上的放水试验阀，在主电源供电时启动消防水泵，消防水泵应正常；关闭主电源切换到备用电源，启动消防水泵，消防水泵也应正常；主-备、备-主切换正常，试验1～3次，观察流量、压力、运行电流；对柜内开关等部件进行清洁、紧固接线等检修保养。

10）消防泵控制系统

（1）消防泵启动控制柜、电伴热及照明控制混合柜、循检及自控装置柜

检查内容：在控制各级控制室内检查消防设施运行状态和数据是否正常，各种控制柜、循检设备、检查各设备之间的连接线路，紧固接线，并对设备内部进行清洁。

（2）消防主控制器

检查内容：消防主控制器等设备的各指示灯和功能是否正常，发现异常及时处理。

（3）配套泵

检查内容：试验自动和手动启动消防水泵，观察流量、压力、运行电流是否正常，并记录，试验消防水泵故障自动切换功能是否正常。

11）泵

检查内容：运转时有无异响、振动、过热，压力上升时闸阀的动作是否正常；外观有无污染与损伤，并处理；轴承部位加油与排气检查；测试水泵的相间及对地电阻是否符合要求，并记录。

12）消防进排水控制和水池水位遥测装置

检查内容：观察水池水位，判断进排水控制和水池水位遥测装置是否正常，试验进排水控制和水池水位遥测装置是否正常运行，能否控制给水泵自动给消防水池注水。

13）控制电缆和电力电缆

检查内容：检查消火栓箱内和消防泵房内电缆保护管是否完好，线缆是否破损，发现异常

进行相应的保护处理,间隔50m抽查一处电缆沟内线缆保护管是否完好,线缆是否破损,发现异常进行相应的保护处理,测试线缆线-线和线-地绝缘电阻。

1.4.5 监控与通信设施

1) 光照度检测器(洞内)

(1) 亮度检测设备

检查内容:工作是否正常、感光部清洁维护。

(2) 设备支架及附件

检查内容:有无锈蚀、松动。

2) 光亮度检测器(洞外)

(1) 洞外光照度检测器

检查内容:工作是否正常、感光部清洁维护。

(2) 手孔立柱、基础及附件

检查内容:立柱是否倾斜,有无腐蚀。

(3) 设备箱体及电器设施(含电源和信号防雷器)

检查内容:有无锈蚀、松动。

3) CO/VI检测器

(1) 发射端、接收端

检查内容:外观有无损坏。

(2) 支架

检查内容:支架有无锈蚀。

4) 风速、风向检测器

(1) 传感器

检查内容:外观有无损坏。

(2) 支架

检查内容:支架有无锈蚀。

5) 隧道广播系统

(1) 扬声器

检查内容:检查扬声器广播时是否语音清晰,声音洪亮,有无回授啸叫。

(2) 广播控制器

检查内容:检查广播控制器各项功能是否完备正常,光路传输是否正常,供电电压是否正常。

(3) 广播功放前放

检查内容:检查设备所有接线端子有无松动、破损、脱落,处理发现问题并全面清洁保养,并检查设备运行状态。

6) 隧道紧急电话系统

(1) 隧道紧急电话主机

检查内容:检查紧急电话主机供电是否正常,接线端子有无松动,音频光端机是否正常,麦克是否正常,接听按钮是否正常。

(2)隧道口紧急电话

检查内容:检查隧道口紧急电话外壳接地是否牢固、门锁按钮是否完好。基础稳固、端正,无锈蚀,接地引线无锈蚀检查紧急电话声压级、待机耗电的电气性能,清洗电话机外部灰尘,检查接地网和箱内避雷器并进行通话试验。

(3)隧道内紧急电话

检查内容:检查隧道内紧急电话外壳接地是否牢固、门锁按钮是否完好。接地引线有无锈蚀,检查紧急电话声压级、待机耗电的电气性能,清洗电话机外部灰尘,检查接地网和箱内避雷器并进行通话试验。

7) 行车横洞门控制器和电源

检查内容:检查供电电压是否正常,输出信号是否正常。

8) 行车横洞应急照明灯灯管、供电控制器

检查内容:检查供电电压是否正常。

9) 行人横洞应急照明控制器和电源

检查内容:电源测试、发送控制命令时延、独立运行功能测试、通信功能、传输性能、自检功能检查。

10) 行人横洞应急照明灯灯管、供电控制器

检查内容:检查亮度正常、外观完好,电源电压正常,电池电压正常。

11) 疏散指示标志、紧急电话指示标志、消防设备指示标志

(1)箱体、供电电源

检查内容:检查外观是否完好、有无明显歪斜。

(2)指示标志

检查内容:检查显示是否正常,有无明显歪斜。

12) 隧道紧急电话光缆、保护管

检查内容:间隔150m抽查一处紧急电话附近光缆,检查是否完好,有无破损。

13) 隧道内摄像机

(1)设备支架及附件

检查内容:支架牢固无锈蚀。

(2)防护罩

检查内容:防护罩温控正常。

(3)枪式摄像机、定焦镜头。

检查内容:风扇工作正常,摄像机图像清晰衰耗正常。

(4)配电设施、控制和防护箱

检查内容:线路检查紧固。

14) 隧道出入口外摄像机

(1)摄像机

检查内容:防护罩温控正常,风扇、雨刷器工作正常,摄像机图像清晰衰耗正常,编解码器控制检查。

(2)立柱、基础及附件,手孔

检查内容:支架牢固无锈蚀。

(3)配电柜基础、配电柜及电器设施(含电源和信号防雷器)

检查内容:线路检查紧固。

15)隧道交通事件检测系统

检查内容:设备检查除尘,接线检查紧固,检测事件准确,系统运转正常。

16)隧道车辆检测器

检查内容:设备安装牢固,无锈蚀,线路检查紧固,车辆检测事件准确,系统运转正常。

17)隧道交通信号灯

(1)灯体

检查内容:显示完整。

(2)立柱、基础及附件,手孔

检查内容:支架无锈蚀。

(3)设备箱体及电器设施(含电源和信号防雷器)

检查内容:控制正确反馈正常。

18)隧道车道指示器

(1)设备支架及附件

检查内容:支架无锈蚀。

(2)显示模块及箱体

检查内容:显示完整。

(3)车道指示器控制箱

检查内容:控制正确反馈正常。

19)隧道入口前可变情报板

(1)屏体

检查内容:屏体检查内部除尘、显示完整度检查、控制正确反馈正常。

(2)立柱、基础及附件,手孔,配电柜基础、配电柜及电器设施(含电源和信号防雷器)

检查内容:配电箱内部除尘端子加固、电源输出测试调整。

20)隧道内可变情报板

(1)屏体

检查内容:屏体检查内部除尘、显示完整度检查、控制正确反馈正常。

(2)配电箱内部除尘端子加固、电源输出测试调整

检查内容:基础及附件,配电及电器设施(含电源和信号防雷器)。

21)隧道入口前可限速标志

(1)屏体

检查内容:屏体检查内部除尘、显示完整度检查、控制正确反馈正常。

(2)立柱、基础及附件,手孔,配电柜基础、配电柜及电器设施(含电源和信号防雷器)

检查内容:配电箱内部除尘端子加固、电源输出测试调整。

22）隧道内可限速标志

（1）屏体

检查内容：屏体检查内部除尘、显示完整度检查、控制正确反馈正常。

（2）基础及附件，配电及电器设施（含电源和信号防雷器）

检查内容：配电箱内部除尘端子加固、电源输出测试调整。

23）行车横洞指示标志、行人横洞指示标志、紧急停车带指示标志

设备支架及附件、显示模块及箱体。

检查内容：辨认距离检查、亮度测试、控制正常。

24）隧道监控信号电缆、隧道监控控制电缆、隧道监控光缆、隧道监控电力电缆

检查内容：间隔50m抽查一处线缆有无破损、异常。

25）隧道监控光纤熔接盒及尾纤

检查内容：光缆接续盒检查，标识清楚，无破损。

26）隧道监控线缆过桥保护钢管及托架

检查内容：托架无倾斜，外观完好无锈蚀。

27）隧道监控线缆路由标志桩

检查内容：检查标桩有无遮挡、倾斜。

28）隧道现场区域控制器

检查位置：CPU模块（含公共单元）、电源模块、串行通信单元、以太网模块、数字量输入模块、数字量输出模块、中间继电器、隔离变压器、开关电源、断路器、工业以太网交换机、配电设施、控制和防护箱（含电源和信号防雷器）

检查内容：机箱稳固无明显歪斜、内部检修、除尘、温控风扇检查，接插件无锈蚀，端子加固无松动、继电器检查、模块检查、控制动作确认。

29）隧道主区域控制器

检查位置：CPU模块（含公共单元）、电源模块、串行通讯单元、以太网模块、数字量输入模块、数字量输出模块、中间继电器、隔离变压器、开关电源、断路器、工业以太网交换机、配电设施、控制和防护箱（含电源和信号防雷器）

检查内容：机箱稳固无明显歪斜、内部检修、除尘、温控风扇检查，接插件无锈蚀，端子加固无松动、继电器检查、模块检查、控制动作确认。

30）隧道动力监控检测单元

检查位置：温湿度变送器，感烟探测器，电流互感器

检查内容：检测准确、信号显示正常，传感器接线检查紧固。

31）隧道图像编码器、隧道图像控制解码器

检查内容：视频编码正常、网络输出无误码、控制输出正常，机箱内部除尘。

32）隧道视频光端机、隧道数据光端机、隧道音频光端机、数据＋音频光端机、视频＋数据光端机

检查内容：接头和连接线无老化、指示灯正常。

1.5 机电设施定期检修技术及方法

定期检修是指通过检测仪器对机电设施运转状态和性能进行的全面检查、标定和维修。并应符合下列规定。

1.5.1 供配电设施

1) 高压断路器柜

(1) 断路器触头、真空泡

检查内容:触头有无烧损,接触是否紧密,动静触点中心是否相对,触头或真空泡是否损坏。

(2) 五防功能

检查内容:在断路器处于分闸位置时,手车能否抽出和插入,手车在工作位置时一次、二次回路是否正常,断路器与接地开关的机械联锁是否正常,柜后的上、下门联锁是否正常,仪表板上带钥匙的控制开关(或防误型插座)是否正常。

(3) 穿墙套管

检查内容:穿墙套管有无破损。

(4) 排气通道

检查内容:排气通道有无堵塞。

(5) 二次端子

检查内容:端子有无污染松动。

(6) 线圈

检查内容:线圈绝缘是否良好。

(7) 分合闸试验

检查内容:分、合闸能否正常进行,电磁式弹簧操纵机构有无卡塞,是否正常。

(8) 运行

检查内容:电气整定值是否满足电力系统要求,保护装置能否与中央信号系统协调配合。

(9) 柜体

检查内容:接地是否良好,外表有无污染、破损。

2) 高压计量柜

(1) 电流互感器

检查内容:有无污染、损伤,绝缘是否良好。

(2) 计量仪表

检查内容:仪表检验参照国家相关标准的检验方法执行,并递交当地供电部门进行检验。

3) 电力变压器

检查内容:噪声能否符合要求,内部线圈直流电阻是否符合生产厂规定,内部相间、线间及对地绝缘是否符合要求,铭牌有无污染,绝缘套管有无污染及裂痕,接线端子有无污染、松动,变压器油耐压测试。

4) 低压配电(开关)柜转换开关

检查内容:内部和机械部分检查,具体如下。

①转换开关端子接线是否牢固可靠。

②构件是否磨损、损坏。

③转换开关端子有无锈蚀。

④手柄转动后,静触头和动触头是否同时分合。

⑤转换开关可动部分是否灵活,旋转定位是否可靠、准确。

⑥开关接线柱相间是否短路。

⑦控制是否达到要求。

⑧各部件的安装是否完好,螺丝是否拧紧,焊头是否牢固。

5) 低压开关柜(照明控制柜)

检查内容:热元件是否烧毁,进出线头是否脱落。

6) 电力电缆

检查内容:电缆线间、相间和对地绝缘是否正常,接头处是否正常、有无烧焦痕迹,电缆沟是否干净、有无杂物垃圾、积水、积油盖板是否完整,高压架空线及其附属设施登杆检查。

7) 接地装置

检查内容:有无腐蚀,接地电阻是否正常。

8) UPS 电源

(1) 控制板

检查内容:操控面板是否可操作,数据是否准确显示。

(2) 箱体

检查内容:接地是否良好,外表有无污染、破损。

(3) UPS 电池组

检查内容:进行一次容量恢复试验。

9) EPS 电源

(1) 控制板

检查内容:操控面板是否可操作,数据是否准确显示。

(2) 箱体

检查内容:接地是否良好,外表有无污染、破损。

(3) EPS 电池组

检查内容:进行一次容量恢复试验。

10) 电力线路电缆井

检查内容:抽水,清理,线缆盘整。

11) 电力线路电缆沟

检查内容:揭、盖电缆沟盖板、抽水、清淤,线缆盘整,接地扁铁和托架修复。

1.5.2 照明设施

1)洞内钠灯灯具

(1)全部

检查内容:脱漆部位补丁及灯具修理更换,电容器、触发器、镇流器、金属器件是否损坏,对地绝缘检查。

(2)各安装部位

检查内容:有无松动、腐蚀。

(3)密封性

检查内容:灯具内是否有尘埃、积水,密封条是否老化。

(4)照度测试

检查内容:进行照度测试,是否满足设计指标。

2)LED灯具

(1)全部

检查内容:脱漆部位补丁及灯具修理更换,电源、金属件是否损坏,对地绝缘检查。

(2)各安装部位

检查内容:有无松动、腐蚀。

(3)密封性

检查内容:灯具内是否有尘埃、积水,密封条是否老化。

3)LED灯

(1)全部

检查内容:开关装置定时的正确性与动作状态有无异常,脱漆部位补丁及灯具修理更换、补偿电容器、触发器、镇流器、金属器是否损坏,对地绝缘检查。

(2)各安装部位

检查内容:有无松动、腐蚀。

(3)密封性

检查内容:灯具内是否有尘埃、积水,密封条是否老化。

4)洞外路灯

(1)灯杆

检查内容:外观有无裂纹、焊接及连接部位状况,有无损伤及涂改破坏,接地端子有无松动。

(2)基础

检查内容:设置状况是否稳定,有无开裂、损伤,锚具、螺栓有无生锈、松动。

(3)灯体

检查内容:灯具的清洁。

1.5.3 通风设施

1)隧道风机各安装部位

检查内容:有无松动、腐蚀现象,底座角钢焊缝有无明显裂纹,定期做金属探伤。

2)电动机

检查内容:转动轴有无振动、异响、过热,润滑油的检查、更换及轴承清洗,电机的拆卸检查、轴承清洗与油脂更换,防护情况检查,绝缘测试,三相电流平衡试验。

1.5.4　消防设施

1)火灾报警系统

(1)感温光缆火灾报警处理器,洞内火灾报警感温光缆

检查内容:试验感温光缆火灾报警是否灵敏。

(2)火灾报警主控制器

检查内容:主控制器是否正确显示某区发生火灾,警铃蜂鸣是否鸣响。

(3)隧道内火灾警报器

检查内容:隧道内火灾报警器是否鸣响和闪光。

(4)泵房感烟火灾探测器

检查内容:泵房感烟火灾探测器清洁,确保报警灵敏。

2)隧道内消火栓

(1)消火栓箱、阀门、消火栓栓口

检查内容:检查箱体、管道、阀门和栓口等设施有无锈蚀并进行防腐处理,对阀门转动部位和螺栓加黄油润滑。

(2)水成膜发生器、水带、水枪、消火栓按钮

检查内容:检查水成膜液位,并查明有无漏液情况,对漏液的进行修复并添加泡沫剂。

3)隧道内灭火器箱及灭火器

检查内容:检查灭火器有无腐蚀情况,并处理。

4)消防管道、管道检修阀门、管道补偿器

检查内容:检查支架的腐蚀、牢固情况并进行防腐处理和紧固加固。

5)消防管电伴热带

检查内容:试验检查电伴热系统是否运行状况,是否正常启动、停止,是否保持温度稳定,并在隧道口的泄压阀处测量水温。

6)消防管集肤伴热系统

检查内容:调节温度,试验检查集肤伴热系统运行状况,是否正常启动、停止,是否保持温度稳定,并在隧道口的泄压阀处测量水温。

7)消防管保温设施

检查内容:全面检修消防管道的保温设施。

8)控制电缆和电力电缆

检查内容:测试线缆线-线和线-地绝缘电阻。

1.5.5　监控与通信设施

1)光照度检测器(洞内)

检查内容:光度计校正。

2) 光亮度检测器(洞外)

检查内容:光度计校正。

3) 隧道广播系统

检查内容:检查扬声器安装结构件是否牢固,有无腐蚀情况,对松动的进行紧固,对腐蚀的进行防腐处理。

4) 行车横洞卷帘门

检查内容:在消防系统中检查卷帘门联动功能是否正常,现场手动控制按钮的功能正常,控制器的功能正常,是否有锈蚀情况并对有锈蚀情况的进行防腐处理。

5) 行人横洞推拉门

检查内容:开关是否正常,是否有锈蚀情况并对有锈蚀情况的进行防腐处理。

6) 广播电缆及保护管

检查内容:保证电缆在连接盒连接固定牢固,线路状态良好,无明显损伤、标识清楚,直埋线路和管道不裸露,抽查广播电缆接续情况。

7) 隧道紧急电话光缆

检查内容:检查线路状态是否良好,有无明显损伤、标识是否清楚,直埋线路和管道有无裸露。

8) 隧道紧急电话光纤熔接盒及尾纤

检查内容:检查标识是否清楚、外观是否完整、有无老化破损,对尾纤进行整理清洁。

9) 隧道内摄像机

(1) 设备支架及附件

检查内容:设备支架除锈、防腐。

(2) 定焦镜头

检查内容:聚焦及焦距调整。

10) 隧道出入口外摄像机

(1) 立柱、基础及附件

检查内容:设备支架除锈、防腐。

(2) 摄像机

检查内容:聚焦及焦距调整、云台机械保养。

11) 隧道交通事件检测系统

检查内容:事件检测试验。

12) 隧道车辆检测器

检查内容:数据计量校对。

13) 隧道交通信号灯

检查内容:设备支架加固、箱体除锈防腐、辨认距离检查、亮度测试。

14) 隧道车道指示器

检查内容:设备支架加固、箱体除锈防腐、辨认距离检查、亮度测试。

15) 隧道入口前可变情报板

检查内容:防水防腐处理,立柱基础加固、螺栓除锈防腐处理,辨认距离检查、亮度测试、配电箱体除锈防腐处理。

16）隧道内可变情报板

检查内容：防水防腐处理，立柱基础加固、螺栓除锈防腐处理，辨认距离检查、亮度测试、配电箱体除锈防腐处理。

17）隧道入口前可限速标志

检查内容：防水防腐处理，立柱基础加固、螺栓除锈防腐处理，辨认距离检查、亮度测试、配电箱体除锈防腐处理。

18）隧道内可限速标志

检查内容：防水防腐处理，立柱基础加固、螺栓除锈防腐处理，辨认距离检查、亮度测试、配电箱体除锈防腐处理。

19）行车横洞指示标志、行人横洞指示标志、紧急停车带指示标志

检查内容：设备支架加固、箱体除锈防腐。

20）隧道监控信号电缆、隧道监控控制电缆

检查内容：线间绝缘、对地绝缘测试，远端输出电压检查。

21）隧道监控光缆

检查内容：光缆衰耗测试、光路正常。

22）隧道监控光纤熔接盒及尾纤

检查内容：尾纤整理清洁。

23）隧道监控电力电缆

检查内容：线间绝缘、对地绝缘测试，远端输出电压检查。

24）隧道监控线缆过桥保护钢管及托架

检查内容：钢管、托架防腐处理、加固。

25）隧道监控线缆路由标志桩

检查内容：符号字迹重新标示、标桩加固。

26）隧道现场区域控制器、隧道主区域控制器

检查内容：功能试验，传输测试，电源输出电压、电流检查，防雷器检查，数据采集周期检查。

27）温湿度变送器，感烟探测器，电流互感器

检查内容：数据校验，数据上传测试。

28）隧道图像编码器、隧道图像控制解码器

检查内容：传输测试，光环路检查，光功率正常，光接收灵敏度正常。

29）隧道视频光端机、隧道数据光端机、隧道音频光端机、视频＋数据光端机

检查内容：视频信号检测正常，光衰耗测试，发送光功率检查，传输误码率检查，光接收灵敏度检查。

30）数据＋音频光端机

检查内容：音频信号测量正常，光衰耗测试。

1.6 机电设施应急检修技术及方法

应急检修是指公路隧道内或相关机电设施发生异常时间、重大事件或自然灾害后对机电设施进行的检查和维修。

1.6.1 修复时限要求

1）隧道供配电设施

隧道供配电设施修复时限要求见表 5-1-1。

隧道供配电设施修复时限要求　　　　　　　　　　　　　表 5-1-1

序 号	设 施 名 称	故障修复时限
1	跌落式开关	4 小时内
2	高压断路器柜	24 小时内
3	高压计量柜	24 小时内
4	高压隔离开关	24 小时内
5	电力变压器	24 小时内
6	电力电容器柜	8 小时内
7	低压开关柜	8 小时内
8	低压开关柜(照明控制柜)	24 小时内
9	低压开关柜(风机控制柜)	24 小时内
10	电力电缆	24 小时内
11	电缆托架及支架	24 小时内
12	接地装置	24 小时内
13	微机继电保护装置	24 小时内
14	有源滤波器	24 小时内
15	UPS 电源	24 小时内
16	EPS 电源	24 小时内
17	节能柜	24 小时内
18	稳压电源	24 小时内
19	电力线路电缆井	24 小时内
20	电力线路电缆沟	24 小时内

2）隧道照明设施

隧道照明设施修复时限要求见表 5-1-2。

隧道照明设施修复时限要求　　　　　　　　　　　　　表 5-1-2

序 号	设 施 名 称	故障修复时限
1	洞内灯具	8 小时内
2	洞外路灯	8 小时内

续上表

序 号	设 施 名 称	故障修复时限
3	照明电力电缆	16 小时内
4	照明电缆托架及支架(槽道)	72 小时内
5	隧道内照明配电箱	24 小时内

3) 隧道通风设施

隧道通风设施修复时限要求见表5-1-3。

隧道通风设施修复时限要求　　　　　　　　　　　表5-1-3

序 号	设 施 名 称	故障修复时限
1	隧道风机	24 小时内
2	风机电力电缆	16 小时内
3	风机电缆托架及支架(槽道)	72 小时内
4	隧道内风机配电箱	24 小时内

4) 隧道消防设施

隧道消防设施修复时限要求见表5-1-4。

隧道消防设施修复时限要求　　　　　　　　　　　表5-1-4

序 号	设 施 名 称	故障修复时限
1	火灾报警主控制器	24 小时内
2	手动火灾报警控制单元	24 小时内
3	感温光缆火灾报警处理器	24 小时内
4	洞内火灾报警火焰探测器	24 小时内
5	洞内火灾手动报警按钮	24 小时内
6	洞内火灾报警感温光缆	72 小时内
7	泵房感烟火灾探测器	12 小时内
8	隧道内火灾警报器	24 小时内
9	隧道内消火栓	24 小时内
10	隧道内灭火器箱	24 小时内
11	隧道内灭火器	48 小时内
12	隧道口消火栓	24 小时内
13	灭火喷淋设施及自动阀	24 小时内
14	配水管	72 小时内
15	消防管电伴热带	12 小时内
16	集肤伴热管	12 小时内
17	集肤伴热变压器	12 小时内
18	消防管保温设施	12 小时内
19	消防供电主控柜	24 小时内

续上表

序 号	设 施 名 称	故障修复时限
20	消防泵启动控制柜	24 小时内
21	配套泵、电伴热及照明控制混合柜	24 小时内
22	配套泵和电伴热控制混合柜	24 小时内
23	配套泵及照明控制混合柜	24 小时内
24	电伴热及照明控制混合柜	24 小时内
25	配套泵控制柜	24 小时内
26	电伴热控制柜	24 小时内
27	循检及自控装置柜	24 小时内
28	供水泵	48 小时内
29	稳压泵	24 小时内
30	排污泵	24 小时内
31	消防泵	24 小时内
32	消防主控制器	24 小时内
33	消防进排水控制和水池水位遥测装置	72 小时内
34	控制电缆和电力电缆	48 小时内

5）隧道监控与通信设施

隧道监控与通信设计修复时限要求见表 5-1-5。

隧道监控与通信设施修复时限要求　　　　表 5-1-5

序 号	设 施 名 称	故障修复时限
1	光照度检测器（洞内）	24 小时内
2	光亮度检测器（洞外）	24 小时内
3	CO/VI 检测器	24 小时内
4	风速、风向检测器	24 小时内
5	扬声器	24 小时内
6	广播控制器	24 小时内
7	广播功放前放	24 小时内
8	隧道口紧急电话	24 小时内
9	隧道内紧急电话	24 小时内
10	行车横洞门	24 小时内
11	车行横洞门控制器	24 小时内
12	车行横洞应急照明控制器	24 小时内
13	车行横洞应急照明灯	24 小时内
14	人行横洞门	24 小时内
15	人行横洞应急照明控制器	24 小时内
16	人行横洞应急照明灯	24 小时内

续上表

序　号	设　施　名　称	故障修复时限
17	疏散指示标志	24 小时内
18	紧急电话指示标志	24 小时内
19	消防设备指示标志	24 小时内
20	广播电缆及保护管	24 小时内
21	隧道紧急电话光缆	24 小时内
22	隧道紧急电话光纤熔接盒及尾纤	24 小时内
23	隧道内摄像机	48 小时内
24	隧道出入口外摄像机	48 小时内
25	隧道交通事件检测系统	48 小时内
26	隧道车辆检测器	48 小时内
27	隧道交通信号灯	48 小时内
28	隧道车道指示器	48 小时内
29	隧道入口前可变情报板	48 小时内
30	隧道内可变情报板	48 小时内
31	隧道入口前可限速标志	48 小时内
32	隧道内可限速标志	48 小时内
33	行车横洞指示标志	48 小时内
34	行人横洞指示标志	48 小时内
35	紧急停车带指示标志	48 小时内
36	隧道监控信号电缆	24 小时内
37	隧道监控控制电缆	24 小时内
38	隧道监控光缆	24 小时内
39	隧道监控光纤熔接盒及尾纤	48 小时内
40	隧道监控电力电缆	24 小时内
41	隧道监控线缆过桥保护钢管及托架	48 小时内
42	隧道监控线缆路由标志桩	48 小时内
43	隧道现场区域控制器	24 小时内
44	隧道主区域控制器	24 小时内
45	隧道动力监控检测单元	48 小时内
46	隧道图像编码器	48 小时内
47	隧道图像控制解码器	48 小时内
48	隧道视频光端机	48 小时内
49	隧道数据光端机	48 小时内
50	隧道音频光端机	48 小时内
51	数据+音频光端机	48 小时内
52	视频+数据光端机	48 小时内

1.7 机电设施技术状况评定

(1)机电设施技术状况评定应根据日常巡查、经常性检修和定期检修资料,结合设备完好率统计,确定机电设施的技术状况等级。

(2)机电设施技术状况评定宜采用考虑机电设施各项目权重的评定方法。

(3)机电设施技术状况评定应采用设备完好率进行评定,其计算方法应符合下列规定:

①设备完好率按下式计算,各种机电设施可分系统并按对运营安全的重要度建立设备完好率考核指标。

$$设备完好率 = \left(1 - \frac{设备故障台数 \times 故障天数}{设备总台数 \times 日历天数}\right) \times 100\% \quad (5\text{-}1\text{-}1)$$

②机电设施设备完好率计算中的"设备台数"可按表 5-1-6 考核单位进行计算。

机电设施设备完好率考核单位   表 5-1-6

分项	设备名称	单位
供配电设施	高压断路器柜、高压互感器与避雷器柜、高压计量柜、高压隔离开关和负荷开关柜、电力变压器、箱式变电站、电力电容器柜、低压开关柜、配电箱、插座箱、控制箱、综合微机保护装置、直流电源、UPS 电源、EPS 电源、自备发电设备	台
	防雷装置、接地装置、变电所铁构件	个/处
	电力电缆、电缆桥架	条
照明设施	隧道灯具、洞外路灯	盏
	照明线路	条
通风设施	轴流风机及离心风机、射流风机	台
消防设施	双/三波长火焰探测器、视频型火灾报警装置、火灾报警控制器、电动机、气体灭火设施、消防车、消防摩托车	台
	点型感烟感温探测器、光纤光栅感温火灾探测系统、液位检测器、消火栓及灭火器、阀门、手动报警按钮、水泵接合器、水泵、消防水池、电光标志	个/处
	线型感温光纤火灾探测系统、水喷雾灭火设施、给水管	条
监控与通信设施	亮度检测器、CO/VI 检测器、风速风向检测器、车辆检测器、摄像机、编解码器、视频矩阵、监视器、硬盘录像机、视频交通事件检测器、本地控制器、横通道控制器、光端机、路由器、交换机	台
	大屏幕投影系统、地图版、有线广播、紧急电话、横通道门、可变信息标志、可变限速标志、车道指示器、交通信号灯、监控室设备	个/处
	光缆、电缆	条

(4)机电设施各分项技术状况的评定方法应符合下列规定:

①机电设施各分项技术状况评定值分为 0、1、2、3。机电设施各分项技术状况评定表按表 5-1-7 执行。

机电设施分项技术状况评定表　　　　　　　　　　　表 5-1-7

分项	状况评定值			
	0	1	2	3
供配电设施	设备完好率≥98%	93%≤设备完好率<98%	85%≤设备完好率<93%	设备完好率<85%
照明设施	设备完好率≥95%	86%≤设备完好率<95%	74%≤设备完好率<86%	设备完好率<74%
通风设施	设备完好率≥98%	91%≤设备完好率<98%	82%≤设备完好率<91%	设备完好率<82%
消防设施	设备完好率100%	95%≤设备完好率<100%	89%≤设备完好率<95%	设备完好率<89%
监控与通信设施	设备完好率≥98%	91%≤设备完好率<98%	81%≤设备完好率<91%	设备完好率<81%

②当机电设施各分项中任一关键设备的设备完好率为该分项各类设备完好率最低时,该分项技术状况按该关键设备的设备完好率评定。

(5)机电设施技术状况评定方法应符合下列规定：

①机电设施技术状况评分应按下式计算。

$$JDCI = 100 \times \left(\frac{\sum_{i=1}^{n} E_i w_i}{\sum_{i=1}^{n} w_i} \right) \tag{5-1-2}$$

式中：E_i——机电设施设备各分项判定的设备完好率,0~100%；

w_i——各分项权重；

$\sum w_i$——各分项权重和；

JDCI——机电设施技术状况评分,0~100。

②机电设施各分项权重宜按表 5-1-8 取值。

机电设施各分项权重表　　　　　　　　　　　表 5-1-8

分项	分项权重 w_i	分项	分项权重 w_i
供配电设施	23	消防设施	21
照明设施	18	监控与通信设施	19
通风设施	19		

③机电设施技术状况评定分类界限值按表 5-1-9 规定执行。

机电设施技术状况评定分类界限值　　　　　　　　　　　表 5-1-9

技术状况评分	隧道机电设施技术状况评定分类			
	1 类	2 类	3 类	4 类
JDCI	≥97	≥92，<97	≥84，<92	<84

(6)对评定划定的各类机电设施,宜分别采取以下不同措施：

①1 类机电设施应进行正常养护。

②2 类机电设施或状况评定值为 1 的分项,应进行正常养护,并对损坏设备及时修复。

③3 类机电设施或状况评定值为 2 的分项,宜实施专项工程,并应加强日常巡查。

④4 类机电设施或状况评定值为 3 的分项,应实施专项工程,并应加强日常巡查,并采取交通管制措施。

⑤当各类机电设施的关键设备出现故障时,均应及时进行修复。

第2章 机电设施维修与养护

2.1 供配电设施

1）高压柜

养护维修工作程序：准备工作→停电→放电→验电→接地→隔离→标示→清洁→修复（更换）部件→试验→清理现场→复役。

2）柜体辅助部件及联锁装置

(1) 二次线接插件：应插接触可靠无氧化痕迹，引出线无断股。

(2) 母排间连接瓷瓶或绝缘/支架：应无闪络痕迹，排间紧密可靠，接触良好无松动。

3）真空断路器

(1) 三相同步：调整绝缘子联接头及真空灭弧室动导杆螺纹拧入深度，用同步指示灯检查。不同步值≤1ms。

(2) 行程开距：调节分闸限位螺钉的高度使导杆总行程为13mm±1mm，触头开距12mm±1mm，额定开距是真空触头完全处于断开的位置时动静触头之间的最短距离，其决定于真空断路器的额定电压，使用条件下开断电流的性质、触头材料及耐压要求。

(3) 相间中心距：210mm±2mm。

(4) 超行程调整要求：用操作手柄使断路器处于合闸位置。检查触头超行程应在3～4mm。超行程是真空断路器完全闭合后动或静触头所能移动的距离，其作用是保证触头在电磨损后仍能保持一定的接触压力；触头闭合时能利用触头弹簧缓冲减少弹跳；在触头分闸时使动触头获得一定的初始动能，拉断熔焊点提高初始分闸速，减少燃弧时间从而提高介质恢复速度。

(5) 分闸速度的调整是依靠分闸弹簧调节，分闸弹簧压的越紧分闸速度越快同时合闸速度相应变慢。具体要求：平均分闸速度0.4～0.6m/s；平均合闸速度0.9～1.2m/s；分闸速度的大小将直接影响电流过零后触头间介质强度的恢复速度，分闸速度低将影响灭弧且加速触头的电磨损引起重燃。

4）负荷开关

(1) 调整后操作手柄的空载自由行程小于5°。

(2) 调整后各闸三相同步性，允许最大的偏值为2mm。

(3) 调整后闸刀在完全投入后，刀片与插座的顶面应留有3～5mm间隙。

(4) 调整后与插座接触必须紧密，用0.05×10mm塞尺检查，线接触型不能插入，面接触型接触面应≥85％。

(5) 调整后闭锁装置的止动销的弹簧应完好，销子伸缩应灵活，不应有卡阻现象，在闸刀的二个极限位置,止动销应能自动销入。

(6)调整后在合闸位置时闸刀被锁住后,此时,允许拉动的限度以刀片不得拉出 1/3 为限。

(7)调整后负荷开关与接地闸刀的联锁功能应完好。负荷开关合闸后,则接地不能合闸,只有当负荷开关分闸后,方可合接地闸刀。同样接地闸刀合闸后,负荷开关也不能合闸。

(8)环氧绝缘隔离板与开关柜门的联锁装置功能应完好。负荷开关未拉闸则环氧绝缘隔离板不能插入。

5)电力变压器

养护维修工作程序:准备工作→停电→放电→验电→接地→隔离→标示→清洁→修复(更换)部件→试验→清理现场→复役。

(1)清洁擦试瓷套管和外壳,检查有无破裂与放电痕迹。更换缺陷的瓷套管。

(2)紧固母排联接,去除接触间的氧化物,更换示温蜡片。

(3)检查机架接地,紧固对有锈蚀之处进行除锈补漆。

(4)用吹尘机吹去线圈层间及底部的尘埃。

(5)检查线圈:绝缘表面应无龟裂爬电或碳化的痕迹。

(6)检查线圈骨架:应无松动/紧固修复。

(7)检查冷却风机:启闭无异常噪声和震动。清除风叶及罩网上积灰,对风机电机检查保养。冷却风机损坏时必须更换。

(8)检查控温器:显示温度与实际一致,当显示温度达到设定值时风机能可靠开启。

(9)检查变压器绝缘,及出线接触电阻。

质量要求:

(1)绝缘电阻≥1000MΩ。

(2)母排接触电阻≤100μΩ。

6)低压配电柜

养护维修工作程序:准备工作→停电→放电→验电→接地→隔离→标示→清洁→修复(更换)部件→试验→清理现场→复役。

(1)柜体:清洁柜内外各处;门锁绞链把手等五金具,调整、补漆、加润滑油或更换。电缆进入处的缝隙封堵。

(2)面板元件:开关按钮、指示灯、表计等应无卡滞松动或失效现象,调整或更换。

(3)抽屉:联锁机构及导轨等应灵活可靠,调整、加润滑脂或更换。接插件应接触可靠无缺损,调整、涂导电脂或更换。

(4)母排分支:连结等处螺栓应无松隙,紧固、涂导电脂。

(5)母排绝缘压板:应无松动龟裂,紧固紧固件或更换。

(6)小线熔芯规格:应与设计相符,更换。

(7)断路器设置参数:与设计参数比对有否变化,重设。

(8)各接线排压紧件或出线接头:应无松动及断股。

(9)标志标识:应完整清晰无脱落缺损,重新标注。

(10)测试柜壳接地电阻:阻值≤4Ω 合格。

7)电力电容器

(1)断路器参数设置上下级配合理,能为其保护特性曲线覆盖。主触头应接触紧密,用0.05mm塞尺检查两侧的压力应均匀。电动操作机构在合闸过程中开关不应有跳跃。

(2)带熔断器或灭弧装置的开关,熔断器应无损伤,灭弧室应完好通畅,灭弧触头各相分闸要一致。

(3)电磁器件应无异常响声。

(4)导线绝缘良好无损伤。

(5)抽屉开关的工作、试验、隔离三个位置的定位明显,空载时的抽拉数次应无卡,机械联锁可靠。

(6)接地电阻≤4Ω,各部件绝缘符合规定。

8)交流稳压器

(1)柜体。

①清洁柜内外各处。

②检查门锁、绞链、把手等五金具,调整、补漆、加润滑油或更换。

③检查柜底(顶)进缆处有否泄漏孔(缝),封堵。

④检查柜壳接地电阻,要求≤4Ω,查故修复。

(2)面板元件:开关按钮、指示灯、表计等应无卡滞松动或失效现象,调整或更换。

(3)电路板:检查接线是否松动,紧固全部。

(4)电路板及接口继电器端子排:清洁积尘。

(5)变压器线圈骨架及各固定件:检查有无松隙现象,紧固或浸漆处理。

(6)母排分支连结处:检查有否松隙,涂导电脂或紧固。

(7)电刷:检查电刷磨损程度和刷握的压力,调整、修理(研磨等)或更换。

(8)机械传动部分:检查机件的磨损与间隙情况,调整、加油、修理或更换。

(9)传动电机:测试绝缘、检查轴承与冷却部分,并调整加油或更换。

(10)柜面表计:校核正确度,标准表、信号源比对。

(11)冷却风扇:滤网清洁、加油或更换。

(12)接线排:检查压紧件或出线接头有否松动,紧固或更换。

(13)标志标识:检查标志标识有无脱落、缺损,复位或重新标注。

质量要求:

(1)额定负荷运行时,碳刷无火花(应≤1-1/4级)。

(2)稳压运行时,输出电压在铭牌所示范围内。

(3)运行声音平稳。

9)不间断电源与应急电源

(1)接线排:检查各接线排压紧件或出线接头有否松动,紧固或更换。

(2)蓄电池养护:清除接线桩头的氧化物,涂上导电脂并紧固。

(3)蓄电池养护:检查外壳有无鼓胀或漏液,如有更换。

(4)检查电池容量并对其活化或更换。带有自动活化功能的 UPS 本项免做。

(5)整机放电试验:放电时间应满足原设计对应急用电的要求。

(6)五种操作模式试验:标准、市电失败、市电恢复、电子旁路、维修旁路模式。
(7)清洁:吸除柜内各单元或模块内的积尘。
(8)冷却风扇:检查、清洁、加油或更换。
(9)试验双路进线自切功能:应有效或调整和修复。
质量要求:
(1)电池放电时间应符合设计要求,放电结束前3min应有报警信号。
(2)电池容量≥标称容量的70%。
(3)电池接线桩紧密清洁无腐蚀。
(4)冷却风扇运转平稳、无卡阻与噪声,风道通畅。
10)电力电缆
(1)清扫电缆表面积尘。
(2)补齐缺损的电缆标牌标志。
(3)修复锈蚀的桥架,并油漆防腐。
(4)清理电缆沟内垃圾、积水。
(5)检查高位差电缆有无疲劳或龟裂损坏。
(6)检查终端(中间)接头有无过热现象(铝接头呈灰白,铜接头呈浅红时),重做接头。
(7)检查桥架接地和电缆接地。
电缆试验:
(1)电缆试验每两年做一次,试验前应做好停电及安全措施配合试验。
(2)试验方法标准:绝缘试验,绝缘电阻用2500V;兆欧表检测,要求大于1200MΩ;直流耐压试验,试验电压40kV,加压时间5min,不击穿。
质量要求:
(1)电缆试验数据符合标准。
(2)接地电阻≤4Ω。
(3)外表清洁无污秽积尘。接头紧密,终端头无鼓胀。
(4)桥架无锈蚀脱落,外表无碰伤或龟裂。
11)穿管线路
(1)管线涂装防腐层或重排锈蚀严重的管线。
(2)更新或补全有损坏或缺失电线标识标牌。
(3)更换过热后性能劣化的电线。
(4)检查管线绝缘与接地电阻。
质量要求:
(1)管接地电阻≤4Ω。
(2)导线线间绝缘电阻≥0.38MΩ,相间绝缘电阻≥0.25MΩ。
(3)符合记录要求。
12)避雷带引下线
(1)更换锈蚀率大于30%以上的避雷带。
(2)进行各部分的防腐处理。

质量要求：
进行缺陷整改和实施维修后，必须向政府专门检测机构申请复测，并通过强制检测要求。

2.2 照 明 设 施

1）照明灯具
(1) 清扫灯具内外各处，清洁透射反光器。
(2) 更换失效的灯管或其他器件。
(3) 校正灯具的照射角度。
(4) 固定、修复脱落或锈蚀的支架。
(5) 更换破损老化的灯具引入线。
(6) 检查灯具接地。
质量要求：
(1) 灯具完整无损，安装牢固。
(2) 灯光照射方向正确。
(3) 熔断器熔丝符合要求。
(4) 灯具接地电阻≤4Ω。
(5) 灯具外表清洁，无污秽积尘。
2）照明控制箱
(1) 清扫箱内积尘。
(2) 更换失效器件。
(3) 检测箱体接地电阻。
质量要求：
(1) 箱体安装牢固，箱内无积尘。
(2) 开关熔断器完好、有效，熔断器熔芯符合要求。
(3) 箱体接地电阻≤4Ω。

2.3 通 风 设 施

1）射流风机
准备工作→风机拆运→风机解体→零件清洗→修复（更换）部件→更换易损件→风机装配→校正→风机复位→清理现场。
(1) 切断待维护风机控制柜、就地柜内电源，挂好电器设备"禁止合闸，有人工作"检修标示牌，禁止随意合闸。
(2) 风机拆运。
①用高架车专用装置托住风机后，松卸风机电机引出线接头。
②拆卸风机全部固定螺栓后，将风机固定在高架车专用装置上，运至维修场所。
(3) 将风机吊装至维修位置后，拆卸风机消音器。

(4)拆卸叶轮并清除叶片上污垢。
(5)检查叶片有无裂痕,动平衡块有否缺失或松动。修复后的叶轮应重新做动平衡。
(6)对风机各零部件进行除锈,涂装防锈漆。
(7)拆卸电机,清洗检修轴承;更换润滑脂或轴承。
(8)检测各绕组绝缘是否良好(绝缘电阻≥0.5MΩ)。
(9)电机装配就位。用手盘车转动,要求转子转动阻尼均匀。
(10)固定风机,通电检查风机运转情况。要求符合"风机运转情况检查"标准。风罩与导风罩无松动;叶轮与机壳无碰擦;轴承转动声平稳,无尖锐杂声。
(11)将风机固定在高架车专用安装架上,运至安装现场安装就位。

质量要求:
(1)电机轴中心必须对准风机座中心,并紧固。
(2)风机机件清洗一般均采用0号柴油,精密机件或滚动轴承等须用汽油清洗。
(3)电机维护后,必须进行空载通电试验。空载试验合格后才能安装就位。
(4)风机组装后,必须用手盘动叶轮检查叶片与机壳之间的间隙,要求均匀无碰擦。
(5)对风机各零部件除锈后,刷涂防锈漆防腐。有面漆涂装要求的,待防锈漆干燥后涂刷面漆。
(6)检查润滑脂(油)是否干硬或缺少。要求如下:
①清除干硬润滑脂。
②更换或补足润滑脂(油)。

2)风机控制柜
(1)柜门、锁、手柄等五金件,检查、加油、更换、调整。
(2)检查、更换失效或有缺损的面板按钮开关、指示灯、表计等。
(3)清洁柜内积尘。
(4)柜壳接地:要求接地电阻≤4Ω,不符合要求时查故修复。
(5)一次线路各连接点紧固。
(6)二次线路检端子压板有无松动,接点有无断股。
(7)套管标号是否清洁。

双路自切功能:功能试验、修复。
(1)断路器脱扣功能:功能试验、修复。
(2)接触器:检查主触磨损度及复位弹力,目检、塞尺弹力计。
(3)软启动器。
(4)各连接点紧固检查。
(5)清洁软启动器吸除电路板及散热器内的灰尘。
(6)检查冷却风扇:清洁、加油、调整或更换。
(7)检查参数设置:调整或重设。
(8)热元件:检查整定保护值。
(9)继电器:检查各触点与座脚间有无松动氧化,调整、维修或更换。
(10)接触器:检查动静触点磨损,灭弧栅是否碎裂,调整、维修或更换。

质量要求：
(1)常备供电自动切换,灵敏无误动作。
(2)软起动器设置的参数符合风机电机特性。
(3)运行时箱内无异常噪声。

2.4 消防设施

1)火灾报警主机
(1)清洁火灾报警主机。
(2)检查火灾报警主机工作和信息显示情况。
(3)检查、确认火灾报警主机报警信息,及时消除误报故障。
①现场检查报警故障点设备工作情况,通过复位、调整等方法消警。
②确认是火灾报警主机故障时,应立即维修。
质量要求：
(1)火灾报警主机整洁,散热良好。
(2)火灾报警主机无误报信息。
2)火灾报警探头
(1)清洁火焰探测器和手动按钮报警器等外露构件。
(2)逐一对火焰探测器、温感电缆、烟感、手动按钮报警器等进行检查和操作试验。
(3)手动按钮报警器的养护维修流程：
①拆卸手动按钮报警器防水部件。
②用电阻表检测按钮开关通断情况,开关故障时可通过适当调整、处理开关接触点排除故障。
③电路板故障时,进行更换。
④修复后,进行报警操作试验。
质量要求：
(1)烟感报警器、火焰探测器。
①不得擅自打开检修。
②更换时,应注意原地址号。
(2)按下手动按钮报警器进行报警操作试验时,火灾报警主机和相应工作站上应立即有报警声响并提示报警位置信息。
(3)手动按钮报警器复位后,应能在火灾报警主机和相应工作站上消警。
3)水泵控制柜
(1)柜门、锁、手柄等五金件,检查、加油、更换、调整。
(2)检查、更换失效或有缺损的面板按钮开关、指示灯、表计等。
(3)清洁柜内积尘。
(4)柜壳接地：要求接地电阻≤4Ω,不符合要求时查故修复。
(5)一次线路各连接点紧固。

(6)二次线路检端子压板有无松动,接点有无断股。
(7)套管标号是否清洁。
(8)双路自切功能:功能试验、修复。
(9)断路器脱扣功能:功能试验、修复。
(10)接触器:检查主触磨损度及复位弹力,目检、塞尺弹力计。
(11)软启动器。
(12)各连接点紧固检查。
(13)清洁软启动器吸除电路板及散热器内的灰尘。
(14)检查冷却风扇:清洁、加油、调整或更换。
(15)检查参数设置:调整或重设。
(16)热元件:检查整定保护值。
(17)继电器:检查各触点与座脚间有无松动氧化,调整、维修或更换。
(18)接触器:检查动静触点磨损,灭弧栅是否碎裂,调整、维修或更换。

2.5 监控与通信设施

1)网络管理工作站

(1)检查本工作站系统软件和应用软件是否能正常启动运行。如:火灾报警、闭路电视、有线广播、应急电话等联动通信是否已连接。

(2)检查本工作站与其他工作站的网络通信正常。如:在本工作站中单击"开始",并选择"运行"单击,在对话框内键入"ping"空格后加相应的通信地址(如192.168.237.75),单击"确定",其表明通信正常(以下简称:ping IP 地址)。

C:\WINDOWS\system32\ping.exe

Pinging 192.168.237.75with 32 bytes of data:

Reply from 192.168.237.75: bytes = 32 time < 1ms TTL = 128

Reply from 192.168.237.75: bytes = 32 time < 1ms TTL = 128

Reply from 192.168.237.75: bytes = 32 time < 1ms TTL = 128

(3)清洁本工作站外部设备应无积尘。
(4)清洁柜内电源插座、散热风扇等辅助设备。
(5)按(1)、(2)再检查一次。
(6)本工作站正常工作后,做好落手清工作。

质量要求:

(1)工作站具有相关驱动程序、应用软件和程序。
(2)工作站正常联动。
(3)主机散热通风状态良好。
(4)做好维修后的软件备份。

2)服务器与磁盘矩阵器

(1)ping IP 地址。

(2)检查数据库中有关车流量、电力二遥(遥信、遥测)、CO/VI 及风速仪的历史数据和当前数据保存情况。

(3)若有磁盘阵列器,再查看每个磁盘工作是否正常。

(4)其他参照本章有关工作站的养护维修内容和方法。

质量要求:

(1)保持与工作站的网络通信。

(2)数据采集能按时存入数据库中。

(3)能查看到历史数据。

3)集线器(或交换机)

(1)一般通过检查在网络上任何一台工作站的遥控操作或 ping IP 地址方式,能表明集线器(交换器)是否正常。

(2)检查集线器(交换器)工作指示灯是否正常(若双光环网,应二台均检查)。

(3)检查各个通信口的指示灯是否正常闪动,闪动频率通过对比相邻灯得出。若某个通信端口指示灯不亮或异常,则查看网线标签所指相应工作站,再经 ping IP 地址方式确认。

质量要求:

(1)保持通信良好。

(2)具有良好的散热通风。

4)光环网与光数据交换机

(1)通过检查各光端机,一根光纤对应一路光端机上指示灯应闪烁。

(2)在第一项检查完毕后,确认光端机两路光路通信是否正常(4 根光缆的通信接口通信都应该正常)。

(3)以能控制相应设备作为功能性判断的依据,检查 ACU、RTU 控制柜(箱)与光端机连接是否正常(通过中控室有关工作站遥控操作)。

(4)光端机箱应保持良好散热通风。

质量要求:

(1)保持通信良好。

(2)具有良好的散热通风。

5)交通监控工作站

(1)检查本工作站系统软件和应用软件是否在正常运行状态和现场监控设备能否正常监控(如:车道信号灯、可变情报板、可变限速板、车辆超高报警、车流量检测器等)。

(2)其他参照本章有关工作站的养护维修内容和方法。

6)区域控制器(ACU)

(1)检查 220V 交流电源、开关直流稳压电源和 PLC(可编程控制器)运行状态(PLC 可参考的随机资料要求检查)。

(2)检查监控和通信是否正常。

可通过遥控某单个现场设备如车道信号灯:检查 PLC 的 I/O 模块地址号,根据信号灯状态(点亮或熄灭)来判定。同时驱动相应柜内继电器,监控和通信正常时应能启动该现场设备。

(3)清洁本柜内设备应无积尘。
(4)清洁柜内接线排、散热风扇等设备。
(5)按本养护方法(1)、(2)再检查一次。
(6)做好落手清工作。
质量要求：
(1)220V 交流电源、开关直流稳压电源和 PLC 运行状态正常。
(2)各电源保险丝熔断电流应上下级匹配。
(3)更换熔丝时,应与原规格型号相同。
(4)更换直流开关稳压电源时,应与原规格型号相同。
(5)更换继电器时,应与原规格型号相同。
7)车道信号灯
(1)用弯柄刷子清洁信号灯灯具。
(2)用棉布清洁显示信号灯灯面,并清洁灯具内部积尘。
(3)检查并更换损坏的灯具密封圈、电缆软管或保护性处理。
(4)与中控员核对现场信号灯显示和中控室遥控显示是否一致。
(5)信号灯不亮时的维修流程。
质量要求：
(1)保持信号灯具整洁。
(2)中控遥控开启或关闭信号灯时,应与现场显示一致。
8)车流量检测器
(1)检查车检器接收环形线圈和上传信号是否正常。
(2)清洁车检器。
(3)清理环形线圈上或边沿处的金属物。
质量要求：
(1)线圈电阻值应接近正常值范围(一般数字式万用表显示为 7~9Ω)。
(2)可用较大的铁器模拟车辆通过线圈时的状态。
(3)车检器能实时上传信号,中控室上位机界面上能接收到相应统计数。
9)可变情报板
(1)在工作站上操作,检查可变情报板内容变更和显示情况。
(2)清洁可变情报板的内部组件和外部显示设备。
(3)检查可变情报板显示文字缺笔划现象。
质量要求：
(1)在工作站上能更换可变情报板显示界面语句,且显示语句内容与中控操作相一致。
(2)可变情报板显示文字无缺笔划现象。
(3)更换显示模块后,保持良好的防水性。
10)CO/VI 及风速仪
(1)检查工作站或模拟屏板块上,CO/VI 及风速仪的实时数据上传情况。
(2)清洁 CO/VI 及风速仪外壳。

(3)打开光学组件,清洁镜面。
(4)检查并校准发射机与接收机的中心对准点。
(5)检查外机安装情况,是否牢固。

质量要求:
(1)CO/VI 及风速仪能实时上传数据至工作站。
(2)发射机与接收机的最佳对准点在靶位中心。
(3)外机安装牢固,密封性良好。

11)摄像机
(1)在中控室查看监视器墙或投影屏上的图像,检查图像清晰度、灰度等级、显示位置等情况(表5-2-1)。

五级损伤制评分分级　　　　　　　　　　　　　表5-2-1

图像质量损伤的主观评价	评 分 分 级
图像上不觉察有损伤或干扰存在	5
图像上稍有可觉察的损伤或干扰,但不令人讨厌	4
图像上有可觉察的损伤或干扰,令人感到讨厌	3
图像上有损伤或干扰严重,令人相当讨厌	2
图像上损伤或干扰极严重,不能观看	1

(2)清洁摄像机防护罩、罩前防尘玻璃片、电源线、视频线。
(3)主观评定图像质量未达到要求的摄像机。
①打开防护罩用擦镜纸清洁镜头(包括云台或球机)。
②调整摄像机的焦距、视角和光圈(镜头为手动光圈时)。
(4)检查防护罩密封性,并更换损坏的密封件。

质量要求:
(1)图像质量主观评分等级应不低于4分。
(2)在养护维修过程中,应保持与中控室监控人员联系,确保图像显示位置准确。
(3)摄像机防护罩与支架固定可靠。
(4)有云台摄像机或球机应可遥控光圈、变焦、焦聚。

12)监视器
(1)清洁监视器显示屏等外壳。
(2)用标准电视信号发生器检测监视器性能。
(3)调整监视器的帧频、行频、色度、亮度、对比度,保持所有监视器或投影机墙上显示图像有良好的一致性。

质量要求:
(1)监视器的水平清晰度。
①黑白监视器:应大于600线。
②彩色监视器:应大于480线。
(2)监视器的灰度等级应大于8级。

(3)亮度、对比度、色度等能可调,且有调节余量。
(4)几何图形、行幅、帧幅、行频、帧频能达到有关技术标准。
(5)图像、光栅稳定。

13)数字式硬盘录像机
(1)清洁柜体和硬盘录像机。
(2)检查录像机录放功能。
(3)进入录像机硬盘容量目录,检查各硬盘工作状态。及时更换损坏的硬盘,并设置硬盘录像机硬盘盘符位,启用。
(4)校准硬盘录像机的显示时钟。
质量要求:
(1)录像机录放功能正常,能调看规定时间内的录像(不少于30d),且图像清晰。
(2)显示时钟与北京时间误差2min内。
(3)网络数字式硬盘录像机,应保持良好的网络通信。
(4)更换硬盘时,应注意串、并接口和原硬盘容量。

14)视频分配器
(1)清洁视频分配器。
(2)进行图像切换,检查视频分配器工作状态。
(3)查看图像画面上的摄像机位置编号、日期、时间等信息。
质量要求:
(1)进行图像切换时,要求在详情监视器、投影屏、硬盘录像机上均能显示所切换的每幅图像。
(2)显示的每幅图像画面上,应有稳定、清晰的摄像机位置编号、日期、时间等实时信息。
(3)在每路视频输出端,均能得到稳定、清晰和不失真的图像。
(4)在有带字符叠加功能的视频分配器显示图像画面上,其字符(如编号、日期、时间)显示,应稳定、清晰、准确。
(5)出现切换、显示功能缺失现象时,应进行维修。

15)视频矩阵切换器
(1)通过工作站上图控按键或专用键盘操作,检查视频矩阵切换器每个通道的图像切换功能。
(2)操控工作站上图控按键或专用键盘、球机(带云台摄像机)操纵杆,检查球机的远程控制性能。
(3)检查数据远程控制通信接口是否正常(可通过操控球机检查方法)。
(4)检查多画面视频处理器的图像显示功能。
(5)图像稳定清晰无干扰波。
质量要求:
(1)视频矩阵切换器每个视频通道均能正常切换,能显示所切换的每幅图像,且稳定、清晰、无干扰波。
(2)球机操控应灵活、自如。

(3)出现切换、显示功能缺失现象时,应进行维修。

16)广播设备柜

(1)清洁有线广播柜体和柜内设备。

(2)在音频矩阵器或可寻址器上,检查广播设备柜广播、监听功能。

(3)检查音源、话筒、监听等设备功能均应正常。

(4)检查网络通信应正常。

(5)检查广播音区应能正常播放。

(6)工作站正常情况下,无法广播的维修方法:

①在功率放大器输出端并接一只喇叭。

②打开相应广播音区,试播广播内容或用话筒试音:通过是否听到相应广播内容或话音的方法,判断是隧道内,还是广播柜内设备故障。若在并接喇叭中未听到广播声音,则故障应在设备柜中或工作站与广播通信控制器之间,可重点检查前置放大器、有关连接线或连接头,从而消除故障。

质量要求:

(1)在音频矩阵器或可寻址器上,应能打开相应广播音区,并能监听到广播内容。

(2)能正常进入广播音区操作界面,在打开一个音源广播内容并任意选中一个音区后,能在监听器中和隧道内听到相应音源广播内容。

(3)在相应功放器上能看到音频信号的指示或指示灯的闪动。

17)广播喇叭

(1)清洁广播喇叭。

(2)检查连接电缆老化、破损情况。

(3)试听广播内容。

(4)某音区无广播时,隧道内设备的维修方法:

①检查广播音区通信接线箱中是否有电源。

②用示波器检测无源通信解码设备音频信号输出端信号输出情况:一般有音频信号输出时,故障应在其广播音区电缆至广播喇叭之间(包括喇叭),从而消除故障。

质量要求:

(1)广播喇叭表面无明显积灰。

(2)连接电缆无破损。

(3)通信接线箱中电源工作正常。

(4)试听广播内容,应语音清晰、音量适度。

18)应急电话机

(1)清洁隧道和电站内的所有应急电话机及箱。

(2)检查应急电话机外观。

(3)摘机通话试验。

(4)更换不合格电话机。

(5)摘机后无振铃声的防水型电话机维修方法:

①用电话机专用检测仪,检查电话机的振铃声、听筒、话筒等。

②用万用表检测电话机摘机电流大小：摘机电流很小时，一般都是叉簧故障。这是由于应急电话机的防水要求且不经常使用，电话机内部与听筒手柄上一块磁铁组成叉簧的干簧管很容易失效，造成振铃故障。

③更换相应干簧管，排除振铃故障。

质量要求：

(1)摘机后，能听到振铃声。

(2)通话时，语音清晰。

(3)能正常挂机。

(4)做好话机通信线防水处理。

第3章 清洁维护

(1)机电设施应根据养护等级、交通组成、污垢对机电设施功能影响程度、清洁方式和环境条件等因素进行清洁维护(表5-3-1)。

机电设施清洁维护频率　　　　　　　　　　　　　　　　　表5-3-1

清洁项目	养护等级		
	一级	二级	三级
供配电设施	1次/月	1次/季度	1次/半年
照明设施	1次/季度	1次/半年	1次/年
通风设施	1次/2年	1次/3年	1次/4年
消防设施	1次/季度	1次/半年	1次/年
监控与通信设施	1次/季度	1次/半年	1次/年

(2)机电设施采用湿法清洁时,应注意保护人员安全和机电设施内部电气元件安全,并应防止液体渗入设施内;采用干法清洁时,应采取必要的降尘措施,对清扫不能去除的污垢,经判断可用湿法时,可用清洁剂进行局部特别处理。

(3)机电设施清洁维护应保持设备外观干净、整洁、无污垢,并保证机电设施完好。

(4)机电设施清洁应包括表5-3-2规定的设备。

公路隧道机电设施清洁设备　　　　　　　　　　　　　　　表5-3-2

设施名称	设备名称
供配电设施	配变电所内电力设备、箱式变电站、外场配电箱、插座箱、控制箱
照明设施	隧道灯具、洞外路灯
通风设施	轴流风机、射流风机
消防设施	消火栓及水泵接合器、灭火器、火灾报警设施、水喷雾控制阀及喷头、气体灭火设施、广电标志等
监控与通信设施	各类检测仪、闭路电视、有线广播、紧急电话、横通道门、交通控制和诱导设施、控制器(箱)、光端机、交换机等

第4章　隧道标准化建设

(1)养护人员应经上岗培训,并熟练掌握设施的使用要领和技术特性。特殊工种上岗前应进行专门培训,并符合国家相关规定,经考核持证上岗。

(2)机电设施养护应使各类设备技术状况达到产品说明书、设计文件和有关规范的要求。

(3)专项工程是指对机电设施进行的集中性、系统性维修,使其满足原有技术标准。专项工程可根据设备运行状态启动。

第5章 养护机械设备及使用规程

5.1 电缆故障综合测试仪

用途:用于检测电缆故障位置点。

使用规程:每次使用完毕后,均应保持仪器干燥,接口无脏污杂物,定期检查仪器电池电量。每次充电不应超过4h。

5.2 风速风向测试仪

用途:检测隧道内风速风向。

使用规程:测试时,手轮方向应与自然风方向保持一致。每次使用完毕后,均应保持仪器干燥,接口无脏污杂物,定期检查仪器电池电量。长时间不使用时,应取出电池,单独存放。

5.3 视频监控测试仪

用途:检测隧道摄像机图像及功能。

使用规程:每次使用完毕后,均应保持仪器干燥,接口无脏污杂物,定期检查仪器电池电量。长时间不使用时,应取出电池,单独存放。

5.4 光功率计

用途:检测隧道内通信光纤功率损耗。

使用规程:每次使用完毕后,均应保持仪器干燥,接口无脏污杂物,定期检查仪器电池电量。长时间不使用时,应取出电池,单独存放。

5.5 光纤熔接机

用途:连接断路光纤。

使用规程:每次使用完毕后,均应保持仪器干燥,接口无脏污杂物,使用脱脂棉擦拭焊接点及焊接部件,定期检查仪器电池电量。每次充电不应超过6h。

5.6 稳定光源

用途:检测光纤时提供光源。

使用规程：每次使用完毕后，均应保持仪器干燥，使用脱脂棉擦拭发射点，定期检查仪器电池电量。长时间不使用时，应取出电池，单独存放。

5.7　数字照度计

用途：检测隧道内光照度。

使用规程：每次使用完毕后，均应保持仪器干燥，使用脱脂棉擦拭发射点，定期检查仪器电池电量。长时间不使用时，应取出电池，单独存放。

5.8　电子温湿度计

用途：测量设备温湿度。

使用规程：每次使用完毕后，均应保持仪器干燥，定期检查仪器电池电量。长时间不使用时，应取出电池，单独存放。

5.9　绝缘电阻表（兆欧表）

用途：测量设备绝缘电阻。

使用规程：每次使用完毕后，均应保持仪器干燥，接口无脏污杂物，定期检查仪器电池电量。长时间不使用时，应取出电池，单独存放。

5.10　数字声级计

用途：测量噪声。

使用规程：每次使用完毕后，均应保持仪器干燥，定期检查仪器电池电量。长时间不使用时，应取出电池，单独存放。

5.11　一氧化碳检测仪

用途：检测隧道内一氧化碳含量。

使用规程：每次使用完毕后，均应保持仪器干燥，定期检查仪器电池电量。长时间不使用时，应取出电池，单独存放。

5.12　光纤时域反射器（光纤测试仪）

用途：用于检测光纤通断及故障位置点的判断。

使用规程：每次使用完毕后，均应保持仪器干燥，定期检查仪器电池电量。每次充电不应超过6h。

5.13　亮　度　计

用途:用于检测隧道情报板亮度。

使用规程:每次使用完毕后,均应保持仪器干燥,定期检查仪器电池电量。长时间不使用时,应取出电池,单独存放。

5.14　光透过率仪

用途:用于检测隧道内烟雾浓度。

使用规程:每次使用完毕后,均应保持仪器干燥,定期检查仪器电池电量。每次充电不应超过6h。

5.15　接地电阻测试仪

用途:用于检测隧道接地电阻值。

使用规程:每次使用完毕后,均应保持仪器干燥,定期检查仪器电池电量。长时间不使用时,应取出电池,单独存放。

5.16　视音频测量仪

用途:用于检测隧道监控摄像机技术指标。

使用规程:每次使用完毕后,均应保持仪器干燥,防潮防震。

第6章 机电设施检测

6.1 通风设施

1)安全接地电阻、防雷接地电阻

检测方法:使用接地电阻测试仪检测隧道口接地电阻值及电缆沟内接地扁钢情况(锈蚀、断裂、无扁钢)。

技术要求:隧道为联合接地模式,接地电阻按设计要求≤1Ω。

2)绝缘电阻

检测方法:使用500V绝缘电阻(兆欧)表,检测强电端子对机壳的绝缘电阻值。

技术要求:强电端子对机壳≥50MΩ。

3)风机运转时隧道断面平均风速

(1)单向二车道检测方法:隧道风机全部运行时,以隧道入洞口100m处为起点,在隧道中线、超车道中点、行车道中点、超车道标线、行车道标线距离路面2m、3m、4m处分别设置检测点,每个断面为15个监测点,之后向内每100m按照以上方法设置采样检测点,最终检测并计算隧道断面平均风速。检测风速时,风速轮手持方向与风向指示方向一致。

(2)单向三车道检测方法:隧道风机全部运行时,以隧道入洞口100m处为起点,在隧道中线、超车道中点、行车道中点、超车道标线、行车道标线距离路面2m、3m、4m处分别设置检测点,每个断面为21个监测点,之后向内每100m按照以上方法设置采样检测点,最终检测并计算隧道断面平均风速。检测风速时,风速轮手持方向与风向指示方向一致。

(3)单向四车道检测方法:隧道风机全部运行时,以隧道入洞口100m处为起点,在隧道中线、超车道中点、行车道中点、超车道标线、行车道标线距离路面2m、3m、4m处分别设置检测点,每个断面为27个监测点,之后向内每100m按照以上方法设置采样检测点,最终检测并计算隧道断面平均风速。检测风速时,风速轮手持方向与风向指示方向一致。

技术要求:风机运转时隧道断面平均风速≥1.5m/s。

4)响应时间

检测方法:掌握隧道内风机控制方式,确定控制方式后,试验每种控制方式下启动风机所需时间。

技术要求:发送控制命令后至风机启动带动叶轮转动时的时间≤5s或符合设计要求。

5)方向可控性

检测方法:了解隧道内风机是否具有正反转功能,若具有正反转功能,试验手动启动-开关和自动控制信号-PLC内CO/VI程序时风机能否实现正反转运行。检测人员站在风机两侧感受风向是否改变。

技术要求：接收手动、自动控制信号改变通风方向。

6）风速可控性

检测方法：了解隧道内风机是否具有改变通风量功能，若具有改变通风量功能，试验手动启动-开关和自动控制信号-PLC内CO/VI程0序时风机通风量改变情况。

技术要求：接收手动、自动控制信号改变通量。

7）本地控制模式

检测方法：了解隧道内风机在自动运行方式下，能否接受CO/VI检测器的控制（变电所值班工程师、施工竣工图）。掌握CO/VI检测器能够控制后，通过修改PLC控制期内CO/VI数值来验证风机控制方式。

技术要求：自动运行方式下，可以接收多路检测器的控制，控制风机启动、停止与方向、风量。

8）远程控制模式

检测方法：了解隧道内风机在自动运行方式下，能否接受消防主机和监控中心软件控制（监控中心工程师、施工竣工图）。掌握消防主机和监控中心软件控制后，通过操作消防主机和监控中心软件来验证控制方式。

技术要求：自动运行方式下，通过标准串口，接收本地控制器或计算机控制系统的控制，控制风机启动、停止与方向、风量。

6.2　照　明　设　施

1）安全接地电阻、防雷接地电阻

检测方法：使用接地电阻测试仪检测隧道口接地电阻值及电缆沟内接地扁钢情况（锈蚀、断裂、无扁钢）。

技术要求：隧道为联合接地模式，接地电阻按设计要求$\leqslant 1\Omega$。

2）绝缘电阻

检测方法：使用500V绝缘电阻（兆欧）表，检测强电端子对机壳的绝缘电阻值。

技术要求：强电端子对机壳$\geqslant 50M\Omega$。

3）灯具启动时间的可调性

检测方法：高压钠灯隧道查看照明配电柜内有无延时继电器。

技术要求：照明回路的启动时间间隔可调、可控。

4）启动、停止方式

检测方法：掌握照明灯具启动、停止方式，手动顺序为变电所配电柜、隧道内配电柜。自动顺序为隧道PLC控制器（变电所值班工程师、隧道竣工图纸）。确定控制方式后，按每种控制方式进行试验。

技术要求：可自动、手动两种方式控制全部或部分照明器的启动、停止。

5）照度（入口段、过渡段、中间段）

（1）单向二车道隧道检测方法：检测时，要求将隧道内灯具全部开启。入口段路面检测点的选取，在入口段中部区域两盏相邻基本照明灯范围内，纵向等距选取11组路面检测点。从超车道标线到行车道标线范围内，横向等距选取7组路面检测点。共计77个检测点。过渡段

1、过渡段 2、中间段、出口段检测点的选取方法与入口段一致。将照度计放置在路面检测点上,待检测数值稳定后进行读数,读取数值时避免人影干扰。

(2)单向三车道隧道检测方法:检测时,要求将隧道内灯具全部开启。入口段路面检测点的选取,在入口段中部区域两盏相邻基本照明灯范围内,纵向等距选取 11 组路面检测点。从超车道标线到行车道标线范围内,横向等距选取 10 组路面检测点。共计 110 个检测点。过渡段 1、过渡段 2、中间段、出口段检测点的选取方法与入口段一致。将照度计放置在路面检测点上,待检测数值稳定后进行读数,读取数值时避免人影干扰。

(3)单向四车道隧道检测方法:检测时,要求将隧道内灯具全部开启。入口段路面检测点的选取,在入口段中部区域两盏相邻基本照明灯范围内,纵向等距选取 11 组路面检测点。从超车道标线到行车道标线范围内,横向等距选取 13 组路面检测点。共计 143 个检测点。过渡段 1、过渡段 2、中间段、出口段检测点的选取方法与入口段一致。将照度计放置在路面检测点上,待检测数值稳定后进行读数,读取数值时避免人影干扰。

技术要求:以交通量为依据计算合格标准,并进行比对。

6)照度总均匀度、纵向均匀度

检测方法:照度总均匀度、纵向均匀度为中间段内技术指标。

照度总均匀度 = 计算区域内路面最小照度/计算区域内路面平均照度。

纵向均匀度 = 路面中线最小照度/路面中线最大照度。

技术要求:照度总均匀度≥0.4,纵向均匀度≥0.6。

7)紧急照明

检测方法:确定有无柴油发电机,并进行现场试验。

技术要求:双路供电照明系统,主供电路停电时,应自动切换到备用供电线路上。

6.3 低压配电设施

1)发电机组接地电阻

检测方法:使用接地电阻测试仪检测柴油发电机接地电阻值。

技术要求:隧道变电所为联合接地模式,接地电阻按设计要求≤1Ω。

2)发电机组控制柜接地电阻

检测方法:使用接地电阻测试仪检测柴油发电机控制柜接地电阻值。

技术要求:隧道变电所为联合接地模式,接地电阻按设计要求≤1Ω。

3)发电机组启动及启动时间

检测方法:实际操作。

技术要求:符合设计要求。

4)发电机组容量测试

检测方法:实际检测。

技术要求:符合设计要求。

5)发电机组输出电压稳定性

检测方法:使用万用表检测,实际操作。

技术要求:符合设计要求。

6)自动发电机组自启动转换功能测试

检测方法:实际操作。

技术要求:市电掉电后,机组能自动启动,稳定后送入规定的线路上,可手动优先切换。

7)机组供电切换对机电系统的影响

检测方法:实际操作。

技术要求:机电系统所有设备不因受到机组电源切换,而出现工作异常。

8)电源室接地装置的检查

检测方法:观感检查。

技术要求:接地体引入线与接地体的连接以及防腐处理等符合要求。

6.4 电力电缆

1)电源箱、配电箱、分线箱安全接地电阻

检测方法:使用接地电阻测试仪检测隧道口接地电阻值及电缆沟内接地扁钢情况(锈蚀、断裂、无扁钢)。

技术要求:隧道为联合接地模式,接地电阻按设计要求≤1Ω。

2)配线架对配电箱的绝缘电阻

检测方法:使用500V绝缘电阻(兆欧)表,检测强电端子对机壳的绝缘电阻值。

技术要求:强电端子对机壳≥10MΩ。

6.5 消防设施

1)安全接地电阻、防雷接地电阻

检测方法:使用接地电阻测试仪检测隧道口接地电阻值及电缆沟内接地扁钢情况(锈蚀、断裂、无扁钢)。

技术要求:隧道为联合接地模式,接地电阻按设计要求≤1Ω。

2)绝缘电阻

检测方法:使用500V绝缘电阻(兆欧)表,检测强电端子对机壳的绝缘电阻值。

技术要求:强电端子对机壳≥50MΩ。

3)加压设施气压

检测方法:利用设施上的气压表目测或利用气压表比对。

技术要求:符合设计要求。

4)供水设施水压

检测方法:利用设施上的水压表目测或利用水压表比对。

技术要求:符合设计要求。

5)火灾探测器

检测方法:模拟测试。

技术要求:可靠探测火灾,不漏报、不误报,并将探测数据传送到火灾控制器和上端计算机。

6)火灾报警器

检测方法:模拟测试。

技术要求:按下报警器时,触发报警器,并将探测数据传送到火灾控制器和上端计算机。

7)消防栓的功能

检测方法:模拟测试1次。

技术要求:打开阀门后在规定的时间内达到规定的射程。

8)其他灭火器材的功能

检测方法:抽测1个。

技术要求:按照使用说明书。

9)火灾探测器与自动灭火设施的联合测试

检测方法:模拟测试1次。

技术要求:符合设计要求。

6.6 紧急电话设施

1)音量、话音质量、通话呼叫功能

检测方法:机电工程师在隧道现场通过每部紧急电话与分中心进行通话,通过感官判断是否符合要求。通话内容需记录核对。

技术要求:实际操作。话音要求清晰,无明显噪声、断字等缺陷。

2)防雷接地电阻

检测方法:使用接地电阻测试仪检测隧道口接地电阻值及电缆沟内接地扁钢情况(锈蚀、断裂、无扁钢)。

技术要求:隧道为联合接地模式,接地电阻按设计要求≤1Ω。

3)地址码显示功能、振铃响应、故障报告功能、打印报告功能

检测方法:一名机电工程师在隧道现场通过每部紧急电话与分中心进行通话,另一名机电工程师在分中心观察设施功能是否符合要求。

技术要求:控制台显示呼叫位置。呼叫在控制台有振铃响应。中心可自动立即显示故障信息。值班记录、事件、故障等文件可打印。

4)定时自检功能、手动自检功能、加电自恢复功能

检测方法:机电工程师在分中心通过询问工程师和实际操作的方式验证是否符合要求。

技术要求:能检测到线路连接、电池、传输故障等情况。加电后,控制台应自动到工作状态。

6.7 区域控制器

1)安全接地电阻、防雷接地电阻

检测方法:使用接地电阻测试仪检测隧道口接地电阻值及电缆沟内接地扁钢情况(锈蚀、

断裂、无扁钢)。

技术要求:隧道为联合接地模式,接地电阻按设计要求≤1Ω。

2)绝缘电阻

检测方法:使用500V绝缘电阻(兆欧)表,检测强电端子对机壳的绝缘电阻值。

技术要求:强电端子对机壳≥50MΩ。

3)与监控中心计算机通信功能

检测方法:检查亿阳软件与PLC能否通信。模拟操作亿阳软件,能否控制PLC。

技术要求:按设计周期与监控中心计算机通信。

4)对所辖区域内下端设备控制功能

检测方法:掌握PLC控制哪些下端设备,风机、照明、可变信息标志(可限速标志、可变情报板、交通信号灯、车道指示器等)。通过变电所值班工程师、分中心工程师、PLC内程序、竣工图,操作PLC,验证PLC控制目的。

技术要求:按设计周期或中心控制采集、处理、计算下端设备的数据。

5)本地触摸屏控制功能

检测方法:检查现场区域控制器、主区域控制器是否具有本地触摸屏幕。

技术要求:中心计算机或通信链路故障时,具有独立控制功能。

6)断电时恢复功能

检测方法:断电之后重启区域控制器,操作区域控制器,检查能否控制下端设备。

技术要求:加电或系统重新启动后可以自动运行原预设控制方案。

6.8 可变信息标志

1)安全接地电阻、防雷接地电阻

检测方法:使用接地电阻测试仪检测隧道可变信息标志电阻值。

技术要求:隧道为联合接地模式,接地电阻按设计要求≤1Ω。

2)绝缘电阻

检测方法:使用500V绝缘电阻(兆欧)表,检测强电端子对机壳的绝缘电阻值。

技术要求:强电端子对机壳≥50MΩ。

3)视认距离、显示内容

检测方法:设备置于手动测试状态。测试图案:

(1)前方阻塞,请绕行××国道;

(2)下雨路滑,请注意交通安全;

(3)欢迎使用××高速公路;

(4)大雾,限速20km/h;

(5)交通量大,限速80km/h。

测试人员分为两组,一组发布信息(2人),另一组认读图案(3人)。

从以上5条测试信息中任选3个信息,在视认者通过视认距离250m之前显示在标志上,每次显示一次图案,共进行三次。

技术要求:车速120km/h。250m外清楚视认测试信息内容。正确地显示中心计算机发送的内容。

4)自检功能

检测方法:实际操作。

技术要求:能够向中心计算机提供显示内容的确认信息及本机工作状态自检信息。

5)亮度调节功能

检测方法:使用亮度计在有无遮挡情报板感光头环境下分别检测情报板亮度。

技术要求:能自动根据环境照度自动调节显示屏的亮度。

6.9 环境检测器设施

1)安全接地电阻

检测方法:使用接地电阻测试仪检测隧道口接地电阻值及电缆沟内接地扁钢情况(锈蚀、断裂、无扁钢)。

技术要求:隧道为联合接地模式,接地电阻按设计要求≤1Ω。

2)绝缘电阻

检测方法:使用500V绝缘电阻(兆欧)表,检测强电端子对机壳的绝缘电阻值。

技术要求:强电端子对机壳≥50MΩ。

3)CO传感器精度偏差

检测方法:使用检验标定过的CO气体检测仪,检测隧道内CO浓度。读取PLC内CO/VI检测仪检测数据,对比两者检测数值。计算CO/VI检测仪检测数据偏差是否满足标定过的CO气体检测仪数据指标。

技术要求:符合设计要求或产品指标。

4)烟雾传感器精度偏差

检测方法:使用检验标定过的光透仪,检测隧道内VI浓度。读取PLC内CO/VI检测仪检测数据。对比两者检测数值。计算CO/VI检测仪检测数据偏差是否满足标定过的光透仪数据指标。

技术要求:符合设计要求或产品指标。

5)照度传感器精度偏差

检测方法:使用检验标定过的照度计,检测隧道照度传感器。读取PLC内照度传感器检测数据。对比两者检测数值。计算隧道照度传感器检测仪检测数据偏差是否满足标定过的照度计数据指标。

技术要求:符合设计要求或产品指标。

6)风速风向传感器精度偏差

检测方法:使用检验标定过的照度计,检测隧道风速风向传感器。读取PLC内风速风向传感器检测数据。对比两者检测数值。计算隧道风速风向传感器检测仪检测数据偏差是否满足标定过的风速+温度测试仪数据指标。

技术要求:符合设计要求或产品指标。

7)与风机、照明、消防、报警、诱导、可变标志、控制计算机的联动功能

检测方法:掌握环境检测器与哪些设施可以联动。按照可联动项目进行每项测试。通过操作 PLC 来进行模拟检测。

技术要求:符合设计要求或产品指标。

6.10 闭路监视设施

1)安全接地电阻

检测方法:使用接地电阻测试仪检测隧道口接地电阻值及电缆沟内接地扁钢情况(锈蚀、断裂、无扁钢)。

技术要求:隧道为联合接地模式,接地电阻按设计要求≤1Ω。

2)绝缘电阻

检测方法:使用 500V 绝缘电阻(兆欧)表,检测强电端子对机壳的绝缘电阻值。

技术要求:强电端子对机壳≥10MΩ。

3)传输通道指标

检测方法:使用视音频测量仪进行检测。

技术要求:

(1)视频电平 700mV ± 30mV。

(2)同步脉冲幅度 300mV ± 20mV。

(3)回波 E < 7% kF。

(4)亮度/色度时延差≤100ns。

(5)幅频特性 5.8MHz 带宽内 ±2dB。

(6)视频信杂比≥56dB(加权)。

4)画面指标

检测方法:主观测试。

技术要求:

(1)图像上不察觉有损伤或干扰存在——5 分。

(2)图像上稍有可察觉的损伤或干扰存在——4 分。

(3)图像上有明显的损伤或干扰存在——3 分。

(4)图像上损伤或干扰较严重——2 分。

(5)图像上损伤或干扰极严重——1 分。

记录数据填写在记录表中。

5)云台水平转动角、云台垂直转动角、监视范围

检测方法:使用视频监控测试仪进行检测。

技术要求:水平≥350°,上仰≥15°,下俯≥90°符合设计要求。

6)外场摄像机安装稳定性

检测方法:实际操作。

技术要求:受大风影响或接受变焦、转动等控制时,动作平滑、无明显抖动。

7) 调焦功能、变倍功能
检测方法：使用视频监控测试仪进行检测。
技术要求：自动调节、可变倍。
8) 自动光圈调节、雨刷功能
检测方法：实际操作。
技术要求：自动调节、工作正常。